Trois écoles québécoises d'éthique
appliquée : Sherbrooke, Rimouski et Montréal

L'Ethique en contexte
Collection de la Fondation Ostad Elahi

L'éthique ne se limite pas à une réflexion purement théorique sur le contenu et l'application des valeurs morales. Elle est inséparable de l'action humaine et du travail par lequel des sujets se forment eux-mêmes au contact de leurs semblables, dans des environnements particuliers. Il n'y a donc d'éthique qu'*en contexte* : contextes sociaux, économiques, professionnels, institutionnels, géopolitiques, etc. Les acteurs qui évoluent dans ces différents espaces, et souvent de l'un à l'autre, développent des compétences et des savoirs pratiques. Leur "sens éthique" leur permet d'articuler à chaque fois les droits et les devoirs en jeu en s'efforçant de ne pas s'y perdre, c'est-à-dire de trouver un *modus vivendi* entre des valeurs personnelles, familiales, religieuses, et des valeurs professionnelles ou organisationnelles qui ne leur sont pas d'avance ajustées. Les enjeux concrets de ce travail, les conflits qu'il occasionne parfois, le savoir tacite ou explicite des différents acteurs et les stratégies qu'ils adoptent pour la résolution des conflits et la construction d'une éthique personnelle et collective, sont autant de dimensions qu'une réflexion sur l'éthique appliquée peut tenter d'explorer. Ainsi, penser l'éthique en contexte ne se résume pas à établir la déontologie ou les règles de bonne conduite propres à chaque type d'activité. Il s'agit plutôt, à travers des analyses menées sur des cas concrets, d'éclairer les modalités pratiques de la prise de décision, de proposer des outils nouveaux pour la réflexion et pour l'action.

Alain Létourneau
avec la collaboration de Francis Moreault

Trois écoles québécoises d'éthique appliquée : Sherbrooke, Rimouski et Montréal

L'Harmattan
5-7, rue de l'École-Polytechnique ; 75005 Paris
FRANCE

L'Harmattan Hongrie	Espace L'Harmattan Kinshasa	L'Harmattan Italia	L'Harmattan Burkina Faso
Könyvesbolt	Fac. Sciences. Soc, Pol. et Adm.	Via Degli Artisti, 15	1200 logements villa 96
Kossuth L. u. 14-16	BP243, KIN XI	10124 Torino	12B2260 Ouagadougou 12
1053 Budapest	Université de Kinshasa – RDC	ITALIE	BURKINA FASO

Du même auteur

Alain Létourneau, avec Yves Boisvert et André Lacroix, *Les approches québécoises de l'éthique appliquée*. I. Approches générales. II. Approches sectorielles. III. Approches bioéthiques. Sherbrooke, GGC éditeur, 2005.

Alain Létourneau et André Lacroix (dir.), *Méthodes et interventions en éthique appliquée*, Montréal, Fides, 2000.

Alain Létourneau, *L'herméneutique de Maurice Blondel : son émergence pendant la crise moderniste*, Montréal, Bellarmin, 1998.

www.librairieharmattan.com
diffusion.harmattan@wanadoo.fr
harmattan1@wanadoo.fr

© L'Harmattan, 2006
ISBN : 2-296-00519-5
EAN : 9782296005198

SOMMAIRE

LIMINAIRE 7

INTRODUCTION, par F. Moreault et A. Létourneau 11

Chapitre 1

L'ÉCOLE DE SHERBROOKE 29

L'approche de Georges A. Legault : l'éthique dialogique.........31
Annexe : lexique..55
Bibliographie...61
Entrevue avec M. Legault..67

L'approche de Jean-François Malherbe :
L'éthique de la discussion...79
Annexe : lexique..87
Bibliographie...91
Entrevue avec M. Malherbe...95

Chapitre 2

L'ÉCOLE DE RIMOUSKI..111

L'approche de Pierre Fortin : l'éthicologie.............................113
Annexe : lexique..137
Bibliographie...143
Entrevue avec M. Fortin...147

L'approche de Guy Giroux : Autorégulation par l'éthique
ou hétérorégulation par le droit... 161
Annexe : lexique..173
Bibliographie...177
Entrevue avec M. Giroux...181

Chapitre 3

L'ÉCOLE DE MONTRÉAL..199

L'approche de Hubert Doucet en bioéthique......................201
Annexe : lexique...223
Bibliographie...227
Entrevue avec M. Doucet...233

L'approche de Guy Durand en bioéthique........................251
Annexe..259
Bibliographie...263
Entrevue avec M. Durand..269

CONCLUSION

Remarques méta discursives sur trois écoles d'éthique appliquée québécoises, par Alain Létourneau................................287

LIMINAIRE

Nous voulons bien sûr remercier les auteurs étudiés ici qui se sont prêtés à l'exercice et qui ont chacun révisé le texte portant sur leurs travaux. Nous voulons aussi mentionner le travail fait préalablement par les deux co-chercheurs du projet, Yves Boisvert et André Lacroix, qu'ils soient remerciés de leur appui et de leur collaboration. Mentionnons aussi nos assistants de recherche : en tout premier lieu Pascale Camirand, et aussi Allen Leblanc, Magalie Jutras et Kodjo Dokpo. Ce sont ces personnes qui ont monté une bibliographie, interrogé les textes à partir d'une série de questions posées par les co-chercheurs ; leurs textes ont été révisés et parfois refondus et complétés. Nous assumons la responsabilité des propos tenus ici. Un merci tout spécial à Francis Moreault qui non seulement a revu, retravaillé les textes et écrit en collaboration l'introduction, mais qui s'est aussi chargé des entrevues et de leur transcription. Merci également au FCAR et à son successeur le FQRSC dont le financement a été essentiel pour réaliser les présents textes.

Alain Létourneau

INTRODUCTION

INTRODUCTION

Les travaux de plusieurs éthiciens québécois sont maintenant de plus en plus connus pour leur qualité et leur spécificité non seulement dans les milieux scientifiques québécois et canadien, mais également à l'échelle du globe. Il suffit de penser ici aux articles de B. Martha Knoppers, poursuivant des recherches dans le domaine du rapport entre le droit et la génomique et aux écrits de Marie-Hélène Parizeau dans le domaine de la bioéthique, publiés dans le *Dictionnaire d'éthique et de philosophie morale*, collection dirigée par Mme Monique Canto-Sperber aux Presses universitaires de France. Certains travaux toutefois, moins diffusés sur le plan international, n'en sont pas moins importants dans le paysage global de l'éthique, en particulier l'éthique produite en terre canado-québécoise, espace qui représente sans doute un lieu de rencontre entre les traditions anglo-saxonnes et la tradition francophone. Nous pensons aussi que dans cette mesure même, ces travaux méritent d'être plus largement connus.

Dans cet ouvrage, nous avons voulu, d'une certaine façon, rendre hommage aux pionniers québécois qui ont grandement contribué à développer une expertise éthique au Québec. Nous avons en effet examiné particulièrement ici la théorie de l'intervention en éthique appliquée chez six auteurs québécois qui nous ont semblé importants en cette matière. Ces six auteurs sont : Pierre Fortin, professeur en éthique, retraité de l'Université du Québec à Rimouski (UQAR) et membre fondateur du programme de maîtrise en éthique de l'UQAR ; Guy Giroux, ancien étudiant du programme de 2e cycle en éthique de l'UQAR, mais également ancien professeur en éthique à l'UQAR et maintenant chargé de cours au département des sciences humaines à l'UQAR ; Georges A. Legault, professeur au département des sciences humaines à l'Université de Sherbrooke et spécialiste en éthique professionnelle ; Jean-François Malherbe, qui fut titulaire de la Chaire d'éthique appliquée de l'Université de Sherbrooke et pionnier de l'éthique clinique au Québec, à l'école notamment de David Roy ; Guy Durand, professeur retraité à la Faculté de théologie et des sciences religieuses de l'Université de Montréal et spécialiste en bioéthique ; enfin Hubert Doucet, professeur également à la Faculté de théologie et des sciences religieuses à l'Université de Montréal et spécialiste en bioéthique, mais qui a mené une bonne partie de sa carrière dans la capitale canadienne.

Nous aurions aussi pu penser à d'autres auteurs, dont plusieurs sont traités dans d'autres ouvrages que nous publions concurremment. Il est évident que l'Université Laval (avec Blondeau, Bégin et Parizeau) et l'Université d'Ottawa ainsi que St Paul ont aussi été des centres importants en éthique. Nous ne prétendons pas faire ici une histoire exhaustive, ni réaliser un portrait définitif, mais il nous semble qu'après exploration systématique du corpus de l'ensemble des auteurs, ces auteurs justifient un traitement particulier et que leur groupement est également justifié. Nous avons ici une sélection représentative d'une certaine époque du développement de l'éthique appliquée qui nous semble fournir une introduction suffisante à un corpus déjà significatif. Ces choix n'enlèvent donc rien à la contribution de ces autres auteurs. Choisir se fait toujours à partir de certaines questions et thèmes particuliers, ce que nous explicitons plus loin.

Ce livre est en fait l'aboutissement d'un travail de recherche entrepris depuis plus de trois ans. Dans une série de 3 documents, nous avons publié des articles portant sur la vision méthodologique en éthique appliquée d'une trentaine d'auteurs éthiciens québécois. Le premier document regroupait les éthiciens qui avaient davantage une approche sectorielle de l'éthique. Le second document rassemblait les bioéthiciens québécois. Enfin, le troisième document intégrait des auteurs ayant principalement une conception générale de l'éthique[1]. Pour compléter cette série de trois petits livres, nous avons voulu explorer plus minutieusement l'approche méthodologique en éthique appliquée chez les 6 auteurs susmentionnés. Il nous est apparu que ces 6 auteurs se démarquaient par leur contribution importante au développement de l'éthique appliquée au Québec. Celle-ci ne se limite pas à la bioéthique, tout en l'incluant. Nous avons décrit leur vision respective de leur théorie de l'intervention en éthique appliquée. Comment intervenir dans un milieu médical ou professionnel ? Quel type d'approche méthodologique doit-on privilégier lors d'une intervention ? Comment agir de façon concertée avec les acteurs du milieu ? Quelles sont les limites inhérentes aux théories

---

[1] Ces trois documents paraissent en 2005 aux Éditions GGC.

en intervention dans le domaine de l'éthique appliquée ? Telles sont quelques-unes des questions qui ont guidé ce travail. D'autre part, poser ces questions est bien entendu indissociable d'une conception de l'éthique. Pour chacun de ces 6 auteurs, nous avons analysé leurs textes pour savoir ce que signifie pour eux l'éthique. Quelle est leur approche, leur formation et leur domaine, leurs paradigmes, leur méthode d'intervention ? Guidés par ces questions, nous avons réalisé pour chacun de ces 6 auteurs une synthèse de leur approche méthodologique de l'éthique appliquée. Il s'agissait surtout de décrire, de faire comprendre et de rendre accessible leur approche, parfois disséminée dans de nombreux articles, recueils, etc[2]. Nous avons ajouté à chacune de ces synthèses un lexique et une bibliographie sommaire. Lexique dans lequel on retrouve les définitions des concepts clés de chacun des auteurs, utiles pour leur théorie en intervention et leur vision respective de l'éthique. Quant à la bibliographie, elle regroupe également les principaux écrits des auteurs dans le champ de l'éthique appliquée, mais aussi de l'éthique en général. Enfin, nous avons voulu compléter ce travail de synthèse en incorporant des entrevues avec chacun de ces 6 auteurs. Nous avons d'abord fait lire à chacun des auteurs les synthèses qui leur étaient dédiées. Ainsi, nous avons pu non seulement recevoir les commentaires des auteurs sur notre travail, mais aussi revenir sur les points importants de leur conception de l'éthique et de leur théorie en intervention lors de l'entrevue.

Nous avons voulu regrouper ces auteurs au sein de trois «écoles» d'éthique. Ces trois «écoles» d'éthique au Québec sont les suivantes : l'École de Rimouski, constituée des professeurs Pierre Fortin et Guy Giroux, l'École de Sherbrooke dans laquelle on retrouve Messieurs Georges A. Legault et Jean-François Malherbe et l'École de Montréal, qui regroupe M. Guy Durand et M. Hubert Doucet. Le terme d'école mérite bien entendu d'être justifié. Si le terme école signifie, pour reprendre les mots de Miguel Abensour, « la cristallisation, autour de la pensée d'un fondateur, sous forme d'élaboration collective, d'un certain nombre de thèses en doctrine unitaire, voire même en *dogme*, et la

---

[2] Le présent travail est l'un des résultats d'une recherche subventionnée par le FCAR (aujourd'hui le FQRSC) intitulé « Méthodes et interventions en éthique appliquée », dirigée par Alain Létourneau, avec André Lacroix et Yves Boisvert comme co-chercheurs.

diffusion de ce nouveau *système* dans un espace public, en vue d'aider au *passage* d'une époque critique à une nouvelle époque organique»[3], ces trois « écoles » ne sont pas bien entendu des écoles. Il serait absurde en effet de prétendre que Pierre Fortin, Hubert Doucet ou Georges A. Legault sont des fondateurs d'écoles de pensée autour desquelles se seraient cristallisées « un certain nombre de thèses en doctrine unitaire » et la « diffusion de ce nouveau système » en vue de procéder à un changement radical de la société. En revanche, si le terme école désigne plus simplement « un ensemble d'adeptes », réfléchissant sur les problèmes éthiques propres à une discipline (la bioéthique, l'éthique de l'environnement, etc.) ou encore sur les modalités de l'intervention en éthique appliquée (méthode éthicologique, approche dialogique, etc.), il n'est pas injurieux ni abusif de rassembler ces 6 auteurs autour de trois « écoles », comme nous le montrerons avec plus de détails par la suite[4].

L'Université du Québec à Rimouski a été parmi les premières universités québécoises à développer un programme de 2e cycle en éthique. Créé en 1977, le programme de maîtrise en éthique a été fortement influencé par la pensée de l'un de ses fondateurs, M. Pierre Fortin, dont les travaux sur l'éthicologie sont familiers aux éthiciens québécois et également français. C'est un truisme de dire que l'approche éthicologique a dominé la théorie méthodologique de ce programme de maîtrise. En outre, ce programme a formé certains des premiers étudiants éthiciens québécois. On peut penser bien entendu ici à Guy Giroux. Or ce dernier a précisément repris la grille éthicologique dans sa thèse de doctorat. De plus, il s'est inspiré à plusieurs reprises de cette grille dans ses travaux. On peut donc aisément regrouper ces deux auteurs malgré certains points qui les distinguent l'un de l'autre,

---

[3] Miguel Abensour, «La théorie critique : une pensée de l'exil ? », *Archives de Philosophie*, no. 45, 1982, p. 180.
[4] Nous ne sommes pas les premiers à utiliser ce terme d'école. André Lacroix a aussi désigné «un groupe de professeurs et de chercheurs universitaires qui se sont consacrés, depuis le début des années 1980, sous la direction de Georges Legault de l'Université de Sherbrooke, à élaborer divers types de modélisation à partir d'une approche pragmatique » du nom d'école. Il s'agit bien entendu ici de l'École de Sherbrooke. A. Lacroix, «Nécessité et limites de la modélisation en éthique appliquée », dans A. Lacroix et A. Létourneau (dir.), *Méthodes et interventions en éthique appliquée*, Montréal, Fides, 2000, p. 234, note 11.

voir plus loin sous l'appellation l'École de Rimouski ou encore l'École éthicologique.

Le cas de Sherbrooke est différent. Le professeur Legault a développé un Certificat d'éthique appliquée et a été l'un des premiers au Québec à s'identifier à ce domaine de recherches. Il œuvre à Sherbrooke dans le même sens depuis plus de 25 ans. La Chaire de recherche en éthique appliquée, dont le directeur fut M. Jean-François Malherbe, existe depuis 5 ans, même si les programmes de 2è cycle en éthique appliquée y existent depuis 1996. M. Malherbe possède une solide expérience dans le domaine de l'éthique, notamment de l'éthique clinique, acquise aussi en Belgique avant son installation au Québec, bien qu'il ait fait plusieurs séjours en Amérique du Nord et au Québec lors de ses années de formation. Cette « école » a donc deux sources d'origine passablement indépendantes l'une de l'autre. M. Malherbe a été appelé ensuite à intervenir en tant qu'éthicien dans d'autres milieux : le milieu policier et celui de l'ingénierie en particulier. Il figure incontestablement parmi les premiers éthiciens à avoir formé des étudiants québécois dans le champ de l'éthique, en particulier par le biais de ses séjours auprès de David Roy dans les années 1970. On pourrait dire, si cela n'apparaissait pas exagéré, que M. Malherbe incarne à lui seul une école dans le sens où sa théorie de l'intervention a été reprise par plusieurs éthiciens, notamment M. Durand et M. Doucet.

De son côté, M. Georges A. Legault, professeur à la Faculté des sciences humaines de l'Université de Sherbrooke, est aussi un pionnier dans le développement de l'éthique au Québec et particulièrement de l'éthique professionnelle. Travaillant dans ce domaine depuis plus de 35 ans, il a développé une grille d'intervention – la grille d'aide à la décision – qui, elle aussi, à été reprise et adaptée par de nombreux auteurs, notamment par Diane Girard, vice-présidente de l'Association des praticiens en éthique du Canada. Là encore, nous pourrions dire que M. Legault incarne à lui seul une école en raison de l'importance de ses travaux en éthique et de la réappropriation de sa méthodologie en intervention dans le champ de l'éthique appliquée par de nombreux éthiciens. Des trois écoles, c'est sans doute à celle-ci que s'applique le moins bien cette notion « d'école » parce que nous sommes en présence, nous le verrons, de deux théories distinctes d'intervention en éthique appliquée. Il y a néanmoins ce souci commun aux deux auteurs de parvenir par le dialogue à résoudre des dilemmes éthiques. L'objectif est commun, mais le cadre théorique et les théories d'intervention demeurent singulièrement différentes, bien qu'elles se recoupent autour du dialogue (un point partagé du reste par plusieurs auteurs).

Enfin l'École de Montréal, regroupée autour des professeurs Durand et Doucet, possède une vaste expérience dans le domaine bioéthique. M. Doucet dirige certes depuis seulement 7 ans les programmes en bioéthique de l'Université de Montréal, mais il a enseigné la bioéthique pendant plus de 16 ans (1981-1997) à l'Université Saint-Paul à Ottawa. Quant à M. Durand, il a enseigné la bioéthique pendant plus de 30 ans à la faculté de théologie de l'Université de Montréal. Leur théorie en intervention diffère quelque peu, on le verra, mais leur objet est le même et ils s'efforcent tous les deux de former des étudiants qui, munis d'une théorie éthique ou du moins d'une certaine conception de l'éthique, pourront affronter les problèmes éthiques dans le milieu de la santé. On peut donc désigner ce courant de pensée du nom d'École de Montréal ou plus précisément d'École bioéthique.

Cet ouvrage ne prétend pas faire le point sur le développement de l'éthique appliquée au Québec et constitue encore moins une somme sur la pratique québécoise de l'éthique appliquée. Il se veut plus modestement un volume introductif à la conception que se font 6 éthiciens importants au Québec sur un des aspects de l'éthique appliquée : l'intervention. Les parties consacrées aux auteurs et leurs entrevues sont délibérément pensées comme des présentations de leur travail, non comme des essais critiques. Ils ont chaque fois été élaborés à partir d'une commande précise livrée dans une grille de questions fournie à des assistants (dont les noms sont rapportés en première page, première note). Les textes ont ensuite été retravaillés et complétés par le chercheur principal. À la fin de l'ouvrage, nous trouverons un texte synthèse prenant un certain recul critique face aux présentations des divers auteurs, en guise de questions posées ou de remarques méta discursives.

Qu'en est-il donc de leur théorie en intervention ? Pour cela, examinons d'abord leur conception de l'éthique, leur définition de l'éthique. Tournons-nous, en premier lieu, du côté de l'École de Sherbrooke. Pour Georges Legault, l'éthique se distingue de la morale dans la mesure où elle porte sur les valeurs, met en jeu des valeurs, alors que la morale concerne le bien et le mal et repose sur l'obligation de suivre les règles ou les normes. Cela dit, il rejette le projet de trouver des fondements rationnels à l'éthique car cette entreprise lui semble vaine. Rejetant cette tentative de fonder en raison l'éthique, Legault ne voit de projet fécond pour l'éthique qu'au sein de l'éthique appliquée. Quelle est, se demande-t-il, la meilleure chose à faire dans les circonstances ? Pour répondre à cette question, le philosophe fait intervenir le dialogue. L'éthique doit proposer, écrit-il, « des raisons de croire à la parole énoncée »[5]. S'il est impossible de fonder de façon rationnelle un argument, seule la parole énoncée est peut-être en mesure d'instaurer un dialogue constructif chez les intervenants pouvant déboucher sur une décision significative pour ces derniers. Cette prédilection pour la parole chez Legault se révèle dans la théorie en intervention de l'auteur, c'est-à-dire son modèle de délibération éthique. Comportant une douzaine d'étapes, la grille d'aide à la décision établit un cheminement par lequel on parvient à prendre une décision face à un problème éthique. Brièvement, cette méthodologie d'intervention exige d'abord d'inventorier les faits constitutifs de la question éthique, d'identifier la prise de décision spontanée, de dégager les valeurs qui sont en jeu et finalement de parvenir à une décision. Dans cette grille d'aide à la décision, « il s'agit, dit Legault, de développer sa capacité de délibération morale en explorant les mœurs, les institutions juridiques et éthiques et surtout de trouver la manière de justifier ses choix personnels dans un contexte de dialogue »[6].

Au Québec, la théorie en intervention de Legault a été largement reprise par plusieurs éthiciens. Elle constitue, sans aucun doute, une des méthodologies en intervention les plus importantes dans le domaine de l'éthique appliquée au Québec.

---

[5] Georges A. Legault, « La parole du philosophe éthicien est-elle crédible ? », *Philosophiques*, vol. XII, no. 1, 1990, p. 42.
[6] Georges A. Legault et Luc Bégin, *Éthique et ingénierie*, Montréal, McGraw Hill, 1991, p. 20.

Jean-François Malherbe distingue lui aussi l'éthique de la morale dans le sens où la première « interroge sans cesse les éléments implicites des différentes morales en présence dans une situation »[7]. Cette interrogation des morales exige le développement d'un dialogue incessant avec autrui. Pour établir ce dialogue, Malherbe estime qu'il faut d'emblée respecter trois normes, ce qu'il appelle « les conditions de possibilité pragmatique du dialogue »[8]. Ces trois normes sont : a) ne pas empêcher l'allocutaire de parler (interdit de l'homicide) ; b) ne pas manipuler l'allocutaire (interdit de l'inceste) et c) ne pas mentir. Ces trois normes sont certes cruciales, mais elles sont insuffisantes pour fonder le dialogue. Malherbe ajoute donc à ces normes trois choses : on doit, dit-il, assumer sa solitude, sa finitude et son incertitude. Enfin, ce tableau ne saurait être complet, poursuit-il, sans promouvoir la solidarité, la dignité et la liberté humaine. Ces normes et caractères sont donc des conditions a priori pour que soit possible l'expérience du dialogue. Il est en effet clair pour Malherbe que l'éthicien est celui qui accompagne l'autre dans sa démarche émancipatoire pour parvenir à devenir un sujet. Dans ce sens, l'éthique a donc pour but « de rendre chaque sujet humain capable de développer sa propre autonomie »[9]. Cette recherche de l'autonomie n'est pas une entreprise solliptique chez Malherbe, elle se réalise par des échanges constants avec les autres. C'est pourquoi, il faut tendre, dit-il, à l'universalisation de ces dialogues. Par là, les sujets pourront élaborer un consensus, un langage commun, ou du moins identifier les points sur lesquels ils sont en désaccord.

Recherchant l'épanouissement de la subjectivité humaine, Malherbe et Legault partagent cette même volonté de réconcilier l'homme avec lui-même, de poser des critères favorisant l'épanouissement de la condition humaine. Chez les deux éthiciens, c'est l'instauration du dialogue entre les intervenants qui est l'élément clé du développement d'une délibération heureuse. Sans cette instauration, il semble bien que, chez les

---

[7] Jean-François Malherbe, *La conscience en liberté. Apprentissage de l'éthique et création de consensus*, Montréal, Fides, 1997, p. 18.
[8] *Ibid.*, p. 21-22.
[9] Jean-François Malherbe, *Pour une éthique de la médecine*, Bruxelles, Ciaco, 1990, p. 61.

deux auteurs, l'éthique appliquée est vouée à demeurer une entreprise vaine et stérile.

Maintenant, regardons l'École de Rimouski. Pour Pierre Fortin, l'éthique pose la question « Comment vivre ? », elle analyse et critique « les règles et les fins qui guident l'action humaine[10] ». Elle a donc une visée téléologique axée sur la vie bonne. En revanche, la morale désigne les règles, les normes qui orientent l'agir des hommes. Elle balise l'éthique dans le sens où cette dernière doit tenir compte des devoirs, des obligations qui découlent de la morale. Ces conceptions de l'éthique et de la morale ne sont guère originales, elles rejoignent celles d'auteurs susmentionnés. Mais Pierre Fortin est davantage connu pour être « l'inventeur » d'un néologisme en éthique, c'est-à-dire l'éthicologie. Ce terme est distinct des deux autres parce qu'il porte son regard sur le discours éthique et le discours moral, « recherche ce qui est en jeu » dans ces discours. La grille éthicologique a 3 étapes principales. Fortin énumère d'abord « les conditions de rencontre de l'objet », c'est-à-dire la nature de l'objet d'étude. Puis il identifie la dynamique morale et la dynamique éthique de ces discours. Enfin, Fortin dégage la dimension légitimisante (le sens qui légitime ces discours), la dimension axiologique (les valeurs en jeu), la dimension régulatrice (ce qui impose la mise en œuvre de l'action) et, finalement, la dimension pratique (l'action elle-même). La méthode éthicologique n'est pas vraiment une grille d'intervention, elle est davantage une méthode descriptive des différentes dimensions de l'éthique[11]. Elle sert non pas à résoudre un problème éthique, mais à dégager la signification d'un discours éthique ou d'un discours moral.

Plus récemment, en collaboration avec son collègue Pierre-Paul Parent, Fortin a développé un guide de formation pratique[12]. Ce guide comporte 6 modules. Il faut d'abord établir la

---

[10] Pierre Fortin, *Guide de déontologie en milieu communautaire*, Sainte-Foy, Les Presses de l'Université du Québec, 1995, p. 28.
[11] Alain Létourneau, «Synthèse : pour la suite du questionnement méthodologique », dans A. Lacroix et A. Létourneau (dir.), *Méthodes et interventions en éthique appliquée, op. cit.* p. 249.
[12] Pierre Fortin et Pierre-Paul Parent (dir.), *Le souci éthique dans les pratiques professionnelles. Guide de formation*, Paris, L'Harmattan, coll. «Éthique en contexte », 2004.

démarche à réaliser (module 1) ; comprendre ce que signifie l'éthique, la morale et la déontologie (module 2) ; soulever quelques enjeux éthiques à l'égard de l'étude de cas (module 3) ; dégager les responsabilités respectives des acteurs et leurs exigences éthiques (module 4) ; « s'approprier une méthode de résolution des problèmes d'ordre éthique » (module 5) et finalement, discerner les conditions nécessaires au développement du souci éthique (module 6). Dans ce mode de résolution des problèmes éthiques, il est facile de reconnaître des étapes pour le moins similaires à celles de la grille de Legault. Cette méthode d'intervention est toutefois complétée par le Guide de déontologie en milieu communautaire. Dans l'ensemble, l'approche de Fortin se démarque par le champ traité (les milieux communautaires) et quelques points comme un accent sur la pluralité d'options à considérer, la non réduction du choix au seul dilemme, et la réflexion sur les instances dans le discours, qui peut tout de même être utilisée de manière adjacente dans l'intervention. Notons toutefois que la théorie en intervention de Fortin nourrit ce même objectif partagé par les éthiciens mentionnés plus haut (Legault, Malherbe), à savoir aider les intervenants et les acteurs à avoir, pour employer l'expression de Fortin, « les mots pour le dire »[13].

Reprenant la méthode éthicologique de Fortin, l'intérêt de la pensée de Giroux réside donc ailleurs. Elle réside dans ses réflexions sur le rapport entre l'autorégulation et l'hétéro régulation. Lorsque l'État régule la société civile, il le fait généralement par le droit. Nous sommes donc dans un rapport d'hétéro régulation. Lorsque, en revanche, la société civile se prend en charge elle-même, nous sommes alors dans un processus d'autorégulation. On aura compris que l'État régule la société par la loi, tandis que les organisations qui s'autoréglementent s'inscrivent dans la perspective de l'éthique. Pour Giroux, il ne s'agit pas de se montrer favorable à l'une ou l'autre partie dans ce processus de régulation, c'est plutôt que la société civile doit assumer une large part des responsabilités qui lui incombent et ainsi exercer un rôle complémentaire à celui exercé par l'État. C'est le développement de ce rapport harmonieux entre l'État et la société civile qui est à l'origine de « l'éthique de la civilité » chez Giroux. Cette éthique de la civilité correspond, dit-il, à « un

---

[13] Voir l'entrevue avec M. Fortin.

ensemble de valeurs et de règles corrélatives»[14] partagées par les individus en vue d'établir des relations heureuses entre eux. C'est le travail juridique de l'État et le travail éthique de la société civile qui permettent de développer cette éthique de la civilité. Au fond, Giroux tente de concilier la liberté humaine qui surgit de la société civile et la puissance étatique nécessaire pour baliser précisément cette liberté.

Examinons enfin l'École de Montréal. Guy Durand insiste sur le fait que l'éthique consiste à promouvoir le respect de la dignité humaine. Dans ce sens, l'éthique est d'abord une recherche sur les finalités de l'agir humain. Elle est, en second lieu, un système de valeurs destiné à orienter l'action et elle est, finalement, une pratique dans le sens ou elle met en œuvre un processus de décision. Ces trois moments du cheminement éthique forment un tout dont l'objectif est d'accroître le respect de la vie. L'éthique n'y parvient jamais totalement, c'est pourquoi elle demeure toujours un projet en devenir, une utopie. L'éthique, dit-il, c'est, somme toute, « la recherche de l'idéal, le souci d'excellence en humanité – pour reprendre une expression de Ricoeur»[15]. Critiquant l'usage excessif du droit dans la pratique biomédicale, le professeur développe une approche personnaliste de la bioéthique parce qu'il trouve, dans ce courant de pensée, une sensibilité et une attention particulières à l'égard du respect de la personne humaine. « La personne, affirme-t-il, est elle-même moins un moi statique que mouvement de personnalisation, travail de structuration incessante du moi, toujours en rapport étroit avec autrui»[16]. Ainsi, les droits de l'homme constituent un idéal éthique qui ne doit pas être interprété, soutient-il, « légalement, de façon procédurale, mais en terme d'humanité ». Le personnalisme se développe non seulement sur une représentation de la dignité humaine, mais se fonde aussi sur une représentation anthropologique de l'homme, caractérisée par les interdits du meurtre et de l'inceste. Ce personnalisme se reflète dans la théorie d'intervention en éthique chez Durand. Celle-ci a deux grands

---

[14] Guy Giroux, «La civilité comme facteur de cohésion sociale dans les démocraties », dans G.-A. Legault, A. Rada-Donath et G. Bourgeault, *Éthique de société*, Sherbrooke, Éd. GGC, 1999, p. 189.
[15] Voir l'entrevue avec M. Durand.
[16] Guy Durand, *Introduction générale à la bioéthique. Histoire, concepts et outils*, Montréal, Fides, 1999, p. 368.

axes : 1) « l'analyse éthique des principes et enjeux soulevés par la problématique » ; 2) « la mise en œuvre d'une éthique de la discussion »[17] pouvant mener à la prise de décision. Guidé par ces deux axes, Durand construit une grille d'intervention comprenant 9 étapes : 1) refuser d'intimider ; 2) refuser de manipuler ; 3) exclure le mensonge ; 4) écouter ; 5) s'exprimer ; 6) chercher à considérer tous les facteurs (faits, principes et valeurs) ; 7) interpeller les exclus ; 8) mettre en relief les divergences et les analyser et 9) aider le groupe à progresser. De toute évidence, cette grille s'inspire fortement de celle de Jean-François Malherbe. Mais ce qu'il importe de souligner ici, c'est que Durand s'efforce, au sein de sa théorie de l'intervention, de ne pas sombrer dans le « kantisme » (une éthique strictement principielle et procédurale) et le pragmatisme (une éthique dissociée des principes et fondée essentiellement sur les faits). Ce souci de concilier les faits avec les principes, Durand l'appelle sa méthode dialectique en éthique. Elle intègre les méthodes déductive et inductive en éthique, c'est-à-dire qu'elle soutient un rapport constant entre les valeurs, les principes et les faits constitutifs d'une situation donnée. Par là, elle demeure confrontée à la réalité, sans omettre les grands principes moraux. Durand rejoint ainsi sa vision personnaliste de l'éthique dans laquelle les 9 étapes de sa théorie en intervention sont des moments pouvant conduire « le groupe à progresser » dans cette volonté de respecter davantage la personne humaine. Cependant, cette grille d'intervention permet certes à l'équipe de travail de cheminer vers un respect accru de la dignité humaine, mais elle ne les aide pas à prendre une décision éthique. C'est pourquoi Durand développe une seconde grille visant à compléter la première, la grille de l'éthique de la discussion. Pour le dire en bref, elle consiste à identifier les faits, l'option spontanée des acteurs impliqués dans le dilemme, les valeurs, les conflits de valeurs, les alternatives, à revoir l'option spontanée et finalement, à prendre une décision. L'emprunt ici au modèle de délibération éthique de Legault est pour le moins manifeste. En mettant l'emphase sur le dialogue entre les acteurs, cette grille offre néanmoins la possibilité à Durand de parvenir à prendre une décision, élément bien entendu clé lorsqu'il s'agit de résoudre un problème concernant la vie.

---

[17] Voir la synthèse.

S'appropriant, en somme, la grille de Malherbe et la grille de Legault, le travail de Durand, à l'égard de l'intervention en éthique appliquée, ne semble original que par la synthèse qu'il fait d'une multitude d'approches, dont le principisme qu'on ne trouve ni chez Legault, ni chez Malherbe à proprement parler (dans le contexte de sa « méthode dialectique »). On doit lui reconnaître qu'il a su former des étudiants qui, munis de sa théorie en intervention, ont pu non seulement poser les enjeux soulevés par les dilemmes éthiques, mais aussi les conditions de possibilité du dialogue pouvant mener à une décision éthique.

De son côté, Hubert Doucet s'est surtout intéressé à la dimension de la souffrance dans le domaine de l'éthique médicale. Critiquant vertement ce qu'il appelle « l'éthique jurisprudentielle » qui consiste à penser incessamment les rapports entre les soignants et les malades en terme de droit, Doucet estime que le système médical n'a pas assez mis l'accent sur une « philosophie du soin ». Recherchant principalement le consentement éclairé du patient, le médecin ne s'interroge pas suffisamment sur ce que ressent le malade. L'éthique consiste ainsi pour Doucet « à se préoccuper d'autrui alors que ce dernier passe par un moment difficile ou vit une situation douloureuse »[18]. Pour répondre aux apories d'une approche procédurale de la médecine, Doucet propose de développer ce qu'il appelle une « éthique narrative ». Cette éthique narrative est fondée sur le dialogue. Trois exigences président à ce dialogue : la distanciation, l'objectivation et la concertation. S'inspirant ici de la pensée de Malherbe, Doucet conçoit la distanciation comme la création d'un espace nécessaire entre les soignants et le « soigné » afin que ces derniers puissent réfléchir au cas, hors de toutes pressions institutionnelles et familiales. L'objectivation consiste pour les soignants à tenir compte de l'ensemble des paramètres dans une situation donnée, tandis que la concertation se réalise par l'instauration d'un dialogue franc entre les soignants en vue de parvenir à avoir une bonne intelligibilité du cas présenté pour pouvoir prendre une décision. La théorie d'intervention de Doucet pose donc certaines conditions de possibilité à l'établissement du dialogue entre les soignants. C'est par l'instauration de ce

---

[18] Hubert Doucet, « Les soins : considérations éthiques », dans P.-A. Michaud et P. Alvin (dir.), *La santé des adolescents*, Montréal, Les Presses de l'Université de Montréal, 1997, p. 536.

dialogue qu'il sera non seulement possible de développer une véritable philosophie du soin, mais aussi de sortir de la domination exercée par « l'éthique jurisprudentielle ». Doucet conçoit ainsi sa méthode d'intervention en éthique comme une « alliance thérapeutique ». Ce terme s'oppose bien entendu à la notion de « contrat thérapeutique ». L'alliance rappelle l'alliance entre Dieu et son peuple chez Doucet. Par là, c'est une alliance entre le malade et les soignants que Doucet appelle de ses vœux. Le chemin de la guérison se fait par un travail commun : le patient et le médecin cheminent ensemble vers cette voie. Doucet reconnaît certes que le premier et le second ne sont pas égaux dans cette relation, mais c'est l'idée d'établir une relation commune qui intéresse le bioéthicien. Développant une éthique narrative, le professeur en bioéthique désire au fond que l'éthique biomédicale s'inspire de la pensée de Lévinas selon laquelle il faut dégager une responsabilité envers autrui, envers le visage d'autrui. Pour Doucet, le malade appelle le médecin à la responsabilité, à tenir compte de sa souffrance, de sa fragilité. L'éthique, dit-il, « naît du visage fragile, nu et en détresse d'un *Tu* qui m'appelle à la responsabilité. Entrer en éthique, c'est accepter d'être pris en otage par ce qu'il y a de plus fragile et de plus menacé. Ainsi, le sujet est élu, assigné à responsabilité »[19]. Faire de la bioéthique, c'est en définitive assumer le désir d'humanité d'un être malade.

Doucet et Durand se rejoignent donc sur le rejet commun de la domination du droit dans le domaine médical. Le premier est certes un peu plus virulent que le second dans ses écrits, mais ils partagent cette idée que la finitude du droit les conduit forcément à développer une autre théorie éthique, l'éthique narrative chez Doucet et l'éthique de la discussion chez Durand. Ils s'entendent également sur le fait que le dialogue est l'élément clé de cette nouvelle théorie d'intervention en éthique. Mais sur ce plan, les deux auteurs se sont essentiellement contentés de reprendre des éléments des grilles d'intervention de Malherbe et de Legault. Au fond, il se pourrait que la seule différence, concernant leur méthodologie d'intervention, réside dans le fait, pour reprendre les mots de Doucet, que Durand insiste beaucoup plus sur l'analyse des principes que lui...[20]

---

[19] Hubert Doucet, «Éthique et discernement », *Les Cahiers de la SFPL.*, 2, 1997, p. 75.
[20] Voir l'entrevue avec M. Doucet.

Au total, on constate que c'est la grille d'aide à la décision de Legault qui a exercé la plus grande influence auprès de nos 6 auteurs. Cette reprise est visible chez Durand, Doucet et Fortin dernière manière. De plus, ces auteurs partagent aussi avec Legault et Malherbe le même objectif constitutif de l'éthique appliquée : poser les conditions de possibilité d'une éthique dialogique, irréductible à l'activité communicationnelle habermasienne, c'est-à-dire à une éthique trop fortement procédurale et fondationnelle.

Francis Moreault et Alain Létourneau

CHAPITRE 1

L'ÉCOLE DE SHERBROOKE

L'APPROCHE DE GEORGES A. LEGAULT : L'ÉTHIQUE DIALOGIQUE[21]

Georges A. Legault a obtenu une licence en droit en 1972, une maîtrise en philosophie (sur B. Russell) et un doctorat en philosophie en 1975. Sa formation initiale est celle de la philosophie du langage et de la philosophie du droit. Une anecdote : c'est lors de sa soutenance de thèse que Sheila Mason lui fit remarquer que sa démarche le conduisait à l'éthique. À cette formation classique, Legault ajoute celle de l'exercice de la pédagogie universitaire dans le domaine de la philosophie. De la part d'un philosophe qui inscrit la parole dans l'action et dans l'intervention auprès des personnes et aussi dans la perspective du dialogue, l'importance de la dynamique des discussions qui conduit à une conceptualisation vivante et actuelle est cruciale.

Professeur de philosophie au Cégep, puis, professeur de philosophie à l'Université de Sherbrooke, Legault a donné, notamment, des cours touchant la philosophie du langage, la philosophie du droit et l'existentialisme d'Albert Camus et de Simone de Beauvoir, de même qu'un cours sur la raison pratique (ou pensée pratique). Il a aussi donné des cours portant sur les relations entre la psychologie et la philosophie, la psychanalyse et l'éthique, l'herméneutique. Son séminaire de maîtrise le plus important fut celui sur la problématique de la rationalité dans l'agir.

Les textes de Georges A. Legault touchent principalement la question de l'éthique professionnelle et la professionnalisation de l'éthique appliquée. Mais Legault a aussi effectué des travaux en philosophie du droit, en éducation morale de même qu'en épistémologie (via les problématiques de la crise des représentations en philosophie et en droit, de l'internalisme, du pragmatisme et du déductivisme). À cet égard, il s'est intéressé aussi à la critique sociale des sciences et de la technoscience.

À maints égards, Legault peut être considéré comme l'un des pionniers de l'éthique appliquée au Québec. L'originalité de sa pensée réside non seulement dans l'analyse

---

21 Recherches : Pascale Camirand et Allen Leblanc.

éthique qu'il a faite des pratiques professionnelles, mais aussi dans sa réflexion portant sur le développement de l'éthique appliquée perçue comme un *lieu* de co-élaboration de sens dans un contexte de crise du droit au sein des sociétés démocratiques.

Sur le second point, Legault a certainement été influencé par les travaux de Chaïm Perelman portant sur la nouvelle rhétorique et sur l'impasse des philosophies fondationnelles. Il utilise fréquemment les théories de la psychologie du développement moral, particulièrement celle de Kohlberg. Il adapte à l'éthique appliquée l'approche dialogique de Francis Jacques. Enfin, il puise dans l'existentialisme - Sartre, de Beauvoir, mais surtout Camus, qu'il affectionne particulièrement - l'idée qu'un sujet agit et décide toujours en situation, ainsi que la critique d'un fondement essentialiste de l'être humain. D'une certaine façon, on sent que sa pensée est souvent proche d'un certain pragmatisme « états-unien », en raison surtout de son intérêt pour l'action et la pratique.

Une partie du travail de Legault consiste à définir ou élaborer le concept d'éthique appliquée. Il estime qu'il est très difficile de la définir. « Les origines, soutient-il, de l'appellation éthique appliquée restent confuses. Contrairement à d'autres courants de pensée, l'éthique appliquée n'est pas une école spécifique en philosophie qui tient à marquer sa différence en renvoyant à des présupposés précis ou à une méthode particulière »[22].

Mais plus encore, l'un des soucis majeurs de Legault est la question du fondement de l'éthique appliquée. Comment est-il possible d'élaborer des décisions sans recourir à une démarche fondationnelle qui s'avère toujours inopérante et qui, de plus, succombe souvent au dogmatisme.

Pour Legault, l'éthique appliquée se trouve, en quelque sorte, prise entre le relativisme et le dogmatisme fondationnel. « Le spectre, affirme-t-il, du relativisme en éthique appliquée hante plusieurs philosophes. S'il est utile de distinguer diverses formes de relativisme (...), il n'en demeure pas moins vrai que le

---

[22] Georges. A. Legault, « L'éthique appliquée : le malaise de la philosophie », *Ethica*, 9/2, 1997, p. 14.

relativisme apparaît comme la négation de l'universel, de l'atemporel et du général. L'approche fondationnaliste, [quant à elle], cherche toujours à trouver le fondement applicable à tout humain, peu importe le lieu où il vit et la période historique qu'il traverse dans son existence. Le fondement est toujours impersonnel, atypique et atemporel»[23].

En ce sens, l'éthique a été sévèrement critiquée. En effet, une éthique de type fondationnel suppose la connaissance de la véritable *nature* de l'humain, la connaissance du bien selon cette nature et, par-dessus tout, elle doit expliquer comment la connaissance de l'homme et du bien mène à un type particulier d'actions plutôt qu'à un autre. De plus, l'éthique a été soumise à l'examen de la philosophie du langage et, avant cette dernière, à celui de l'empirisme. Il s'agit de la difficulté, pour l'éthique, de justifier ses assertions dans un contexte référentiel. C'est ce que Legault explique en prenant pour exemple la critique humienne de la morale, reprise au niveau du langage par Carnap. Pour Legault, l'éthique ne devra s'appuyer ni sur la fondation rationnelle de type déductif ni sur un rapport de signification référentiel par le langage.

Pour lui, si l'éthique est considérée du point de vue de la parole, c'est-à-dire comme l'exercice d'un *dialogue* qui permet la recherche commune de sens, rompant avec le projet fondationnel de l'éthique, on peut éviter l'éternel débat des fondements, qui s'est avéré une impasse. L'éthique dialogique permet de réintégrer chaque personne morale, chaque sujet éthique au sein de la discussion. « Diriger, écrit Legault, la recherche en éthique hors du lieu des fondements, c'est alors abandonner la recherche d'un discours d'autorité pouvant légitimement formuler des interdictions afin d'ouvrir un discours du partage de sens de notre agir»[24].

En rompant avec la perspective de l'exigence fondationnelle de l'éthique pour développer une éthique de la parole, les critères de vérité et de validité deviennent dénués de sens. On assiste à un *transfert* du fondement à la parole et, par le

---

[23] *Ibid.*, p. 24-25.
[24] Georges A. Legault, «La parole de l'éthicien est-elle crédible ? », *Phlosophiques*, XII/1, 1990, p. 28.

fait même, à une transformation de la finalité du discours éthique, qui passe de la *validité* (référentielle) et de la *vérité* (comme exigence métaphysique), à la *crédibilité*. En effet, le dialogue ne nécessite pas le recours à la validité ou à la vérité puisqu'il se veut justement une recherche.

Les normes éthiques n'étant plus imposées selon un processus déductif, le dialogue implique que les personnes engagées dans la discussion soient capables de délibérer sur leurs propres actes. Ainsi, l'éthique n'entretient plus un rapport de vérité à l'obligation, autrement dit, un discours unilatéral de l'éthicien à l'*éthicisé*. Dans cette nouvelle perspective le discours éthique devient en fait dialogue éthique, par lequel chaque personne impliquée participe à la construction du sens moral. Or, s'il s'agit d'une construction de sens, on ne peut parler de validité ou de vérité puisque le sens est à construire à partir de chaque situation. Il ne s'agit donc pas de comparer des actes ou des normes à un fondement stigmatisé par une conception prédéfinie.

L'éthique prend le sens d'une délibération par laquelle chaque personne morale aura à tenter de faire sens dans l'exercice du dialogue de façon raisonnablement crédible, sans toutefois tenter de fonder la vérité de façon définitive. En ce sens, Legault écrit : « L'éthique d'aujourd'hui doit renoncer à la tentation des fondements et à garantir son discours en lui assurant la validité et s'orienter dans la voie plus modeste de proposer des raisons de croire à la parole énoncée »[25].

Pour Legault, l'éducation morale joue, à ce titre, un rôle déterminant. Il la conçoit comme l'exigence irréductible d'une société démocratique car, écrit-il, « loin d'être, par nature, un animal social, le petit humain est *humanisable* par l'éducation morale »[26]. En ce sens, il écrit encore : « L'éducation morale est nécessaire à une seule fin : permettre aux (...) citoyens de vivre dans une société suffisamment stable pour profiter des avantages de la vie sociale. Lorsqu'une société n'arrive plus à assurer une telle éducation, elle éclate sous la pression de la guerre des clans, dans des luttes fratricides dont la cruauté dépasse les scénarios

---

[25] *Ibid.*, p. 42.
[26] Georges A. Legault, « L'éducation morale dans une société pluraliste », *Ethica*, 3/1, 1991, p. 97.

imaginaires. De même, elle peut devenir inefficace parce qu'une grande majorité des membres profitent des avantages de la vie sociale organisée sans vouloir en accepter les compromis nécessaires»[27].

D'un point de vue méthodologique, Legault s'appuie sur une clarification conceptuelle des notions structurant le champ de l'éthique appliquée au plan philosophique ainsi que sur le sens révélé par les pratiques, les acteurs sociaux et le développement des théories morales. Il intègre également des éléments juridiques qui servent à comprendre le fonctionnement des sociétés démocratiques. Enfin, il prône l'intervention éthique à travers des analyses de situations et des grilles facilitant la compréhension de facteurs intervenant dans les prises de décision.

Plus particulièrement, Legault fait appel à trois méthodes de travail intellectuel différentes. La première de ces méthodes est celle de l'argumentation philosophique ; la deuxième, celle de l'herméneutique juridique ; la troisième, celle de l'analyse multidisciplinaire des pratiques professionnelles. Présentons brièvement chacune d'entre elles.

Première méthode : l'argumentation philosophique

Cette méthode pourrait être caractérisée selon les huit (8) points suivants. En premier lieu, il cerne la question initiale qui préside à la rédaction du texte et en constitue la finalité ou l'objet. Après avoir clarifié cette question, il procède toujours à ce que l'on pourrait appeler la structuration d'un cadre conceptuel en tant qu'il est un construit de signifiants. Il s'agit alors de poser, à l'aide de propositions de théorisation, une construction comportant une logique informelle que l'on pourrait situer dans l'ordre de la symbolisation. L'héritage de la philosophie du langage est ici décisif. C'est de l'intérieur de cette construction du langage que l'auteur procède à la clarification des notions nodales de son discours. Ceci amène Legault à formuler des sous-questions, étroitement liées à la question initiale. Ce sont ces sous-questions qui constituent la charpente du développement de son argumentation. Ces sous-questions visent, la plupart du temps, à

---

[27] *Ibid.*

clarifier l'enjeu de la discussion, en le cernant ou en l'éclairant sous le jour d'une problématique philosophique plus spécifique ou définie. L'argumentation de l'auteur se développe de l'intérieur de cette schématisation conceptuelle et de cette interrogation philosophique réfléchie et délibérée. Le discours philosophique est ainsi conçu et exercé en tant qu'il est une intentionnalité. Le philosophe s'adresse à un autre individu et, pour pouvoir prendre la parole, il emploie une terminologie qui puise dans l'ordre de la rationalité des fins et des moyens (quel but est poursuivi en prenant la parole ? Quels sont les moyens argumentatifs nécessaires dans la discussion ?). C'est pourquoi les propos philosophiques de Legault convient le lecteur à la clarification des finalités de leur propre discours ou encore, à la clarification des finalités du discours d'un tiers (commission de réforme du droit, comité d'éthique, auteur traité et commenté, *etc.*).

Cette méthode philosophique appartient à la rhétorique et trouve ainsi de multiples détracteurs qui soutiendraient qu'il ne s'agit pas de philosophie. En fait, G. A. Legault répond toujours à cette objection en rappelant qu'il fait de la philosophie pratique et qu'en cela, son problème philosophique se situe, bien sûr, dans l'ordre de l'enjeu philosophique hérité d'Aristote et de Kant : le problème de la raison pratique. Mais il rappellera aussi qu'il se situe dans le tournant linguistique et la pragmatique du langage. Cette orientation méthodologique est cruciale lorsque l'on veut comprendre la deuxième méthode utilisée en droit comme en éthique : l'herméneutique

Deuxième méthode : Herméneutique juridique et herméneutique éthique

La deuxième méthode utilisée par G. A. Legault serait l'herméneutique, i.e. une pratique réfléchie de l'interprétation. Avec d'autres, Legault souligne la crise des représentations dans la culture. Contrairement à ceux et celles qui soutiennent que les sociétés occidentales font face à une crise des valeurs, Legault se situe plutôt dans l'ordre d'une réflexion sur la relativité des conceptions que les humains se font de la nature, d'eux-mêmes, du temps, de l'espace, *etc*. Mais pour Legault, nous ne pouvons prétendre rejoindre avec certitude « la réalité » que nous appréhendons en créant de telles représentations. En l'absence de certitude, voilà que nous faisons face à la question de la pluralité des représentations : se valent-elles ? C'est par le recours à une herméneutique visant la corroboration des savoirs que Legault veut échapper au relativisme. Il se posera deux questions : « quel rôle jouent les représentations en éthique ? » et « quelle valeur ont les représentations ? ». Son herméneutique renvoie donc aux valeurs et aux fins visées. La valeur impliquée dans la justification d'une décision ou dans l'interprétation d'une loi sera déterminée à partir d'une démarche herméneutique[28].

Pour Legault, l'herméneutique vise la légitimation des normes juridiques ou éthiques à l'aide d'une justification touchant les représentations sous-jacentes à toute clarification des finalités (et valeurs) inscrites en elles. Pour lui, c'est en tant qu'ordre symbolique que le droit construit un sens qui rejoint la dimension éthique de la condition humaine. La légitimation des lois passe par un exercice d'identification des valeurs visées dans la loi, de pondération de ces valeurs et de justification de cette pondération à l'aide d'une argumentation philosophique permettant de donner à penser des fondements. C'est pourquoi, lorsqu'il aura à intervenir en tant que philosophe dans des dossiers touchant l'interprétation d'un article de loi, d'un code ou d'une question d'actualité, Legault fera lui-même l'herméneutique des enjeux éthiques touchant les valeurs et les représentations[29].

Troisième méthode : analyse des pratiques professionnelles

Pour G. A. Legault, le philosophe éthicien est un intervenant qui a pour intention de prendre la parole sur les questions touchant le sens ou le symbolique. De ce point de vue, ses travaux en philosophie du droit ont touché cette herméneutique de « l'intentionnalité éthique du droit ». Cette même orientation méthodologique et théorique l'a conduit, depuis 1997, à questionner la pratique des professionnels en tant qu'elle

---

[28] Georges A. Legault, *Questions fondamentales en éthique*, Cahiers de philosophie, n°5, Département des sciences humaines, Université de Sherbrooke, 1995.
[29] Georges A. Legault, « La crise des représentations en droit », dans *Carrefour : Philosophie et droit*, ACFAS, coll. « Les cahiers scientifiques », n°80, 1995, p. 247-259.

est aussi porteuse d'une intention, d'une mission. L'analyse des pratiques professionnelles a toutefois nécessité des choix méthodologiques particuliers qui, eux, dépassent les exigences de l'argumentation philosophique ou de l'herméneutique juridique.

Legault s'est aussi intéressé au statut du discours philosophique dans le sens d'un métadiscours. Alors, le discours philosophique devient le discours sur le sens permettant de questionner l'horizon des normativités de l'agir humain comme des savoirs scientifiques. Mais cet horizon philosophique ne se dit pas en dehors ou au-delà des autres propositions discursives des pratiques de vie. Vivante et actualisée par les humains, êtres de langage, la philosophie fait partie et participe des autres savoirs ou discours. Parler à l'humain de l'humain et entreprendre de discourir sur ce qui nous fait humains, nécessite une approche multidisciplinaire. Les conditions de possibilité de la réussite d'une approche multidisciplinaire seraient de trois ordres : l'accord des chercheurs sur le fait qu'ils et elles adoptent une perspective (perspectivisme) ; l'acceptation d'une différenciation entre l'internalisme et l'externalisme au plan de l'entreprise d'intercompréhension (et l'adoption d'un point de vue internaliste, soit l'appel à des raisons internes à la situation) ; et la visée par les pairs d'une entreprise de corroboration de leurs résultats par leurs collègues.

Ainsi, le travail de G. A. Legault en éthique professionnelle déborde du cadre de l'herméneutique juridique (contre un enfermement dans la problématique du rapport entre éthique et déontologie), pour aller vers l'étude du dire des professionnels sur leur pratique. Les écrits de Legault sur l'analyse des pratiques professionnelles posent que la praxéologie, la recherche qualitative en sciences sociales, la recherche-action, (dont l'un des exercices est celui de l'entrevue dirigée), doivent faire face à deux exigences méthodologiques : faire l'épreuve de la corroboration des savoirs par les pairs et permettre aux discours descriptifs des sciences humaines de redonner place au prescriptif et au normatif. De là l'appel, chez cet auteur, à un retour vers une « sociologie normative »[30].

---

[30] Georges A. Legault et R. Zuniga, «Analyse des pratiques professionnelles : proposition de synthèse », dans Georges A. Legault (dir.), *L'intervention :*

Quand vient le temps de rendre compte des pratiques professionnelles, des tensions sont repérables entre l'approche structurale de la linguistique, l'approche systémique des sciences sociales et l'approche centrée sur le praticien réflexif (praxéologie de St Arnaud). Elles concernent les enjeux méthodologiques liés au statut du langage ou du discours comme objet d'interprétation ou d'analyse et comme seule et unique expérience humaine vérifiable ou partageable (*i.e.* la thèse du « Tout est langage »). Concernant l'intervention, Legault a fait des choix méthodologiques. Pour lui, l'analyse des pratiques professionnelles exige de cerner quatre aspects :

1) l'intervention propre à une pratique ;
2) le savoir expert revendiqué ;
3) la relation à l'autre ;
4) la fonction sociale de la pratique professionnelle.

Dégageons maintenant les thèses de Legault à l'égard des principaux enjeux éthiques qu'il touche. Nous verrons ensuite quel regard épistémologique est associé à ces thèses, regard qui en constitue, en quelque sorte, la condition de possibilité. Commençons d'abord par rappeler rapidement les questions soulevées par l'auteur. Ces questions touchent l'éducation morale, l'éthique professionnelle, la philosophie du droit et l'éthique appliquée.

En matière d'éducation morale

Les travaux de Legault se situent dans un horizon philosophique selon lequel la recherche de la vérité est révolue en éthique. On part plutôt d'une problématisation de l'expérience de l'action et des relations entre soi-même et autrui. La démarche philosophique est d'emblée une démarche éducationnelle, pédagogique. Il est question d'action et de rapport à l'autre en éducation parce qu'il n'est d'éthique que si nous pensons, en tant que philosophes éthiciens, à apprendre aux personnes à passer d'un lieu « expériencié » de prise de parole à un autre. Il s'agit ici

---

usages et méthodes, Sherbrooke, Éd. CGC, coll. «Analyse des pratiques professionnelles », 1998, p. 189-212.

de la question philosophique classique : peut-on dire que la vertu s'enseigne ? Peut-on éduquer moralement ?

G. A. Legault répondra par l'affirmative. Ses travaux l'ont amené à identifier les différentes approches dans ce domaine. Les grilles de délibération qu'il a créées s'appuient sur plusieurs approches. L'approche privilégiée est celle de l'école du développement du raisonnement moral. Par contre, comme l'indique l'auteur dans *Professionnalisme et délibération éthique*[31], l'école du raisonnement moral n'est pas la seule inspiratrice de cet outil de formation morale des personnes. Legault puisera aussi dans l'école de la clarification des valeurs, dans celle de la sollicitude (au niveau du développement du sentiment moral, de l'empathie ; élément incontournable de toute éthique). Il se rapproche de la philosophie pour enfants (elle-même inspirée de l'école du développement moral et de la philosophie de l'éducation, de John Dewey).

Les grilles de Legault sont d'abord des moyens d'éduquer à l'éthique, avant de pouvoir être utilisées en contexte de consultation ou d'intervention. En matière d'éducation morale, la thèse de l'auteur est que l'éducation morale vise la formation des personnes au plan de leur capacité à décider, à délibérer, à dialoguer et également à démontrer à autrui le bien-fondé du résultat de leur délibération.

En matière d'éthique professionnelle

Les travaux de G. A. Legault se penchent sur l'agir professionnel. L'enseignement universitaire en éthique appliquée s'adresse à des professionnels de divers ordres. La fin du XXe siècle a vu l'émergence d'un mouvement de professionnalisation qui interroge les normes professionnelles et les critères d'éthicité des pratiques professionnelles. Dans le contexte d'un enseignement universitaire aux prises avec cette question de la formation des professionnels, Legault orienta ses travaux dans le sens d'une pédagogie de l'éthique professionnelle[32]. En tant que philosophe du droit, son travail en éthique professionnelle l'a

---

[31] Ste-Foy, PUQ, 1999.
[32] Voir Georges A. Legault et Luc Bégin, *Éthique et ingénierie*, Montréal, McGraw Hill, 1991.

conduit à interroger la pertinence de la régulation des professionnels via les codes de déontologie.

En éthique professionnelle, il soutient qu'il est nécessaire de passer de la déontologie à une éthique des valeurs partagées, de la quête et du partage de sens pour les praticiens des diverses professions[33]. D'ailleurs, cette approche lui a permis, notamment, de participer à la création d'une entreprise alternative de la professionnalisation des sages-femmes, qui a permis de conserver, autant que faire se peut, le caractère distinct de cette pratique (en face de la médecine et des sciences infirmières).

En matière de philosophie du droit

Legault souligne la crise des représentations en droit. Les sociétés occidentales font face à une crise des représentations bien plus qu'à une crise des valeurs. Cette notion de « crise des représentations » renvoie chez lui à ce que d'autres appellent la crise des fondements. Si nous admettons que nous ne pouvons plus affirmer qu'il existe une représentation vraie de la nature et de la nature humaine, nous ne pouvons plus poser non plus qu'existent des fondements naturels du droit. À l'inverse, poser que les fondements ou représentations sont relatifs à chaque interprétation subjective de la légitimation d'une loi, et le faire en soutenant que les lois sont des produits socioculturels déterminés par des forces économiques strictement politiques ou stratégiques, c'est échapper, selon lui, au débat éthico-philosophique permettant la légitimation des lois et la justification d'une décision judiciaire. Les courants dominants du jusnaturalisme et du positivisme se trouveraient donc en face d'une crise des représentations. Tout au long de ses travaux, Legault a tenté de dénouer cette *crise* en faisant appel aux notions de philosophie régressive et de fondements suffisants, notions chères à Chaïm Perelman. De même, il s'est référé aux travaux de Dworkin[34].

---

[33] Georges A. Legault (dir.), *Enjeux de l'éthique professionnelle Tome 2 : L'expérience québécoise*, Sainte-Foy, PUQ, coll. «Éthique », 1997, p. 139-156.

[34] Georges A. Legault, « Statut ambigu de la valeur dans les lois et réglementations touchant la protection des animaux, de l'humain et de l'environnement », dans T. Leroux et L. Létourneau (dir.), *L'être humain, l'animal et l'environnement : dimensions éthiques et juridiques*, Montréal, Éd. Thémis, 1996, p. 171.

L'une des caractéristiques importantes de la démarche de Legault, au plan philosophique, est celle du statut de la raison pratique. G. A. Legault articule son discours philosophique à partir de la distinction entre philosophie de la connaissance (épistémologie), philosophie morale (éthique) et philosophie du beau (esthétique). Cette distinction classique implique aussi d'autres opérations connexes de clarification conceptuelle : Description et Prescription/Évaluation, Cause-Effet et Moyens-Fins, Rationnel et Raisonnable, ainsi que plusieurs autres. Le champ philosophique auquel appartiendra l'éthique sera celui de la raison pratique (désignée parfois par les concepts de *phronésis*, pensée pratique, praxis, rationalité dans l'agir, *etc.*). La raison pratique concerne les prescriptions et évaluations, la délibération sur les moyens et les fins et la recherche de décisions d'action ou d'énonciations prescriptives ayant un caractère raisonnable. La problématique philosophique de la raison pratique telle qu'il l'approchera lui permettra de sortir du débat entre dogmatisme et relativisme en éthique. Legault sera amené à soutenir que les raisons de nos décisions doivent être « universalisables », que la justification délibérée est possible.

C'est en raison de l'importance de cette problématique que G. A. Legault introduit à la fin du livre *Professionnalisme et délibération éthique* la question de la raison pratique. Il affirme :

> Dans la mesure où l'approche de la délibération éthique se présente comme relevant de la philosophie, il est légitime que d'autres philosophes soulèvent la question suivante : « Quelles sont les perspectives philosophiques qui traversent la décision délibérée ? » À l'horizon de ce questionnement, on retrouve le problème de définir ce qu'est la philosophie. […] Pour répondre à la question du rapport entre la philosophie et le modèle de la décision délibérée, nous proposons, dans un premier temps, d'apporter des précisions sur la « raison pratique ». Cette conception de la raison pratique se situe dans un débat philosophique traditionnel en éthique : la possibilité de délibérer sur les fins. Enfin, puisque l'approche véhicule une conception de la raison pratique, il faut s'interroger sur son statut. La distinction entre rationnel et raisonnable, telle que l'a établie C. Perelman, s'avère capitale dans la

conceptualisation de la philosophie à l'œuvre dans cette approche[35].

Mais regardons le cadre philosophique de l'auteur sous un autre angle : celui de la personne qui décide. En effet, la raison pratique, comme toute autre *faculté* identifiée par les philosophes, appartient à un être vivant bien particulier : l'humain de sexe masculin ou de sexe féminin. De quelle expérience humaine Legault s'inspire-t-il pour penser cet humain comme faisant l'exercice de la raison pratique ? Le regard épistémologique de G. A. Legault se constitue à partir de quatre axes : l'expérience, le sujet, la parole et le statut du discours philosophique aujourd'hui. Ces quatre axes seront présentés en les associant à une thématique philosophique particulière : l'axe de l'expérience est lié au pragmatisme, l'axe du sujet à l'existentialisme (et non au kantisme), l'axe de la parole à la pragmatique du langage, l'axe du statut du discours à la crise de la philosophie aujourd'hui.

En ce qui concerne les deux premiers axes, Georges A. Legault résume en des termes simples l'importance que détiennent le pragmatisme et l'existentialisme pour comprendre l'arrière-plan philosophique de son approche. Nous le citerons assez longuement pour ensuite faire un bref commentaire.

Premier axe : Le Pragmatisme et l'Internalisme

> Le pragmatisme est un mouvement intellectuel qui a traversé la philosophie de l'éducation (Dewey), l'épistémologie (Quine) et la philosophie du langage (Austin, Searle). À la racine de l'approche pragmatique se trouve la controverse reliée à la notion classique de la *vérité*. Ainsi, le pragmatisme propose une autre façon de considérer le rapport entre la théorie et le réel que celui de la vérité-copie ou vérité-représentation, à savoir de reconnaître la valeur d'une théorie dans son rapport à l'action. Autrement dit, c'est le rapport au Faire qui devient la source de validation plutôt que le rapport à l'Être.

---

[35] Georges A. Legault. *Professionnalisme et délibération éthique, op. cit.*, p. 252.

Cette transformation s'effectue en abandonnant le point de vue extérieur sur le monde, pour adopter un point de vue interne à l'expérience. Les fondements s'élaborent dans une expérience réfléchie et font l'objet de critiques par un auditoire. La valeur d'une théorie, comme la valeur d'une décision, s'établit dans l'intersubjectivité critique. Le pragmatisme apporte une autre transformation : c'est le rapport à l'Autre qui est premier et non plus le rapport au Réel. C'est cette double transformation, rapport au Faire et rapport à l'Autre, qui permet de remplacer les « fondements absolus » par les « fondements suffisants ».

Toute la démarche de délibération éthique s'inscrit dans cet horizon philosophique du pragmatisme. Quoi de plus pragmatique que de résoudre un dilemme d'action à partir d'un point de vue dialogique ? Établir les motifs d'une décision raisonnable, dont la justification peut s'universaliser, met en acte cette approche pragmatique en éthique, mais aussi en pédagogie de l'éthique[36].

Commentons brièvement : c'est en raison du pragmatisme comme rapport à l'action que le point de vue internaliste devient requis, et ces deux aspects de la tâche éthique conduisent à une approche dialogique, un dialogue qui en ce sens sera lui-même pragmatique et internaliste.

Deuxième axe : L'Existentialisme ou le sujet qui délibère et décide

L'influence de la pensée existentialiste, notamment celle d'Albert Camus et de Simone de Beauvoir, est aussi indéniable dans la démarche. Pas étonnant que pour certains la démarche soit perçue comme une éthique de situation au sens péjoratif du terme : à chaque situation son éthique. L'existentialisme, contrairement à ce que plusieurs croient encore, n'est pas la revendication d'une liberté *sauvage* et irresponsable. En effet, la profondeur des réflexions d'Albert Camus et de Simone de Beauvoir pour penser

---

[36] *Ibid.*, p. 265-266.

une morale hors des voies essentialistes, en est une preuve convaincante.

C'est avec l'existentialisme que la liberté, l'autodétermination, se pensent en dehors de l'obligation morale. Cet apport est considérable parce qu'il se produit un renversement. La liberté se définit par elle-même au lieu d'être soumise à la loi. Le sens le plus fort de l'autonomie prend forme puisque le sujet (*autos*) se donne ses propres normes (*nomos*). Dès lors, la conscience morale est appelée, non plus à se soumettre à une loi externe, mais à trouver, avec les autres, ce qu'il faut construire comme projet humain. Libérant l'Action de la contrainte de la Nature, l'existentialisme ouvre la voie à la « construction de soi », à la « construction du vivre-ensemble ». Du même coup, il nous rappelle que toute construction humaine est non seulement susceptible d'échec, mais vouée à l'échec car il existera toujours un écart entre le projet qui vise l'idéal et la capacité humaine de se donner les structures permettant de le vivre.

L'existentialisme ne renverse pas uniquement notre rapport à la liberté (au Faire), mais aussi à l'Être. Le slogan de Simone de Beauvoir : « On ne naît pas femme, on le devient », illustre bien la critique existentialiste de toute dépendance de l'agir à une théorie anthropologique déterminée. Alors que la pensée philosophique classique essayait de s'élaborer sur le roc d'une conception vraie de l'humain, l'existentialisme propose de construire cet humain au fur et à mesure de la vie sociale[37].

Nous pouvons saisir ici que le refus de l'externalisme va de pair avec le refus de l'essentialisme. S'il y a internalisme, c'est dans une perspective existentialiste et constructiviste, ce qui réitère de nouveau le primat du faire sur l'être.

Les écrits d'Albert Camus sont importants dans la pensée philosophique de G. A. Legault. Ce denier a choisi de devenir philosophe lorsqu'il a découvert les écrits de Camus. L'importance de l'*éprouvé*, le rejet de la métaphysique, la conception sensualiste de la liberté, la recherche d'une morale en dehors de l'essentialisme et de la quête des fondements, seront déterminants chez Legault

---

[37] *Ibid.*

comme chez Camus. L'existentialisme est un courant philosophique précurseur de l'éthique appliquée (dans le monde francophone surtout)[38].

Troisième axe : L'engagement ou le philosophe éthicien et la parole

Dans la tradition anglo-saxonne, l'éthique a connu des jours sombres. Pour résumer un mouvement d'ensemble, il devenait impossible de tenir un discours moral pour tout philosophe ayant abandonné l'entreprise fondationnelle et la métaphysique. Dans la tradition francophone, l'abandon des mêmes entreprises se doublait d'un constat « plus littéraire et plus tragique » : celui de la mort de Dieu. Les existentialistes furent parmi les plus préoccupés des conséquences éthiques de ce constat de décès. Reprenons la question chère à Camus : si Dieu est mort, est-ce que tout est permis ? Simone de Beauvoir se fit lancer le défi de concevoir une morale existentialiste lorsque ses contemporains soutinrent que cette perspective philosophique conduisait au solipsisme. Le travail de Georges A. Legault s'appuie sur cet héritage et relève de nouveau le défi d'élaborer une éthique en dehors de toute entreprise fondationnelle et/ou métaphysicienne.

Or, nous l'avons dit déjà, Georges A. Legault a d'abord été philosophe du langage – plus spécifiquement de la pragmatique du langage. Le troisième axe de son horizon philosophique, au plan de l'épistémologie, sera donc celui d'un philosophe éthicien qui se situe dans le tournant linguistique. Son article « La parole du philosophe éthicien est-elle crédible ? » est un moment marquant à cet égard. À une démarche théorique qui maintient la recherche des fondements, Legault substitue un appel à la reconnaissance de la crédibilité de la parole de l'éthicien. Il s'agit là d'un abandon de la conception *référentielle* du langage philosophique, au profit d'une conception *intentionnelle* du discours philosophique comme parole. La parole du philosophe éthicien sera une parole qui vise le partage de sens avec autrui au sujet de son agir. Le philosophe demandera alors à l'autre « *Pourquoi poses-tu ce*

---

[38] L'apport de l'existentialisme en éthique appliquée est noté par Auroux. Voir A. Jacob (dir.), *l'Encyclopédie philosophique universelle*, tome 2, Paris, PUF, 1992, p. 870-872.

geste ? » dans le but de faire préciser le sens exprimable de la motivation d'agir. Poser de la sorte la parole de l'éthicien, c'est poser aussi, chez l'autre, la capacité de faire des choix d'action, c'est-à-dire de délibérer. La délibération est donc cet objet à partir de quoi la parole s'énonce en éthique. Cette délibération porte sur les finalités. En cela l'axe de la parole chez Legault stipule, au plan philosophique, que la délibération sur les fins est possible (ce qui nous renvoie à la problématique de la raison pratique).

En tant que la parole porte sur une délibération touchant l'action, cette parole est une parole adressée à autrui. L'enjeu ici sera donc, pour Legault, de spécifier à qui s'adresse la parole de l'éthicien. Or, toute parole posée comme intentionnelle conduit aux considérations d'une pragmatique du langage : quel est le contexte de mon énonciation et quel est mon auditoire ? Le travail de Georges A. Legault se situant dans un contexte éducationnel (en 1990), sa propre démarche de philosophe éthicien s'adressa d'abord aux personnes qu'il forma. C'est pourquoi la démarche éthique qu'il a entreprise le conduira à s'interroger sur l'agent moral en tant que cet agent doit être formé. Mais l'agent, ici, n'est pas perçu comme un être vertueux à humaniser. Il s'agit d'une personne se développant et ayant une structure psychique en évolution, tel que nous l'enseigne la psychologie du développement moral[39].

Cet aspect important du renvoi à la psychologie et à la psychanalyse conduit justement au dernier axe : celui de la remise en question du discours philosophique au plan de son rôle ou de son statut à l'égard des autres savoirs. En effet, nous ne pouvons plus, depuis la fin du vingtième siècle, faire de la philosophie une entreprise solitaire et hégémonique. Le travail de Legault se situe après les philosophes du soupçon, après la psychanalyse et après la critique féministe de la discipline philosophique.

Quatrième axe : Le malaise de la philosophie

Au fil des ans, l'entreprise de G. A. Legault l'amène à identifier des parentés entre sa démarche et ce que plusieurs

---

[39] Georges. A. Legault, « La parole du philosophe éthicien est-elle crédible ? », *op. cit.* Voir aussi du même auteur : « L'éthique comme formation fondamentale et critique sociale des sciences », *Philosopher*, 11, 1991, p. 159-172.

appelleront « l'éthique appliquée ». Dans son article intitulé « L'éthique appliquée : le malaise de la philosophie », l'auteur soutient que, au fond, les polémiques entourant le concept d'éthique appliquée touchent les transformations contemporaines de la philosophie, transformations où l'on assiste à l'émergence d'une philosophie pratique. Deux malaises provoquent l'émergence de la philosophie pratique : le rapport de la philosophie à la pratique (dont le symptôme est le malheureux concept d'éthique appliquée) et le statut de la théorisation philosophique en éthique. Le concept d'éthique appliquée renvoie à la question de savoir si, dans son histoire, la philosophie a été une discipline touchant la pratique. Lorsque Joseph Fletcher amorce le débat sur la portée réelle des systèmes moraux religieux, il propose une éthique situationnelle en remplacement des démarches de conformité au dogme. S'amorcent alors, selon Legault, les débats initiateurs de l'éthique appliquée.

C'est à partir de ce lieu de prise de parole que l'éthique appliquée se voit dans l'obligation de questionner son rapport à la philosophie. Legault identifie trois postures différentes en philosophie dans son rapport à la pratique :

1) L'éthique appliquée est cette partie de l'éthique qui, dans des situations concrètes, applique les théories morales fondées rationnellement par la philosophie ;

2) La distinction « éthique fondamentale/éthique appliquée » n'est pas valide puisqu'elle ne correspond pas à la pratique de la philosophie telle qu'elle s'est manifestée en Occident ;

3) L'éthique appliquée se distingue de l'éthique fondamentale dans la mesure où elle s'élabore à partir du renversement des postulats de l'éthique fondamentale : une éthique sans fondement absolu, une éthique qui s'élabore à partir du problème spécifique, une éthique qui vise la résolution des problèmes.

Dans ce cadre, on aura compris que la posture de Legault est la troisième[40].

On peut finalement soulever une dernière question dans la pensée de Legault, celle de la dimension socio-politique de ses travaux en éthique appliquée. À cet égard, le débat entre libéraux et communautariens peut servir de balise pour l'identification des questions de philosophie morale. Schématisons les termes de cette controverse de la façon suivante :

Libéraux	Communautariens
JE	NOUS
1) Le *Je* en tant que sujet libre	1) communauté
2) La décision	2) sens commun ou système de valeurs partagées
3) L'intersubjectivité	3) recherche de l'origine de la norme
4) La communication	4) recherche de l'inculcation de la norme
	- la moralité, le nous est antérieur au sujet
Le *nous* est visé, construit	- La liberté du sujet devant la communauté pose un problème
La tradition comme référent, culture, droit, *ethos* pose un problème	
Qu'est-ce que les communautariens font de la liberté du sujet devant la coutume ou la loi ?	Qu'est-ce que les libéraux font de la vie en communauté et de l'engagement du sujet face à celle-ci ?

Selon les pôles où nous nous trouvons au plan du débat entre libéraux et communautariens, nous aurons une lecture du

---

[40] Georges A. Legault, « L'éthique appliquée : le malaise de la philosophie », *op. cit.*

travail de Legault qui le situe à l'extrême gauche du schéma ou bien, quelque part entre cette extrême gauche et le centre du schéma.

Pour conclure sur cette question, reprenons les mots mêmes de l'auteur :

> La démarche de délibération éthique est une démarche de pédagogie visant le développement de la dimension morale des personnes. Elle renoue avec la tradition philosophique qui, depuis Socrate, considérait le philosophe comme un intervenant dans sa société, notamment comme un éducateur. Éduquer les citoyennes et les citoyens afin qu'ils participent au projet social et à l'humanisation de l'humain, n'est-ce pas l'engagement social le plus important du philosophe ? Cette formation de la personne exige un passage, la démarche éthique, qui permet de dépasser l'impérialisme du *je* et d'éviter l'impérialisme du groupe *eux* pour constituer un *nous* partageant les *raisons d'agir*[41].

> Le débat entre libéraux et communautariens a permis de mettre en évidence la différence entre un débat philosophique cherchant à « fonder rationnellement l'allocation des ressources et des biens », soit par le modèle libéral « excluant la vie bonne », soit par le modèle communautarien « incluant la vie bonne ». En arrière-plan du débat de philosophie politique se dresse, implicitement, celui de la « motivation morale ». L'effectivité du droit ou son ineffectivité est directement proportionnelle à la capacité de la vie juridique à inspirer les raisons d'obéir au droit. Dans la mesure où les concepts de « motivation morale » et de « développement moral des êtres humains » demeurent implicites dans les théories politiques, plusieurs facteurs liés au « retour de l'éthique » dans nos sociétés démocratiques risquent de demeurer à l'ombre de l'implicite. Or, c'est justement cette question, qui est souvent occultée dans les débats contemporains sur l'éthique appliquée, qui se cantonnent à la philosophie politique et à la question des fondements de l'obligation morale. On semble ignorer que la faillite des modes

---

[41] Georges A. Legault, *Professionnalisme et délibération éthique*, *op. cit.*, p. 270.

traditionnels d'éducation morale (religion et *ethos*) est au cœur de la réflexion en éthique appliquée[42].

Ainsi, la théorie de l'intervention de Georges A. Legault a pris plusieurs noms : ses textes parlent de dialogue, de dialogue éthique et de délibération éthique[43].

Par sa participation à de nombreux comités d'éthique, Legault montre l'importance qu'il accorde à l'intervention en éthique. Toutefois, pour lui l'éthicien n'est nullement un *expert de la vérité* ou un *moraliste*.

Pour lui, en fait, l'intervention en éthique est liée à une démarche de responsabilisation des acteurs et des décideurs des divers champs professionnels. Cette responsabilisation passe par une démarche ancrée dans la psychologie « (...) du développement du raisonnement moral. Elle propose de partir du choix personnel éthique et elle invite les lecteurs (...) à approfondir leur connaissance d'eux-mêmes dans la vie de tous les jours, à la lumière de leurs décisions, notamment celles qui touchent leurs activités professionnelles. Plus précisément, il s'agit de développer sa capacité de délibération morale en explorant graduellement la connaissance de soi, sa façon de comprendre les mœurs, les institutions juridiques et éthiques et surtout de trouver la manière de justifier ses choix personnels dans un contexte de dialogue »[44]. C'est à travers un souci éthique pour l'éducation morale que peuvent se créer, graduellement, les conditions de l'apprentissage du dialogue, qui permet à chacun de développer ses compétences à la délibération ; car, comme l'écrit Legault, « l'effort de toute éducation morale sera (...) l'occasion, pour les

---

[42] Georges A. Legault, « L'éthique appliquée comme éthique d'une société démocratique », dans G. A Legault, A. Rada-Donath, G. Bourgeault (dir.), *Éthique de société*, Sherbrooke, Éd. CGC, 2000, p. 77-78.
[43] Les travaux de Georges A. Legault ont une grande proximité avec ceux de J. Patenande. Celle-ci a formulé, dans son doctorat, un énoncé des conditions éthiques du dialogue. Si, chez Legault, il y a invitation au dialogue, les conditions de ce dialogue ne sont jamais formulées explicitement. Les échanges intellectuels entre Patenaude et Legault ont contribué, à la fin des années quatre-vingt-dix, à la formulation, chez Patenaude, de conditions explicites, et qu'elle s'est chargée de défendre depuis. Voir à ce sujet A. Létourneau, A. Lacroix et Y. Boisvert, *Les approches québécoises de l'éthique appliquée. Approches générales*. Sherbrooke, GGC, 2005, section sur J. Patenaude.
[44] Georges A. Legault et Luc Bégin, *Éthique et ingéniérie, op. cit.*, p. 20.

personnes, de développer leur capacité de légitimer leurs décisions à caractère social»[45].

À ce titre, Legault réfère à une grille de prise de décision élaborée en collaboration avec Louis Racine et Luc Bégin. Dans ses grandes lignes, elle se présente en quatre (4) phases et treize (13) étapes (*Éthique et ingénierie*), présentées ci-dessous. On retrouvera sensiblement la même grille dans *Professionnalisme et délibération éthique*. Toute intervention de Georges-A. Legault, soit directe soit suscitée par lui, passe nécessairement par le traitement du « cas » qui doit être réduit à l'état de « dilemme éthique » pour rendre possible la décision, qui est le cœur du modèle. Ceci se prépare tout au long des étapes prévues dans la grille. Cette méthode est vue par son auteur aussi comme un outil d'éducation à l'éthique délibérée, voir ses ouvrages pour plus de détails, et la conclusion du présent ouvrage pour des réflexions critiques.

---

[45] Georges A. Legault, «L'éducation morale dans une société pluraliste », *Ethica*, 5/1, 1993, p. 110.

Grille de l'ouvrage Éthique et Ingénierie

Phase I : **Prendre conscience de la situation**

- Étape 1 : Inventorier les éléments majeurs de la situation ;
- Étape 2 : Formuler le dilemme ;
- Étape 3 : Résumer la prise de décision spontanée ;
- Étape 4 : Analyser la situation des parties ;
- Étape 5 : Énumérer les lois, les normes et la réglementation applicables à la situation.

Phase II : **Clarifier les valeurs conflictuelles de la situation**

- Étape 6 : Faire une réflexion critique sur le rôle des émotions ;
- Étape 7 : Nommer les valeurs qui sont effectivement agissantes ;
- Étape 8 : Identifier le principal conflit de valeurs qui forme le dilemme.

Phase III : **Prendre une décision morale par la résolution rationnelle du conflit de valeurs**

- Étape 9 : Identifier quelle valeur a préséance dans la situation ;
- Étape 10 : Formuler les principaux arguments qui explicitent pourquoi la valeur principale est jugée prioritaire ;
- Étape 11 : Préciser les modalités de l'action compte tenu de l'ordre de priorité des valeurs ;
- Étape 12 : Faire une réflexion critique sur la prise de décision.

Phase IV : **Établir un dialogue réel entre les personnes impliquées**

- Étape 13 : Formuler et présenter une argumentation complète permettant de justifier sa position

ANNEXE

LEXIQUE

Dans une annexe de son ouvrage *Professionnalisme et délibération éthique* (p. 279-286), Legault présente un lexique dans lequel il définit les termes qu'il juge fondamentaux en ce qui regarde l'éthique appliquée. Voici les termes les plus importants.

Co-élaboration de sens : « réponse collective que nous créons [...] à la question initiale du dialogue. Contrairement à la négociation et au débat, le dialogue est une entreprise collective (co-) où chaque personne contribue à créer une réponse signifiante (sens) à une question initiale. Lorsque la question initiale du dialogue est la résolution d'un dilemme, la solution et la justification seront co-élaborées par le groupe. »

Compétence éthique : « capacité d'une personne à prendre des décisions responsables et délibérées. »

Décision délibérée : « s'oppose à la décision spontanée, dans la mesure où elle exige une réflexion critique et une pondération des éléments de la décision afin d'atteindre la décision la plus raisonnable dans les circonstances. »

Déontologie : « ensemble des règlements normatifs adoptés par les ordres professionnels (code de déontologie) ou par des organismes ou institutions, imposant des devoirs, des obligations à la conduite des professionnels ou des membres de l'organisation ou de l'institution. »

Droit : « ensemble des lois et des réglementations dans une société tel qu'il a été établi par les autorités légitimes. (...). »

Éthique : « se distingue de la morale en se référant à des valeurs plutôt qu'à des obligations. Ainsi, elle situe nos décisions d'agir par rapport aux valeurs que nous désirons mettre en pratique (...). »

Éthique appliquée : « éthique dans laquelle la situation occupe la première place. Les questions éthiques y apparaissent toujours dans le feu de l'action, au cœur de la pratique, c'est-à-dire en situation. C'est dans une situation complexe – personnelle, institutionnelle et sociale – que se pose le choix d'agir. Il faut choisir une solution et la décision prise aura des conséquences sur soi, sur les autres et sur l'environnement. La question éthique s'énonce alors ainsi : « Est-ce la meilleure chose à faire dans les circonstances ? »

L'intervention : « L'intervention est une catégorie générale synthétique regroupant des perspectives, des états d'esprits, des manières de penser et de faire contemporaines, qui généralisent et modulent de plus en plus des pratiques qui se dénommaient – et se dénomment encore au besoin – aider, conseiller, former, assister, supporter, soigner, adapter, insérer, animer, diriger, aviser, surveiller, prendre en charge... »[46].

« Comme le précise Le petit Larousse, *intervenir* et ses dérivés *intervention*, *intervenantes* et *intervenants* sont utilisés couramment pour désigner : « prendre part volontairement à une action pour en modifier le cours ». L'action est conçue de manière englobante pour y inclure toutes les activités, même celles liées à l'exercice de la parole. Cette définition, malgré son caractère général, fournit, au moins, un noyau sémantique important permettant de différencier l'intervention de la non-intervention. Deux critères en précisent la teneur : il faut prendre part volontairement à l'action et celle-ci vise une finalité précise : modifier le cours de quelque chose. Du point de vue de l'agent, l'action se définit alors en termes téléologiques : agir en vue d'une fin précise. Du point de vue de l'état des phénomènes, il faut que la réalité visée par l'action soit susceptible d'être transformée par elle. Lorsque ce qui nous arrive fait partie d'un ensemble de faits reliés par un enchaînement causal, comme dans le cas d'un accident, nous ne pouvons pas parler d'intervention mais d'événements »[47].

Mœurs : « manières de vivre, habitudes de vivre, d'évaluer et de penser, intégrées par la socialisation grâce à l'éducation et aux institutions sociales. Ainsi, les mœurs varient d'une période à une

---

[46] Georges A. Legault, « Analyse des pratiques professionnelles : proposition de synthèse », *op. cit.*
[47] Georges A. Legault, « L'intervention : le sens praxique et social des pratiques », dans C. Nelisse (dir.), *L'intervention : les savoirs en action*, Sherbrooke, Éd. GGC, 1997, p. 229-249.

autre, elles se transforment dans la vie sociale. Puisqu'elles sont intégrées, elles sont vécues sur le mode de l'évidence et de la normativité sociale. »

Morale : « en tant que notion philosophique elle renvoie toujours aux DEVOIRS, à ce que nous devons faire, à ce que nous sommes obligés de faire. Elle situe notre décision personnelle (autodiscipline) en fonction d'obligations que nous reconnaissons comme gouvernant nos décisions. En tant que notion sociologique, elle renvoie aux mœurs. »

BIBLIOGRAPHIE

LEGAULT, G.-A., Y. BOISVERT, M. JUTRAS, A. MARCHILDON, *Petit manuel d'éthique appliquée à la gestion de l'administration publique*, Montréal, Liber, 2003.

LEGAULT, G.-A., (dir.), *Crise d'identité professionnelle et professionnalisme*, Ste-Foy, PUQ, 2003.

LEGAULT, G.-A., RADA-DONATH, A. et G. BOURGEAULT. *Éthique de société*, Sherbrooke, Éd. GGC, 2000.

LEGAULT, G.-A. *Professionnalisme et délibération éthique*, Ste-Foy, PUQ, 1999.

LEGAULT, G.-A., (dir.). *L'intervention : analyses et enjeux méthodologiques,* Sherbrooke, Éd. GGC, coll. « Analyse des pratiques professionnelles », 1999.

LEGAULT, G.-A., (dir.). *L'intervention : usages et méthodes,* Sherbrooke, Éd. GGC, coll. « Analyse des pratiques professionnelles », 1998.

LEGAULT, G.-A., (dir.). *Enjeux de l'éthique professionnelle, Tome 2 : L'expérience québécoise*, Montréal, P.U.Q. coll. « Éthique », 1997.

PATENAUDE, J. et G.-A. LEGAULT. *Enjeux de l'éthique professionnelle, Tome 1. Codes et comités d'éthique.* Montréal, PUQ, coll. « Éthique », 1996.

LEGAULT, G.-A. *Questions fondamentales en éthique*, Cahiers de philosophie de l'Université de Sherbrooke, no. 5, Sherbrooke, 1995.

BÉGIN, L. et LEGAULT, G.-A. *Éthique et ingénierie,* Montréal, McGraw Hill, 1991.

LEGAULT, G.-A. *La structure performative du langage juridique*, Thèse de Doctorat, Université de Montréal, 1977.

Articles

LEGAULT, G.-A. « Une éthique sans anthropologie philosophique ? L'enjeu des représentations de l'humain en éthique », dans A. Lacroix et J.-F. Malherbe, *L'éthique à l'ère du soupçon. La question du fondement anthropologique de l'éthique appliquée*, Montréal, Liber, 2003, p. 55-72.

LEGAULT, G.-A. « Le dialogue comme pédagogie de l'éducation en éthique », *Éthica, 11*(2), 1999, p. 31-52.

LEGAULT, G.-A. « Jeux de parole et diversité des langages éthiques », *Réseaux, Revue interdisciplinaire de philosophie morale et politique, 82-83-84*, 1998, p. 5-18.

LEGAULT, G.-A. « La professionnalisation de l'enseignement : remède ou placebo », dans GIROUX, A. (dir.), *Repenser l'éducation*, Presses de l'Université d'Ottawa, 1998, p. 215-232.

LEGAULT, G.-A. « L'école, l'éthique et la formation des maîtres dans une culture en changement », dans M.-P. Desaulniers, F. Jutras, P. Lebuis, G. A. Legault. *Les défis éthiques en éducation*, Montréal, P.U.Q. coll. « Éthique », 1997, p. 11-26.

LEGAULT, G.-A. « L'éthique appliquée : le malaise de la philosophie », *Ethica, 9*(2), 1997, p. 9-28.

LEGAULT, G.-A. « L'intervention : le sens pratique et social des pratiques », dans C. Nelisse, (dir.). *L'intervention : les savoirs en action*, Sherbrooke, GGC, 1997, p. 229-249.

LEGAULT, G.-A. « Vous avez dit ... professionnel », *Ethica, 6*(2), 1996, p. 91-101.

LEGAULT, G.-A. « Les codes de déontologie et d'éthique aux confins de l'éthique et du droit », *Revue canadienne droit et société, 11*(1), 1996, p.1-20.

LEGAULT, G.-A. « Statut ambigu de la valeur dans les lois et réglementations touchant la protection des animaux, de l'humain et de l'environnement », dans T. Leroux et L. Létourneau, (dir.). *L'être humain, l'animal et l'environnement : dimensions éthiques et juridiques*, Montréal, Éd. Thémis, 1996.

LEGAULT, G.-A. « La crise des représentations en droit », dans *Carrefour : Philosophie et droit*, ACFAS, coll. « Les cahiers scientifiques », n°80, 1995, p. 247-259.

LEGAULT, G.-A. « Éthique et action communautaire en CLSC », dans *Au cœur des changements sociaux : les communautés et leurs pouvoirs*, IVe Colloque du RQIIAC, 1995, p. 303-310.

LEGAULT, G.-A. « La réflexion sur l'art peut-elle inspirer l'éthique ? », *Réseaux, 73-74-75*, 1995, p. 57-66.

LEGAULT, G.-A. « De la croyance morale à la parole éthique », *Philosopher*, 16, 1994, p. 29-38.

LEGAULT, G.-A. « L'environnement : un défi de coopération des savoirs », *Cahiers de philosophie de l'Université de Sherbrooke, 4*, Sherbrooke, 1994, p. 109-121.

LEGAULT, G.-A. « Le droit et la déontologie : tentatives de fonder la morale », dans *Quels fondements ? Pour quelles morales ?*, UQAR, coll. « Actes et Essais », vol. 1. 1993, p. 229-244.

LEGAULT, G.-A. « L'éducation morale dans une société pluraliste », *Ethica*, 5(1), 1993, p. 93-111.

LEGAULT, G.-A. « Dialogue avec certaines féministes sur l'énonciation philosophique », *Féminisme : éthique et philosophie*, Les Cahiers du GREMF, Cahier 50, 1992, p. 56-79.

LEGAULT, G.-A. « L'expérience éthique à la lumière des théories développementalistes », *Réseaux, 64-65-66*, 1992, p. 99-112.

LEGAULT, G.-A. « Code de déontologie et éthique professionnelle », *Ethica*, 3(1), 1991, p. 9-44.

LEGAULT, G.-A. « L'éthique comme formation fondamentale et critique sociale des sciences », *Philosopher*, 11, 1991, p. 159-172.

LEGAULT, G.-A. « La parole du philosophe éthicien est-elle crédible ? », *Philosophiques*, XII(1), 1990, p. 21-44.

ENTREVUE AVEC GEORGES LEGAULT

Qu'est-ce qui vous a conduit vers l'éthique ?

Dans ma thèse de doctorat *La structure performative du langage juridique*, je défendais une posture très métalinguistique sur le droit. Sheila Mason m'a fait alors remarquer que j'ignorais, dans ma thèse, la question de l'éthique. C'est bien beau le droit, mais quel est le rapport, me demandait-elle, entre l'éthique et le droit ? Qu'est-ce que tu fais de la question de l'éthique dans nos sociétés ? Et je n'avais absolument rien à dire à ce sujet-là. Par la suite, j'ai remplacé le père Pruche ; il donnait un cours sur « existentialisme et morale » à l'Université de Sherbrooke. J'ai été le premier philosophe non curé à assurer le cours « éthique et morale », à occuper le champ de la philosophie morale à l'Université de Sherbrooke. Je l'ai fait avec plaisir parce que j'étais absorbé par la question de l'éthique. Le troisième facteur à considérer, c'est que la faculté d'éducation de l'Université de Sherbrooke m'avait demandé (nous sommes en 1979) de faire partie d'un comité pour les programmes d'enseignement de l'éthique au primaire et au secondaire. Ces trois facteurs-là m'ont amené à m'intéresser à l'éthique et à enseigner l'éthique. J'ai pris en considération la question de Sheila Mason et je l'ai amenée sur le terrain de l'éducation, tout en maintenant mon intérêt pour les grandes traditions philosophiques en morale. Enfin, de l'enseignement de l'éthique, je suis passé à l'éthique professionnelle pour donner des cours d'éthique aux professionnels. Ces cours se sont développés selon la demande.

En 1990, vous disiez : « L'éthique d'aujourd'hui doit renoncer à la tentation des fondements, elle doit renoncer à chercher à garantir son discours en lui assurant à tout prix une « validité » ; elle doit plutôt s'orienter dans la voie plus modeste de proposer des raisons de croire à la parole énoncée»[48]. **Est-ce que vous diriez que l'éthique a en effet renoncé à cette tentation ?**

L'éthique oui, mais pas la morale. C'est-à-dire que la philosophie reste toujours pour la grande majorité, morale et ne laisse pas de place à ce que j'appelle, moi, l'éthique, parce que je distingue l'éthique de la morale. Dans ce sens-là, la morale n'a

---

[48] Georges A. Legault, «La parole de l'éthicien est-elle crédible ? », *Philosophiques*, vol. XII, no. 1, 1990, p. 42.

jamais renoncé aux fondements de l'obligation, tandis que l'éthique, c'est beaucoup plus modeste. En arrière plan de ça, il y a Perelman avec sa philosophie régressive qui ne veut jamais poser des fondements absolus.

Mais quand vous dites que l'éthique doit « s'orienter dans la voie plus modeste de proposer des raisons de croire à la parole énoncée ». Est-ce qu'il y a des progrès dans ce sens ?

Des progrès ont été réalisés en éthique. Si on regarde l'inspiration du diplôme à Sherbrooke, c'est le tournant linguistique qui structure le programme du diplôme. On doit principalement ce tournant à la thèse de Johanne Patenaude sur le dialogue et à d'autres travaux sur la dialogique. Je crois que c'est le grand complément depuis 10 ans au domaine de l'éthique. Ces travaux assurent philosophiquement cette voie plus modeste de l'éthique, qui est une voie de validation par l'intersubjectivité.

D'autre part, j'ai envie de reprendre votre propre question et de vous la poser à vous-même : vous disiez aussi dans le même texte : « Que connaissez-vous (avec l'expérience que vous avez) de l'être pour en déduire ensuite ce que l'humain doit faire en conformité avec son être ?»[49]

Dans ce texte-là, ce que je vise, c'est la voie traditionnelle de la philosophie qui veut fonder toutes ses représentations. C'est un des grands problèmes de la philosophie qui pose la question du devoir-être, mais pas la question de l'éthique, ni de la morale. La philosophie tente de fonder ça sur des représentations de l'être. Et ça, c'est le fondement traditionnel. Pour moi 2000 ans de philo, ça tient à l'être, à la vérité de l'être, puis à la tentative de fonder par là son devoir-être. La nostalgie de cette fondation est constante dans le discours moral. Si nous regardons Habermas, il veut fonder en raison l'agir communicationnel. Il en reste donc toujours avec la recherche du fondement. Il faut trouver quelque chose de solide. C'est toujours cet arrière plan-là, tandis qu'en éthique, on renverse les choses. Dans mon texte du recueil *L'éthique à l'ère du soupçon*[50], je montre comment il y a une

---

[49] *Ibid.*, p. 24.
[50] Georges A. Legault, «Une éthique sans anthropologie philosophique ? L'enjeu des représentations de l'humain en éthique», dans André Lacroix et Jean-

éthique sans anthropologie. Ce n'est pas qu'il n'y ait pas de représentations, mais elles accompagnent l'éthique. C'est le statut épistémologique de la représentation qui change.

C'est-à-dire ?

Elles ne sont pas préalables au devoir ou à l'éthique ; elles sont concomitantes à la décision prise. Autrement dit, c'est la décision prise qui crée. Sartre disait : elle crée les valeurs. Je dis que non seulement elle crée les valeurs, mais aussi la conception de l'être. Mais la décision n'est pas une entreprise solipsiste parce qu'elle relève de l'intersubjectivité.

Dans la synthèse, on parle de trois méthodes : 1) l'argumentation philosophique ; 2) l'herméneutique juridique et éthique et 3) l'analyse des pratiques professionnelles. Comment parvenez-vous à articuler ces trois méthodes dans le contexte de l'intervention ?

Je dirais que ces trois volets concernent la même réalité, celle de l'éthique appliquée. C'est-à-dire qu'à partir du moment où on délaisse l'idée des fondements métaphysiques, il faut aller du côté de l'argumentation. On est dans l'intersubjectivité ; ce n'est pas juste de la philosophie du langage stricto sensu parce qu'elle reste méta-analytique. Il faut donc vraiment aller du côté de l'intersubjectivité du langage. Ceci parce que mes racines philosophiques sont l'analyse du langage juridique à partir des modèles austiniens de la parole. Ainsi le droit est pour moi un acte langagier. Il est une forme d'argumentation, un mode de régulation. Donc quand j'aborde l'éthique qui se distingue du droit, elle s'articule par ces trois méthodes. Elle s'articule le plus finement dans mon modèle de la délibération éthique. Dans le modèle de la délibération éthique, tout se retrouve : l'argumentation, l'intervention, la décision professionnelle, l'analyse par rapport au droit et la décision. Les trois méthodes sont réunies dans le modèle de la prise de décision. Pour moi, ce sont trois facettes. Dans ma carrière, j'ai regardé telle chose un moment donné, puis telle autre chose, mais j'ai toujours gardé

François Malherbe (dir.), *L'éthique à l'ère du soupçon. La question du fondement anthropologique de l'éthique appliquée*, Montréal, Liber, 2003, p. 55-72.

l'idée que c'est le nœud langagier qui les unissait. Je dirais que les intuitions premières sont là depuis longtemps. Le lecteur peut toujours dire il était borné et n'a pas changé ou bien admettre que j'ai apporté des raffinements à ma conception de l'éthique.

Pour vous, l'analyse des pratiques professionnelles exige de cerner quatre aspects : 1) l'intervention propre à une pratique ; 2) le savoir expert revendiqué ; 3) la relation à l'autre et 4) la fonction sociale de la pratique professionnelle. Pouvez-vous développer davantage ?

Pour comprendre ces points, il faut se tourner du côté de mon livre *Crise d'identité professionnelle et professionnalisme*[51]. Le tableau[52] rassemble toutes les dimensions : la dimension sociale, la relation à l'autre, la relation au savoir. Ma grille finale d'analyse des pratiques professionnelles tient compte de tous ces aspects. C'est que la compétence professionnelle a deux volets : elle est à la fois cognitive et éthique. Donc c'est seulement deux volets d'une même complexité. Ceci rentre dans le tissu social qui va être la finalité de l'intervention. Ces volets m'ont permis de développer le questionnaire qui a servi à interroger les professionnels dans leur milieu : où sont les gens, comment les gens voient leur situation, où sont-ils rendus ? Comment posent-ils les problèmes ? C'est pourquoi j'ai pris cette grille pour développer mon questionnaire. Puis je fais la synthèse de mes questionnaires et j'obtiens les paramètres globaux. A partir de là on peut mesurer de manière descriptive comment se distribuent les gens par rapport à chacun des paramètres. C'est ce qui a permis dans l'analyse des discours des ordres professionnels de voir comment différents modèles jouent. Ça nous donne un miroir. Ce tableau devient mon instrument synthétique d'analyse des pratiques professionnelles. C'est vraiment une grille d'analyse sociale des pratiques professionnelles et de ses enjeux, que l'on peut donc utiliser pour faire un diagnostic. C'est l'aboutissement de toute ma réflexion sur les professions, les codes, la place de l'éthique. Si l'on veut amener des gens à une pratique réflexive, il faut leur proposer des paramètres à partir desquels ils peuvent réfléchir sur leurs pratiques. Dans le fond, le tableau est un

---

[51] Georges A. Legault (dir.), *Crise d'identité professionnelle et professionnalisme*, Ste-Foy, PUQ, 2003.
[52] *Ibid.*, p. 34

schéma d'interrogation : comment nommer l'autre, etc. Ce qui aide la personne à nommer les différentes variables de sa pratique, à prendre conscience de sa position dans la relation dialogique. Bref, c'est un instrument de diagnostic.

Je vous cite une fois de plus. Vous dites que « dans la mesure où les concepts de motivation morale et de développement moral des êtres humains demeurent implicites dans les théories politiques, plusieurs facteurs liés au retour de l'éthique dans nos sociétés démocratiques risquent de demeurer à l'ombre de l'implicite. Or, c'est justement cette question qui est souvent occultée dans les débats contemporains sur l'éthique appliquée, qui se cantonnent à la philosophie politique et à la question des fondements de l'obligation morale. On semble ignorer que la faillite des modes traditionnels d'éducation morale (religion et *ethos*) est au cœur de la réflexion en éthique appliquée »[53]. Quels sont ces facteurs qui risquent de « demeurer dans l'ombre de l'implicite » ?

Ce texte rassemble tout. Ce qui me fait dire cela, c'est de constater le débat actuel concernant l'éthique de société, qui est passablement monopolisé par le clivage entre les libéraux et les communautariens. Prenons le problème de l'obéissance au droit. Pourquoi obéir au droit ? Il y a une obligation, pourquoi y obéir ? Il y a Dieu, pourquoi y obéir ? Toute la question de la religion du péché, de la transgression des règles pose la question de la justification du motif d'obéir. Pour moi, cette question est omniprésente. Et si on me psychanalysait comme l'a fait mon ami le sociologue José Pradès, il dirait : Georges, qu'est-ce que tu as, à ce point, contre l'obligation ? Et je dirais : je ne vois pas ce qui m'obligerait et pourquoi je respecterais une obligation. D'un point de vue psychanalytique, ma révolte contre la religion est très proche de ma révolte intellectuelle contre le fondement de l'obligation. On a toujours dit qu'il fallait obéir à Dieu. Ma propre révolte, pour reprendre Camus, ma propre révolte métaphysique traverse mon autobiographie. Pour moi, cette question a toujours été importante. On fait une règle, pourquoi doit-on y obéir ? Or

---

[53] Georges A. Legault, «L'éthique appliquée comme éthique d'une société démocratique », dans G. A. Legault, A. Rada-Donath et G. Bourgeault (dir.), *Éthique de société*, Sherbrooke, GGC, 2000, p. 77-78.

cette question-là apparaît à l'aune du débat libéraux-communautariens. Elle va apparaître plus particulièrement à l'égard de la problématique du patriotisme. Mais si l'on va du côté du patriotisme, on risque le lavage de cerveau, l'endoctrinement. On retrouve le débat sur l'éducation morale. Comment éduquer moralement les gens au sein de la société ? Taylor va répondre aux libéraux en disant qu'ils sont obligés de passer par le patriotisme. Nous sommes donc obligés d'aller vers le monde vécu. Mais il ne pose pas la question fondamentale : pourquoi obéir au droit et comment peut-on motiver les gens ? Habermas va dire qu'une société n'a pas besoin du souci d'autrui. Pourquoi les gens obéiraient au droit ? Sans le souci de l'autre, pourquoi faire des lois ? Si l'on admettait un fondement en raison, c'est que la raison est interpellante pour obéir au droit, sinon cela ne pourrait pas fonctionner. C'est tout ça qui pour moi est occulté. Parce que nos sociétés restent des sociétés avec la liberté de croyance et de religion, des sociétés qui ne savent plus comment soulever le problème de l'obéissance au droit. D'où le problème de l'éducation à la citoyenneté. Rawls est obligé d'aller vers le consensus par recoupement. Si on le voit du côté descriptif, c'est une chose. Mais est-ce que c'est une imposition normative ? Allons-nous éduquer les gens à faire du recoupement ou pas ? Le problème se situe au niveau de l'éducation politique.

Il n'y a pas d'éducation politique chez Rawls…

Non, alors on fait quoi ? Si l'on est amené à dire que l'obéissance, c'est un phénomène qui se fait par la main invisible, alors ce n'est plus normatif. Il n'y a plus de légitimité ; c'est une question de fait, ce n'est pas une question de droit. Regardez comment les gens vont poser la question de l'éducation morale dans la société, cela permet de voir le malaise profond qui va de pair avec le vécu social, la crise du politique. Si l'autorité légitime énonce les commandements, on est sur le modèle du commandement et il suffit que l'autorité légitime ait énoncé légitimement le commandement pour que ça soit valable. Or, on sait depuis Nuremberg que même un commandement démocratique (parce que Hitler, c'est un système démocratique qui l'a amené au pouvoir) n'est pas forcément démocratique. Il a fallu recourir encore à la transcendance naturelle pour essayer de sortir de ce cul-de-sac de la démocratie, d'où les droits de l'homme. C'est vraiment un enjeu philosophique non travaillé.

Pourquoi la question de l'éducation morale n'est-elle pas travaillée ? Qu'est-ce qui empêche que du travail soit fait sur cette question ?

Je dirais que ce qui l'empêche essentiellement d'être travaillée, c'est que les lobbies religieux sont trop forts ; ils ont toujours été trop forts au Québec. On vit beaucoup dans une mentalité très religieuse, une mentalité de communauté religieuse qui dicte l'autorité. Dans un tel contexte, parler d'une éducation morale areligieuse qui pourrait recouper les autres postures est perçu par le catholicisme comme une hérésie.

Comment penser une morale areligieuse ?

Regardons le travail de Lenoble sur ce qu'il appelle le processus de l'énoncé. Il va poser deux choses : les Américains vont critiquer le droit ou le système de régulation au niveau de l'efficacité pour dire qu'il n'est pas assez efficace.[54] En faisant cela, ils critiquent tous les modèles théoriques ramenés dans l'ordre de l'énonciation. Autrement dit, il n'y pas seulement une dimension d'efficacité, mais aussi une dimension symbolique à l'énonciation. Si on sacrifie la dimension symbolique pour miser simplement sur l'efficacité, là encore, on va connaître des ratés. S'il s'agit d'associer la dimension symbolique à la dimension d'efficacité, il faut se demander quelle forme de symbolique il faut développer. Si l'énoncé est trop loin du monde vécu, il ne peut assurer l'efficacité. Et je pense qu'à partir du moment où on va commencer à mieux voir cette dialectique entre l'énonciation d'une règle et ses conditions réelles de motivation, il sera peut-être possible d'envisager la question de l'éducation morale. Je trouve que c'est là qu'il y a un espace et ça, c'est pour moi l'espace de l'éthique appliquée. L'espace de l'éthique appliquée, c'est de voir comment ce qui est énoncé va être une énonciation dont on a vérifié les conditions d'admissibilité et d'efficacité dans

---

[54] Voir entre autres Jacques Lenoble, *Droit et communication. La transformation du droit contemporain*, Paris, Cerf, 1988.

le dialogue. Si on en reste avec Habermas à ce niveau-là, on demeure dans la même spirale et la motivation n'est pas là.

Que pensez-vous des travaux de l'école de Francfort qui ne sont pas justement dans la tendance de Habermas...

Je suis loin de ces travaux-là. On rejoint néanmoins cette école en étant poststructuraliste et postmarxiste. Dans une vision lacanienne ou althussérienne du monde, c'est clair, il n'y a plus de sujet. En lisant Althusser, le sujet est le summum de l'idéologie. Ce sont des modèles où il n'y a pas de possibilité d'espace pour le sujet ; il n'y a que des rapports de force. Je dirais encore là que c'est une des causes de l'émergence de l'éthique. D'accord, on peut dire que tout est rapport de force, la question est de savoir s'il faut se servir de l'humain ou le gérer. Je veux dire, la difficulté que j'avais avec le marxisme, c'est que le rapport de force devient l'instrument qui de lui-même va générer une transcendance du rapport de force. Ça ne marche pas. Traiter l'autre personne dans un rapport strictement de force (et là-dessus, je suis très camusien), c'est sortir du champ de l'éthique. Et en sortant du champ de l'éthique, on ne peut pas se justifier moralement. Chez Camus, le meurtre, la révolution ne peuvent se justifier moralement. Ils peuvent se justifier socialement. On peut dès lors ramener cela à un rapport de légitime défense. En soi la légitime défense ne peut pas se légitimer moralement ; elle peut se justifier comme une réponse à l'agression.

Touraine parlait d'ailleurs dans les années 80 du retour du sujet.

C'est ça. On a d'abord essayé de l'évincer. C'était Nietzsche, Marx, Freud, Althusser, Lacan. Maintenant, la parole est-elle crédible ? On a essayé de dire que la parole était l'instrument de domination par excellence. C'est pour ça que dans mon texte je posais la question : la parole de l'éthicien est-elle crédible ? Parce que je n'ai pas la vérité. Parce qu'avec le retour du sujet, c'est le retour de la parole. Il reste la confiance dans la parole.

Finalement, est-ce qu'il y a des gens qui reprennent votre grille d'intervention et qui approfondissent vos travaux ?

Si on regarde le petit manuel d'éthique appliquée à la gestion que j'ai publié avec Boisvert[55], il est clair que c'est une adaptation de la grille. La grille est adoptée dans bien des milieux comme mode de réflexion. Elle sert dans plusieurs milieux, pas juste dans l'enseignement. Elle est enseignée dans différents milieux. Elle pose des questions : comment aborder des dilemmes, comment travailler avec les dilemmes ? Elle est donc devenu un instrument de réflexion très souvent utilisé pour comprendre les dilemmes des gens. Les gens s'en servent ; ils la modifient, bien sûr, et l'adaptent. Mais en gros, elle inspire beaucoup.

Quand vous parlez de milieux, ce sont surtout des milieux professionnels ?

Oui, le milieu des hôpitaux, des comités, différents comités.

Ils la prennent et l'adaptent...

C'est ça. Ils l'adaptent pour poser les balises d'une réflexion systématique sur différents cas.

Est-ce qu'il y a des gens qui ajoutent des étapes ?

Je n'ai pas beaucoup d'écho sur les retours ou les modifications que les gens proposent. Ce que j'ai surtout vu, ce sont des simplifications de la grille qui entraînent aussi leur lot de problèmes, car ce n'est pas pour rien qu'elle est complexe. Mais j'ai vu aussi des gens qui proposent des grilles opposées parce qu'ils ne sont pas d'accord avec les principes qui soutiennent la grille.

Propos recueillis par Francis Moreault

---

[55] Yves Boisvert, Magalie Jutras, Allison Marchildon et Georges A. Legault, *Petit manuel d'éthique appliquée à la gestion de l'administration publique*, Montréal, Liber, 2003.

L'APPROCHE DE JEAN-FRANÇOIS MALHERBE : UNE ÉTHIQUE DE LA DISCUSSION[56]

---

[56] Recherches : Allen Leblanc.

Jean-François Malherbe est formé en philosophie et en théologie. Il a d'abord travaillé sur l'épistémologie, principalement l'épistémologie anglo-saxonne et la philosophie du langage ; ensuite, il a œuvré pendant plus de vingt ans en bioéthique, plus particulièrement en éthique clinique ; depuis plus de cinq ans, il travaille à développer une éthique de la violence et de la sécurité publique.

D'un point de vue méthodologique, Malherbe utilise principalement des grilles de lecture empruntées à l'herméneutique continentale (traditions, héritages, interprétation des situations), à la psychanalyse, principalement lacanienne (rôle majeur de l'inconscient et du non-dit en éthique, analyse des discours implicites inscrits dans le refoulement de l'inconscient individuel et collectif, interdits fondamentaux [meurtre, inceste, mensonge]), à la philosophie du langage (principalement à la notion de jeux de langage de Wittgenstein), ainsi qu'à l'éthique de la discussion (principalement Habermas).

Aussi, et bien qu'également formé en théologie, Malherbe privilégie explicitement une approche philosophique de l'éthique. Ce qu'il écrit à ce propos s'applique bien à sa réflexion éthique dans son ensemble : « (...) l'option s'est imposée à l'auteur de privilégier résolument une approche philosophique plutôt que théologique » ; cela, dans le but d'exprimer un questionnement éthique « (...) sans présupposer de foi religieuse, de façon à être accessible à tous (...) dans un contexte pluraliste et interculturel (...) »[57].

L'originalité de Malherbe repose sur la synthèse faite entre différentes approches concernant l'épistémologie et l'analyse du langage, qu'il adapte d'abord à la problématique contemporaine de l'éthique médicale, ensuite à d'autres domaines de l'éthique appliquée. C'est une synthèse qu'il fait à partir d'emprunts à différents courants, à partir de multiples dimensions :

- dimension métaphysique : indéterminisme (Popper) ;

---

[57] Jean-François Malherbe, *L'éthique clinique en situation de pénurie : un questionnement*, Montréal, Fides, 1997, 12-13.

- Dimension épistémologique : faillibilisme, incertitude ; l'homme ne peut connaître absolument, mais développe une connaissance intersubjective (Popper) ;

- Dimension langagière : jeux de langage (second Wittgenstein) ; construction de tiers-jeux ; éthique de la discussion (Habermas) ;

- dimension théologique : théologie négative ; l'homme ne peut connaître Dieu, mais peut être à l'affût de son murmure (Maître Eckhart) ;

- dimension anthropologique : réinterprétation constante des traditions et des héritages (herméneutique philosophique) ;

- dimensions anthropologique et psychanalytique : interdits fondamentaux (meurtre, inceste, mensonge) ; inconscient et non-dit (Freud, Lacan).

Pour Malherbe, l'être humain est *fondamentalement* un être de parole. « C'est un être, écrit-il, dont la vie se tisse de mille fils qui sont autant d'interactions langagières avec autrui. Un humain, si on le considère dans son évolution sociale, est d'abord quelqu'un de qui l'on parle. Avant même notre naissance, d'autres ont parlé de nous. [Puis], d'autres nous ont parlé et invité à leur répondre »[58].

Corrélativement, la parole, à travers le dialogue, contient en elle-même certaines normes sans lesquelles il est impossible de parler. Les trois normes formelles du dialogue sont les suivantes (elles peuvent s'exprimer par trois interdits qui, s'ils sont transgressés, rendent impossible le dialogue authentique) : a) Ne pas empêcher l'allocutaire de parler (interdit de l'homicide) ; b) Ne pas manipuler l'allocutaire (interdit de l'inceste) et c) Ne pas mentir à l'allocutaire (interdit du mensonge).

---

[58] *Ibid.*, p. 19.

Ces normes dialogiques sont formelles (et non matérielles) car elles ne disent pas « quoi faire ou ne pas faire », mais indiquent plutôt de quelle façon il est possible d'arriver à s'entendre, de créer un espace critique et intersubjectif favorisant le respect de chaque personne. Pour Malherbe, ces interdits correspondent à des structures anthropologiques, mais surtout, elles constituent « (...) les conditions de possibilité pragmatiques du dialogue »[59].

Devant le pluralisme moral et le respect de l'héritage de chacun, mais attaché à l'idée d'une éthique permettant d'atténuer la force des conflits, Malherbe propose le principe général suivant : « fais ce que te recommande la morale dont tu es l'héritier, à moins qu'agir ainsi t'entraîne à transgresser l'un ou l'autre des trois principes dont le respect conditionne pragmatiquement la possibilité du dialogue »[60]. En ce sens et à la lumière d'une approche herméneutique, l'éthique nous invite à « (...) entrer en dialogue critique avec les héritiers d'autres morales que celle que nous avions tout d'abord été invités ou forcés de respecter »[61].

Le but de l'éthique, pour Malherbe, « (...) c'est que chaque sujet crée chaque jour son propre sens, sa propre façon de devenir plus humain », sans pour autant faire fi de sa dimension sociale. Autrement dit, l'éthique a pour but de rendre chaque sujet humain capable de développer sa propre autonomie, dans le respect de l'autonomie d'autrui. Malherbe prend bien soin de distinguer cette autonomie (qui est toujours réciproque) de l'autarcie qui réfère à la notion d'autosuffisance »[62]. Cette création autonomisante du sens de l'existence de chacun est ce qu'il appelle l'autopoïèse[63].

Voici un tableau par lequel Malherbe exprime les différentes dimensions du concept d'autonomie en éthique,

---

[59] Jean-François Malherbe, *La conscience en liberté. Apprentissage de l'éthique et création de consensus*, Montréal, Fides, 1997, p. 21-22.
[60] *Ibid.*, p. 22.
[61] *Ibid.*, p. 19.
[62] Jean-François Malherbe, *Pour une éthique de la médecine*, Bruxelles, Ciaco, 1990, p. 61.
[63] Jean-François Malherbe, *La conscience en liberté, op. cit.*, p. 61.

tableau qui résume, en quelque sorte, toute sa réflexion éthique (il s'agit de la version la plus récente de ce tableau, qu'il a repris dans plusieurs écrits ; celui-ci est tiré de *L'éthique clinique en situation de pénurie*, p. 29).

Reconnaître	Respecter les interdits	Assumer	Promouvoir
la présence la différence l'équivalence	l'homicide la manipulation le mensonge	sa solitude sa finitude son incertitude	la solidarité la dignité la liberté
d'autrui	au bénéfice de ses semblables	sa propre destinée	de tous et de chacun

La théorie de l'intervention en éthique de Malherbe

Pour Malherbe, l'intervention de l'éthicien consiste en un accompagnement dans le dialogue. Ainsi, l'éthicien n'est pas le possesseur d'une vérité morale, mais a « fait un bout de chemin de plus que l'apprenti ». En ce sens, on peut dire que Malherbe favorise une intervention de l'éthicien ; ce qu'il a fait (et fait encore) en supervisant de nombreux praticiens intervenant dans différents types de relations d'aide.

L'approche de Malherbe, du point de vue de l'intervention, s'appuie sur une éthique de la discussion. Il a recours à une notion fort importante de la *deuxième* philosophie de Wittgenstein, soit la notion de jeux de langage. « Cette notion, explique-t-il, est destinée à souligner, notamment, que le langage à l'état pur n'existe pas car toute forme de langage est liée à une forme de vie »[64]. De façon analogique, Malherbe transpose cette notion dans le domaine de la morale, comme si chaque morale était un jeu de langage en particulier (avec sa vision du monde, ses normes, etc.). C'est une manière de concevoir le dialogue car dès lors, le but du dialogue est de permettre à des gens de « morales héritées » différentes, qui ont des jeux de langage différents, de prendre en considération leurs différences en les respectant, mais

---

[64] *Ibid.*, p. 27.

en tentant également de les dépasser dans une entente mutuelle. D'un point de vue pratique, ceci consistera à créer un troisième jeu de langage, ce que Malherbe appelle un tiers-jeu, afin de dépasser, dans un langage commun, les éléments propres aux deux jeux de langage inclus dans le dialogue. « En effet, écrit Malherbe, ce qui nous évite l'enfermement dans le singulier, c'est cette possibilité universelle de toujours pouvoir construire, avec d'autres, une nouvelle singularité »[65]. L'éthique, en ce sens, deviendra l'*effort* déployé pour mettre en place ce tiers-jeu, ce langage commun.

Concrètement, il propose sept (7) recommandations permettant de mettre en place un dialogue authentique. « Les trois premières recommandations expriment les conditions nécessaires d'une discussion rationnelle »[66] ; elles réfèrent aux trois (3) interdits fondamentaux mentionnés plus haut : ne pas empêcher l'allocutaire de parler (interdit de l'homicide) ; ne pas manipuler l'allocutaire (interdit de l'inceste) ; ne pas mentir à l'allocutaire (interdit du mensonge).

La quatrième recommandation a pour but d'orienter la discussion vers la plus grande universalité possible afin de dépasser les convictions personnelles dans la recherche d'un sens touchant le plus de gens possible. Malherbe parle d'un *principe téléologique* dont la fin est l'universalisation des convictions. C'est donc un principe d'universalisation à la façon kantienne, mais quelque peu modifié : « Chaque fois qu'un conflit apparaît entre des convictions antagonistes, il convient de chercher à les dépasser en direction de la plus grande universalité possible »[67]. Cette recommandation incite donc à dépasser les particularités de chacune des convictions afin d'en tirer un sens global tentant de rassembler les hommes sous une même humanité. Elle permet également l'interrogation concernant ceux qui auraient pu être écartés de la prise de décision, afin de les réintégrer dans la discussion (à moins que ces personnes ne se trouvent en conflit d'intérêts).

---

[65] *Ibid.*, p. 35.
[66] Jean-François Malherbe, *L'incertitude en éthique. Perspectives cliniques*, Montréal, Fides, 1996, p. 51.
[67] *Ibid.*, p. 52.

La cinquième recommandation incite à tenter de construire un consensus entre les interlocuteurs. C'est dans ce consensus que repose la construction de sens, qui est l'ultime but de la discussion.

Cependant, dans les cas où les interlocuteurs n'arrivent pas à un consensus, ils doivent, au moins, c'est la sixième recommandation, se mettre d'accord sur leur(s) point(s) de désaccord. Cette recommandation est très importante car elle permet souvent aux interlocuteurs de s'apercevoir que leurs désaccords ne sont, en fait, que des malentendus sémantiques ou syntaxiques éventuellement surmontables et, ainsi, de revenir sur le processus de la recherche du consensus.

Enfin, la septième recommandation indique que dans les cas où ni le consensus ni l'accord sur la dissension ne sont possibles, il faut tenter de trouver un compromis.

Sur la question du consensus, il a produit quelques textes assez centraux pour la discussion francophone au sujet de sa valeur et de sa portée en éthique. Dans l'un d'entre eux, il développe avec plus de détails la thématique du désaccord avéré, qui correspond à cet accord sur le désaccord que nous venons de mentionner[68]. Dans l'autre, il distingue différents types de mésentente : accord voilé, divergence conciliable, dilemme et paradoxe, et propose des stratégies pour les surmonter. Il distingue ensuite différents types de paradoxes, clarifications sémantiques qui peuvent s'avérer utiles dans la pratique[69].

---

[68] J.-F. Malherbe, L. Rochetti et A.-M. Boire-Lavigne, « Validité et limites du consensus en éthique clinique », *Laval théologique philosophique*, 50/3, 1994, p. 531-543.

[69] J.-F. Malherbe (dir.), *Compromis, dilemmes et paradoxes en éthique clinique*, Namur/Montréal, Artel/Fides, coll. « Catalyses », 1999, p. 119-130.

ANNEXE

LEXIQUE

Éthique : c'est « la recherche d'un juste rapport à l'incertitude »[70]. Plus précisément, l'éthique relève de l'analyse et de la réflexion portant sur les normativités inscrites dans les pratiques, dans les morales. C'est à ce titre qu'il entend développer « (...) une éthique sans normes, au sens d'une éthique qui ne ratifierait les normes d'aucune morale particulière, mais s'interrogerait sur la construction et l'exercice de ces normativités particulières qui constituent les morales »[71]. En ce sens encore, Malherbe parle d'une « (...) éthique philosophique qui ne se fasse pas la championne de telle morale héritée plutôt que de telle autre ; une éthique qui, au contraire d'endosser telle ou telle normativité particulière, tenterait d'interroger sans cesse les éléments implicites des différentes morales en présence dans une situation »[72].

Pour Malherbe, la philosophie est principalement un travail critique sur le langage. En ce sens, il définit également l'éthique, en s'inspirant de la pensée du second Wittgenstein, « (...) comme l'art philosophique de désensorceler les discussions morales des pièges du langage. L'éthique est une philosophie du langage des morales héritées, tout spécialement sollicitée lorsque celles-ci s'attellent, dans leurs différences, à la solution des problèmes les plus épineux de la vie en société »[73].

Morale : Malherbe réserve le terme morale (ou les morales) à ce qui relève des normativités instituées dans le vécu, dans les mœurs, que ces « (...) morales nous disent quoi faire à partir du système de normes que chacune organiserait à sa façon, tandis que l'éthique nous montrerait comment construire le sens de notre action ». Cette éthique sans normes, écrit encore Malherbe, « (...) se légitimera par sa forme et non par son contenu normatif matériel »[74].

---

[70] Jean-François Malherbe, *L'incertitude en éthique*, op. cit., p. 13-14.
[71] Jean-François Malherbe, *La conscience en liberté*, op. cit., p. 18
[72] *Ibid.*
[73] *Ibid.*, p. 38.
[74] *Ibid.*, p. 20.

L'éthicien : c'est celui qui « (...) travaille (...) à construire et à élucider [l'] *ethos* [d'un groupe, d'une équipe de professionnels, *etc.*], c'est-à-dire un jeu de langage nouveau à partir des morales en présence »[75] ; ce qu'il appelle la création de tiers-jeux. Le but ultime de l'éthicien est d'arriver à se « rendre superflu », en cultivant l'autonomie de tous les allocutaires, en les rendant capables de faire croître par eux-mêmes leur propre autonomie.

---

[75] *Ibid.*, p. 53.

BIBLIOGRAPHIE

MALHERBE, Jean-François. *Violence et démocratie*, Montréal, Liber, 2003.

MALHERBE, Jean-François. *Les ruses de la violence dans les arts du soin. Essais d'éthique critique II*, Montréal, Liber, 2003.

MALHERBE, Jean-François. *Déjouer l'interdit de penser. Essais d'éthique critique*, Montréal, Liber, 2001.

MALHERBE, Jean-François. *Le nomade polyglotte. L'excellence éthique en postmodernité*, Montréal, Bellarmin, 2000.

MALHERBE, Jean-François. *Qu'est-ce que l'» éthique appliquée ? ». Leçon inaugurale*, Sherbrooke, Université de Sherbrooke/GGC, coll. « Essais et conférences », 2000.

MALHERBE, Jean-François. *Compromis, dilemmes et paradoxes en éthique clinique,* (dir), Namur/Montréal, Artel/Fides, coll. « Catalyses », 1999.

MALHERBE, Jean-François. *L'expérience de Dieu avec Maître Eckhart,* (introduction et textes choisis par Jean-François Malherbe), Montréal, Fides, coll. « Expérience de Dieu », 1999.

MALHERBE, Jean-François. *Croire en liberté,* (direction en collaboration avec Jean Desclos), Montréal, Fides, 1999.

MALHERBE, Jean-François. *Philosophie de la biologie : de la biologie à l'éthique,* (écrit avec Jean Gayon, Philippe Meyer et Marjorie G. Grene), Paris, Institut d'édition Sanofi-Synthélabo, 1999.

MALHERBE, Jean-François. *L'éthique clinique en situation de pénurie : un questionnement,* Montréal, Fides, 1997.

MALHERBE, Jean-François. *La conscience en liberté. Apprentissage de l'éthique et création de consensus,* Montréal, Fides, 1997.

MALHERBE, Jean-François. *L'incertitude en éthique. Perspectives cliniques*, Montréal, Fides, coll. « Les grandes conférences », 1996.

MALHERBE, Jean-François. *Autonomie et prévention. Alcool, tabac, sida dans une société médicalisée*, Namur/Montréal, Artel/Fides, coll. « Catalyses », 1994.

MALHERBE, Jean-François. *D'une limite éthique aux manipulations du génome humain*, Montréal, Faculté des arts et des sciences de l'Université de Montréal, Cahiers du Département de philosophie, 1993.

MALHERBE, Jean-François. *Pour une éthique de la médecine*, (éd. rev. et corrigée), Bruxelles, Éd. Ciaco, coll. « Catalyses », 3ᵉ Édition, 1990.

MALHERBE, Jean-François. *La philosophie de Karl Popper et le positivisme logique*, Paris, PUF, 1977.

MALHERBE, Jean-François. « La question de la violence en éthique clinique », *Ethica clinica 26*, Namur, juin 2002, p. 48-53.

MALHERBE, Jean-François. « Éthique et vérité », *Ethica, 9*(2), T. 1, 1997, p. 214-226.

MALHERBE, Jean-François, L. ROCCHETTI et A.-M. BOIRE-LAVIGNE. « Validité et limites du consensus en éthique clinique », *Laval théologique et philosophique, 50*(3), 1994, p. 531-543.

MALHERBE, Jean-François. « Le concept de nuisance et l'idéologie de la sécurité », *Ethica, 4*(1), 1992, p. 55-68.

MALHERBE, Jean-François. « Les fondements de l'éthique », *Ethica, 2*(2), 1990, p. 9-34.

ENTREVUE AVEC
JEAN-FRANÇOIS MALHERBE

Quel est le parcours intellectuel qui vous a conduit à l'éthique ?

Au départ, j'ai fait des études de langues classiques et de mathématiques. Cela m'a conduit à étudier en philosophie des sciences avec Jean Ladrière. J'ai fait ainsi ma thèse de doctorat sur Karl Popper en 1975, à l'Université de Louvain[76]. Puis une seconde thèse en 1981 sur l'épistémologie théologique à Paris[77]. Ces deux thèses m'ont convaincu que le fonctionnement des langages scientifiques (de la physique théorique à la théologie) implique une dimension herméneutique, c'est-à-dire un rapport à la pratique et à la subjectivité qui mérite d'être élucidé. Cet investissement subjectif dans la production du savoir implique évidemment une dimension éthique dans la constitution même de ce savoir. Autrement dit, une éthique des sciences, une éthique de la production du savoir scientifique, une éthique du faire science méritait d'être développée. À cette époque-là, au début des années 80, on discutait déjà du problème de la génétique. Et j'ai mené, avec Jean Ladrière, en philosophie des sciences, une analyse de la production du savoir en génétique. Nous nous sommes demandé comment l'acte même de produire ce savoir était lié à une dimension éthique. C'est cela le chemin intellectuel qui m'a amené à l'éthique. Mais ce chemin a aussi été jalonné par certaines circonstances institutionnelles. Le premier poste professoral que j'ai obtenu appartenait à la Faculté de médecine. J'ai assumé de 1983 à 1992 l'enseignement de la philosophie et de l'éthique à de futurs médecins[78]. Je me suis rendu compte que les étudiants aimaient mon cours parce que j'étais le seul prof à leur parler de médecine! Les autres leur parlaient de mathématiques, de statistiques, de physique, de chimie, etc. Et pour ne pas me cantonner à une philosophie purement théorique, j'ai proposé mes services à l'hôpital Saint-Luc de l'Université de Louvain à Bruxelles, non pas avec les patients, mais plutôt en appui aux professionnels : les médecins, les infirmiers, les administrateurs,

---

[76] Jean-François Malherbe, *La philosophie de Karl Popper et le positivisme logique*, Paris, PUF, 1977 ; 2ᵉ éd.,1979.
[77] Jean-François Malherbe, *Le langage théologique à l'âge de la science. Lecture de Jean Ladrière*, « Cogitatio fidei », Paris, Cerf, 1985.
[78] Jean-François Malherbe, *Pour une éthique de la médecine*, Paris, Larousse, 1987. Voir aussi : Jean-François Malherbe, *Autonomie et Prévention. Alcool, tabac, sida dans une société médicalisée*, Montréal, Fides, 1994.

etc. J'ai eu la chance de travailler pendant 10 ans comme conseiller en éthique dans cet hôpital. J'ai créé là un « Centre d'études bioéthiques » et aussi des « Cellules d'aide éthique à la décision clinique ». Quand des médecins ou des infirmiers étaient confrontés à des problèmes éthiques difficiles, ils faisaient appel à nos services. Cela a été une expérience très enrichissante parce qu'elle m'a sensibilisé à la souffrance des soignants. Or, les soignants sont censés ne pas souffrir. Et je crois que nous philosophes, ce que nous avons à faire, dans ce genre de domaine-là, c'est d'être des appuis aux professionnels de la relation d'aide parce qu'ils n'ont personne, eux, pour les superviser ou pour les aider. Quand je dis superviser, il ne s'agit pas de les contrôler, mais d'ouvrir la parole pour que les soignants puissent dire ce qui se passe et ainsi, à travers cet échange, mieux saisir leurs propres balises.

En 1992, j'ai été professeur invité à l'Université de Montréal qui m'a nommé professeur titulaire l'année suivante. Mon séjour à Montréal n'a été que de deux ans parce qu'on m'a élu doyen à l'Université de Sherbrooke en 1994. Depuis Sherbrooke, j'ai continué à travailler en bioéthique avec l'Université de Montréal, tout spécialement avec Guy Durand et Hubert Doucet. Ce dernier était encore à ce moment-là à Ottawa, mais je l'avais bien connu parce que j'ai fait une partie de ma formation en bioéthique avec David Roy dont il était à l'époque le principal assistant. J'étais venu apprendre le métier d'intervenant en bioéthique avec David Roy que je considère comme celui qui m'a initié à ce type de travail. C'est un très grand monsieur ; il m'a énormément appris.

Quelque années plus tard, j'ai été confronté à un défi extraordinaire : M. Guy Coulombe, qui était à l'époque directeur général de la Sûreté du Québec, m'a demandé si j'accepterais d'introduire l'éthique à la Sûreté. Ce défi m'a emballé. J'ai démarré avec Robert Roy une réflexion en collaboration avec les policiers. On a essayé de comprendre leur problématique. Et puis, je me suis rendu compte, après quelque temps, que la boîte à outils que j'avais développée pour l'hôpital pouvait quasiment servir pour les policiers dans le sens où c'est aussi un milieu très hiérarchisé dans lequel les interventions se font souvent dans des situations urgentes. Il y a donc une analogie structurelle qui nous a frappés. Alors, il a suffi d'ajuster le vocabulaire pour que je puisse faire profiter de mes outils les policiers. La structure formelle des décisions à prendre et des critères à respecter pour prendre une décision ne change pas considérablement lorsqu'on passe du milieu hospitalier au milieu policier. Et j'ai découvert là une autre dimension que je ne soupçonnais pas, c'est toute l'importance, dans le travail des policiers, de la relation d'aide qu'ils appellent « police de proximité ».

Mais quelle est dès lors la différence majeure, au niveau de l'intervention, entre le milieu hospitalier et le milieu des policiers ?

Pour moi, la distinction majeure, c'est que le travail des policiers, envisagé du point de vue de l'éthique, est beaucoup plus lié à la question de la démocratie que le travail des médecins. Encore que l'acte de soin puisse être considéré comme un acte politique dans la mesure où la manière de soigner les citoyens et de gérer les budgets de santé facilite ou, au contraire, entrave la vie d'une démocratie. Il y a une réelle dimension politique des pratiques médicales, mais elle est moins perceptible que dans celles des services de police. Les policiers ont une préoccupation extrêmement vive de la démocratie. Ils sont sensibles au rôle qu'ils ont à jouer pour qu'une démocratie soit en effet une démocratie. Ils doivent donc maintenir un lien avec l'État, mais, en même temps, ils doivent garder de réelles distances à l'égard des aspects partisans de toute vie gouvernementale.

Mais, justement, le milieu policier apparaît comme un milieu très fermé et replié sur lui-même. Comment peut-on s'introduire dans ce milieu ?

Les policiers comprennent rapidement que le philosophe qui est devant eux n'est là ni pour les juger ni pour leur dire quoi faire, mais plutôt comme un confident qui peut ouvrir la parole sur un certain nombre de questions délicates qui les préoccupent. Dès que les policiers s'aperçoivent que le philosophe s'efforce de penser *avec* eux leurs propres questions et non pas de penser à leur place à partir de questions qu'il leur imposerait, le philosophe est bien accepté. Il est même vraiment respecté et considéré comme un partenaire pertinent. Robert Roy et les autres philosophes qui ont aujourd'hui repris ce chantier que j'ai ouvert, consacrent d'ailleurs de nombreuses heures à participer au travail concret des policiers : patrouilles, enquêtes, etc. Cela leur permet de nouer des liens de camaraderie avec leurs interlocuteurs mais surtout de connaître « de première main » les questions de terrain qui sont les leurs et qui font l'objet des formations en éthique qu'ils leur proposent ensuite.

Avez-vous été invité à relever d'autres défis aussi inhabituels pour des philosophes ?

Plus récemment, j'ai relevé un nouveau défi quand un bureau d'avocats m'a demandé si j'accepterais de faire une étude pour tenter de tracer, du point de vue de l'éthique, la ligne de démarcation entre des taux d'intérêt acceptables en éthique et des taux d'intérêt inacceptables. Le contexte est celui-ci : un bureau d'avocat avait accepté de présenter un recours collectif contre la Compagnie de La Baie d'Hudson soupçonnée de pratiquer des taux usuraires dans la gestion des cartes de crédit « maison » qu'elle propose à ses clients. Je trouvais le défi extraordinaire et j'ai donc accepté. J'ai passé mon été 2001 à faire l'évaluation synthétique et éthique du concept de prêt à intérêt depuis les Grecs jusqu'à nos jours. Ce qu'il y a d'intéressant dans ma participation à ce procès, c'est que j'ai pu introduire dans le débat juridique une notion d'*usure* qui n'y existait guère. Un taux d'intérêt est abusif ou *usuraire*, lorsqu'il ne permet pas à l'emprunteur d'avoir un espoir raisonnable de faire de bonnes affaires avec son prêt comme le prêteur lui-même va en faire. Autrement dit, un taux d'intérêt est acceptable si chacune des personnes liées par le contrat de prêt y trouve des avantages. Durant le procès, l'avocat de la défense a, bien entendu, essayé de me discréditer en me mettant en contradiction avec moi-même. Il avait bien noté que dans la Leçon inaugurale de la *Chaire d'éthique appliquée* de l'Université de Sherbrooke, j'avais affirmé haut et clair que des experts en éthique, ça n'existe pas. Or, j'étais présenté au tribunal comme un expert par l'avocat du recours collectif. Il semblait y avoir là une contradiction flagrante et un soupçon d'opportunisme minant ma crédibilité. Il y a là un débat très intéressant : existe-t-il une expertise en éthique ? J'ai répondu que tout dépend de ce qu'on appelle un « expert »[79].

Dans notre société, on considère comme « expert » quelqu'un qui sait quelque chose que les autres ne savent pas. C'est en quelque sorte un technicien qui a un savoir-faire, qui maîtrise un domaine du savoir et qui peut dire à d'autres, à juste titre, des choses qu'eux ne savent pas. En ce sens-là, je maintiens, envers et contre tout, qu'il n'y a pas d'expert en éthique, c'est-à-dire que la philosophie n'est pas un savoir au nom duquel un sujet pourrait dire aux autres quoi faire. Cela dit, je pense qu'une formation en éthique et en philosophie fait de celui ou de celle qui en bénéficie ce que Hannah Arendt appelle un « compreneur », c'est-à-dire quelqu'un qui n'a de cesse d'avoir compris quelque chose et qui pose à temps et à contretemps des questions difficiles pour lesquelles il n'y a pas de réponse technique. On peut penser ici à Socrate. Le père de la philosophie n'était pas un expert technique mais il était passé maître dans l'art d'interroger les présupposés discutables sur lesquels certaines pratiques tentaient de prendre appui. Soulever des questions transversales, dérangeantes, inquiétantes concernant une pratique sociale particulière, suppose un savoir-faire qui, tout en n'étant pas analogue à celui d'un technicien, demande une réelle compétence. Poser des questions transversales qui déroutent plus d'un auditeur, cela demande une certaine expertise. En ce sens-là, les philosophes et les éthiciens doivent être considérés comme des experts en « décloisonnement », en « transversalité », en « impertinence ». L'expertise du philosophe ou de l'éthicien n'est pas celle d'un « savoir quoi faire » ; c'est plutôt celle d'un savoir comment questionner les évidences communes pour faire voir autrement la réalité. Bref, l'éthicien ne possède en tant que tel aucune expertise *technique*, mais cela ne l'empêche nullement d'être un « questionneur expert ».

Ensuite, je me suis aperçu qu'un rapprochement s'imposait entre cette brève expérience judiciaire et mon expérience dans les milieux hospitaliers et policiers. Il s'agit de ce que j'appellerais la « désubjectivation » du citoyen. En médecine, il faut d'abord objectiver le patient pour connaître aussi

---

[79] Jean-François Malherbe, *Déjouer l'interdit de penser*, Montréal, Liber, 2002.

objectivement que possible la maladie dont il souffre. Ensuite, il faudrait le « re-subjectiver », c'est-à-dire lui restituer sa présence à son propre corps malade en tenant compte de son histoire et de l'interprétation qu'il s'est construite de sa maladie. Dans le domaine de la sécurité publique, le but des services de police est de veiller à ce que tout citoyen soit *sujet* de sa propre vie, c'est-à-dire l'*auteur* de son propre scénario, comme disait Hannah Arendt, en même temps que l'*acteur* qui le joue. Il s'agit à tout le moins pour les policiers de préserver chez ceux qui le veulent la possibilité d'être sujets de leur vie. Dans la question des taux usuraires, l'abus fait précisément du citoyen non pas un sujet économique, mais plutôt un jouet dans le système économique. On trouve là le même risque d'aliénation. Si certaines pratiques économiques réduisent un être humain à un simple rouage dans un mécanisme ou, pour employer une autre image, à un citron que l'on peut presser et jeter ensuite, il y a là quelque chose qui touche à la démocratie, à la désubjectivation des citoyens.

Dans mon livre sur le crédit abusif[80], j'ai dû aller plus loin : il m'a fallu poser la question de savoir si les pratiques usuraires ne sont pas des « crimes contre l'humanité ». Il est troublant, en effet, que les principaux détaillants accusés d'usure aujourd'hui au Québec (La Baie, Zellers, Future Shop et Canadian Tire, entre autres) aient, depuis 21 ans, le même taux d'intérêt de 28,8% sur leurs cartes de crédit « maison » ! Je n'ai pas en main de preuve formelle qu'il y a collusion entre eux à ce sujet, mais le fait lui-même fonde un soupçon de concertation. De plus, cette pratique commerciale ne concerne pas exclusivement ces commerçants exerçant leurs activités au Québec ou au Canada ; elle est répandue dans tous les pays du monde. Les pratiques usuraires sont donc non seulement déshumanisantes (désubjectivantes), discriminantes (les riches deviennent plus riches et les pauvres deviennent plus pauvres), et planétaires, elles font aussi probablement l'objet de diverses concertations. Or, les quatre critères usuels qui définissent les « crimes contre l'humanité » sont précisément : la déshumanisation, la ségrégation, la collectivisation et la concertation. Le philosophe que je suis ne peut donc pas ne pas poser la question de savoir si les pratiques usuraires ne seraient pas, chacune à son niveau,

---

[80] Jean-François Malherbe, *La démocratie au risque de l'usure. L'éthique face à la violence du crédit abusif*, Montréal, Liber, 2004.

coupables de « *crime contre l'humanité* »[81]. Je précise évidemment que « Je ne suis pas assuré moi-même de la réponse que l'humanité apportera à cette question ». Mais aussi que « je suis pleinement assuré qu'il est indispensable de la poser clairement car il y va de l'humanité des humains »[82].

Le travail d'intervention de l'éthicien dans la cité est de traquer partout où il en a l'occasion toutes les pratiques par lesquelles des humains « objectifient » d'autres humains, c'est-à-dire empêchent d'autres êtres humains de devenir sujets de leur propre existence.

Dans votre travail d'intervention, vous dites qu'il faut respecter les interdits de ne pas tuer, de ne pas manipuler, et de ne pas mentir. Or, quand vous intervenez, c'est justement parce que ces critères n'ont pas été respectés et c'est cela qui entraîne d'ailleurs la *désubjectivation*. D'une certaine façon, vous êtes donc confronté au mal, à la violence, lors de vos interventions. Pourtant, vous n'avez commencé à théoriser à ce sujet que tout récemment. Pourquoi ?

Il y a deux volets à votre question. Pour moi, le volet intervention est nécessairement un des volets de l'éthique et l'autre volet, c'est la formation. Tenter de guérir, c'est bien, mais prévenir, c'est mieux. C'est quand on est appelé à essayer de prendre soin d'une situation qui va mal qu'on est sensibilisé à ce qu'on aurait pu faire pour empêcher qu'elle survienne. Je considère toujours les deux versants : intervention et formation. Prévenir, c'est enseigner les interdits. Guérir, ou à tout le moins soigner, c'est tenter de contribuer à réparer les dégâts causés par leur transgression. La transgression des interdits touche, il est vrai, la question de la violence. Je n'ai développé cette question de la violence que relativement récemment[83], depuis que la *Chaire d'éthique appliquée* a été créée. Cela dit, ma préoccupation à l'égard de la violence était déjà présente bien avant la création de la *Chaire*. Je prends l'exemple de l'éthique médicale. On y est

---

[81] *Ibid.*, p. 112.
[82] *Ibid.*, p. 113.
[83] Jean-François Malherbe, *Les Ruses de la violence*, Montréal, Liber, 2003. Voir aussi : Jean-François Malherbe, *Le cri de Dolorès. Penser la violence dans les relations d'aide*, Sherbrooke, GGC, 2003.

nécessairement confronté à la question du moindre mal qui est, bien sûr, liée à la question de la violence. Quand on est dans une impasse morale, c'est-à-dire une situation dans laquelle quoi qu'on fasse, y compris s'abstenir d'agir, on aboutit à une catastrophe humaine, la théorie du moindre mal exige que l'on provoque délibérément la plus petite catastrophe, sinon on se rend coupable, ou du moins complice, d'une plus grande catastrophe. Mais faire le mal pour prévenir un mal plus grand, c'est extrêmement violent. D'abord parce qu'on fait quelque chose que l'on ne ferait pas en temps ordinaire et, ensuite, parce qu'on se fait violence à soi-même. J'ai vu des médecins très respectueux de la vie pratiquer des avortements et en être malades pendant des jours. Mais n'avoir aucun regret de l'avoir fait.

C'est toutefois le travail avec les policiers qui m'a amené à m'intéresser plus systématiquement au problème de la violence. Le travail des policiers n'est-il pas souvent présenté comme l'exercice de la violence légitime contre la violence abusive, de la violence constructrice contre la violence destructrice ou encore, dans mes mots, de la violence symbolique contre la violence diabolique ? La violence, c'est le contraire du dialogue. Quand le dialogue n'est pas possible, est-ce que l'éthique s'arrête ? Ou bien l'éthique a-t-elle quelque chose à dire, à proposer, des balises à suggérer quand le dialogue n'est plus possible, n'est pas encore possible ou n'a jamais été possible ?

Je voudrais, lors de ma prochaine année sabbatique, rejoindre l'équipe qui publie actuellement l'édition critique de l'œuvre de Machiavel.[84] Je voudrais confronter mon questionnement de la violence à une lecture systématique des écrits de Machiavel. J'ai l'intuition que Machiavel est un très grand éthicien, mais ce n'est pas un éthicien du dialogue, c'est, pour ainsi dire, un éthicien de « l'impossibilité du dialogue ». C'est un éthicien du moindre mal. Serait-il possible de construire, à partir d'une confrontation avec les travaux du Secrétaire de la République de Florence, une éthique de la moindre violence ? Je crois que oui et je voudrais vérifier mon hypothèse.

---

[84] Département d'Études italiennes de l'Université de Lausanne.

Par rapport à votre théorie de l'intervention, quelles difficultés avez-vous rencontrées le plus souvent ?

La difficulté de mes interventions, c'est qu'elles ne sont pas sécurisantes, du moins dans un premier temps. Elles visent, en effet, à provoquer l'autre à se mettre en position de *sujet* en me mettant moi-même en position de *sujet*.[85] Or, on ne peut pas se mettre en position de *sujet* sans assumer son incertitude. C'est une exigence que certaines personnes ne supportent pas volontiers. Par contre, les personnes qui sont sur la voie de la subjectivation et qui ont éprouvé que l'incertitude n'est pas si effrayante, me disent trouver un soutien extraordinaire dans mes interventions. Je crois que c'est parce que je leur propose des mots pour dire une expérience qu'ils vivent déjà. Mon mode d'intervention leur permet d'étoffer leurs propres initiatives, de mieux comprendre leurs propres incertitudes et donc de ne pas céder à la panique. L'incertitude n'est jamais confortable mais ce n'est pas une raison pour paniquer. L'incertitude fait partie de la vie et la meilleure façon de vivre l'incertitude, c'est de l'apprivoiser, de l'aimer comme une composante essentielle de notre existence, de trouver en elle la face cachée de notre liberté. Les personnes qui comprennent cela reprennent leur route et n'ont plus besoin de moi.

La difficulté de ma méthode tient à ce qu'elle n'est pas une intervention technique qui apporte des recettes mais une intervention philosophique qui déplace les questionnements en vue de leur dénouement. Mes interventions ne proposent pas un *modus operanti*, elles invitent à une autre façon d'être. Il convient d'ailleurs de remarquer à ce propos que nous sommes dans une société très paradoxale. Nous voulons à la fois toutes les libertés et toutes les certitudes, ce qui est complètement impossible car nous ne serions pas libres si nous n'étions pas incertains. Certains objectent à cette approche qu'elle procède d'une (dé-)formation psychanalytique. Il est vrai que la psychanalyse m'a aidé à faire face à ma propre incertitude. Un de mes amis m'a fait prendre conscience récemment que je suis une sorte de « mathématicien psychanalyste ». Mon ami voulait dire, en quelque sorte, que les

---

[85] Voir à ce sujet plus particulièrement Jean-François Malherbe, « Souffrir Dieu », *La prédication de Maître Eckhart*, Paris, Cerf, 1994 ; Jean-François Malherbe, *Le Nomade polyglotte*, Montréal, Bellarmin, 2000.

mathématiques m'ont prédisposé à une approche systémique des phénomènes humains tandis que la psychanalyse m'a appris une façon d'écouter et de m'interroger entre les lignes du discours (le mien comme celui de l'autre) qui facilite le déplacement des questionnements, qui constitue et constitue ma méthode d'intervention.

Votre méthode d'intervention met en œuvre des techniques inspirées de la systémique et de la psychanalyse. Cela n'est-il pas en contradiction avec votre dénonciation de l'expertise technique de l'éthicien ?

Je reconnais volontiers que je suis marqué par les approches systémique et psychanalytique. Mais je n'opère pas en technicien de ces méthodes, loin de là. Ces derniers, en effet, visent autant que possible une « neutralité axiologique ». C'est d'ailleurs ce qui en fait des techniciens. Pour ma part, en revanche, je ne prétends nullement à quelque neutralité que ce soit. À l'instar de Hannah Arendt, je me considère comme un « compreneur » c'est-à-dire comme quelqu'un qui tente, à temps et à contretemps de penser l'impensé des discours que nous tenons. Je n'ai aucune visée psychothérapeutique. Ce n'est pas mon métier. Mais j'ai appris au fil des ans, en tentant d'approfondir la connaissance que j'ai de moi-même, que je ne puis me comprendre moi-même que comme un élément en interaction avec d'autres éléments dans divers systèmes, ainsi que comme le producteur d'un discours auquel échappe une partie non négligeable de la signification des propos qu'il tient. Je tente ainsi de saisir, autant que possible, les traits singuliers de ma propre subjectivité afin de ne pas en imposer subrepticement les normes aux autres, ce qui serait le dernier des arbitraires. Mais je ne me réfugie pas, comme devrait toujours le faire un technicien, derrière la « neutralité axiologique ». Bref, à la différence du technicien, je ne tente pas de mettre mes valeurs entre parenthèses ; je m'efforce plutôt de les mettre en évidence pour pouvoir les soumettre à la discussion de mon interlocuteur. C'est ainsi que je tente de prendre ma position de *sujet* avec l'espoir qu'en agissant ainsi, je provoque l'autre à faire de même, non selon le modèle que je lui présente mais selon son propre modèle. Là où le technicien se doit de rétracter sa subjectivité singulière, le philosophe se doit de l'exposer. Non pas dans la naïveté d'un quelconque exhibitionnisme narcissique, mais tout simplement par honnêteté. La raison d'être de cette différence majeure tient en ceci que la question des valeurs n'est soulevée à l'égard de la technique que dans une position de type « méta- » tandis qu'elle est immanente au questionnement éthique. C'est pourquoi il est aussi légitime pour le technicien de tenter de rétracter sa propre subjectivité qu'il est nécessaire au philosophe de la soumettre à l'appréciation d'autrui.

Mais vos interventions ne sont-elles pas, en définitive, motivées par une préoccupation de type spirituel ?

Il est clair que je suis animé par une préoccupation de type spirituel. Cette déclaration doit toutefois être assortie d'un commentaire destiné à écarter un malentendu très fréquent. Le plus souvent, on entend par « spiritualité » une sorte d'adhésion à une foi religieuse, voire à une Église. Ce n'est pas du tout en ce sens que j'entends ce mot. Certes, je suis héritier d'une tradition religieuse aussi particulière que millénaire ; et je ne la renie pas[86]. Mais, à mes yeux, la « spiritualité » n'est pas d'abord un phénomène religieux ; c'est avant tout un phénomène anthropologique qui se manifeste plus ou moins consciemment en chaque sujet humain. Je propose donc une définition « sécularisée » ou, plus exactement encore « pré-religieuse », de la « *spiritualité* » comme *le rapport que s'autorise un sujet avec sa propre transcendance*.

La transcendance d'un sujet, c'est précisément ce qui fait de lui un sujet à la différence de tout objet : il s'échappe constamment à lui-même, il recèle toujours une part d'imprévisible. Un sujet est toujours surprenant pour lui-même et pour les autres. Il est comme une brique de savon mouillé : on peut le toucher mais pas le saisir ; il glisse entre les mains qui tentent de l'agripper. J'entends donc le mot « transcendance » au sens que lui donnent les mathématiciens lorsqu'ils parlent de

---

[86] En reprenant les mots de Théodore Monod (*Le chercheur d'absolu*, Paris, Le Cherche Midi, 1997), Malherbe se définit comme un « chrétien prénicéen » c'est-à-dire comme un chrétien d'avant la grande dogmatique, d'avant le schisme d'Orient et d'avant la Réforme et la Contre-réforme.

« nombre transcendant »[87]. Le sujet peut vivre de différentes façons sa relation à sa propre transcendance : il peut la craindre, l'ignorer ou la dénier. Ou encore l'assumer, l'apprivoiser et tenter de la domestiquer. Mais ces relations conduisent le sujet à une sorte d'auto-réduction par déni de ce qui lui est propre. Le *sujet* ne devient effectivement « sujet » que dans la mesure où il renonce à toute appropriation possessive de sa propre transcendance, la reçoit librement comme une amie toujours surprenante et se laisse stimuler par elle dans son propre travail autopoïétique. Je dirais que le sujet ne devient davantage « sujet » qu'à la condition de s'amuser des surprises qui sortent de la « boîte à surprises » qu'il est pour lui-même comme pour les autres. De s'en amuser et d'en tirer profit. La « spiritualité » est donc pour moi bien davantage une attitude de base dans la vie - faite d'accueil, de sourire et de plaisir partagés - plutôt qu'une quelconque affiliation religieuse.

C'est en ce sens - et en ce sens seulement - que je reconnais volontiers à mes interventions en éthique une dimension spirituelle. Ce qui les soutient est un souci du sujet en l'autre comme en moi.

Est-ce qu'il y a des gens qui réfléchissent directement à partir de vos travaux ?

Il y en a dans divers pays. Ce sont, pour la plupart, des anciens élèves dont j'ai dirigé la thèse de doctorat ou des personnes qui se sont explicitement inspirées de mes travaux pour stimuler les leurs. J'aimerais les évoquer pour les remercier de l'inestimable enrichissement qu'elles apportent à mes propres travaux en cours. Je voudrais mentionner tout particulièrement, dans l'ordre chronologique, Loretta Rocchetti, une femme médecin italienne qui a fait un doctorat en éthique avec moi à Louvain et qui est aujourd'hui notamment conseillère de l'Ordre des médecins d'Italie. Je pense aussi aux animateurs du *Centre d'éthique biomédicale* de l'Université catholique de Lille, Bruno

---

[87] Un nombre « transcendant » est un nombre décimal non périodique dont chaque décimale est une sorte de « surprise » car on ne peut la connaître que par le calcul (à la différence des nombres décimaux périodiques tels 1/3 qui égale 0,333333... ou 2/3 qui égale 0,666666... ou encore le nombre décimal périodique quelconque 0,347347347... dont chaque décimale peut être identifiée à partir de son rang dans la période).

Cadoré d'abord ; ainsi que Pierre Boitte et Dominique Jacquemin ensuite, qui sont d'anciens doctorants. Tous trois prolongent et renouvellent de façon à la fois très originale et très fructueuse mes propres intuitions, notamment à partir de leur méthode d'analyse rétrospective en éthique clinique.

Au Québec, je pense à Suzanne Clapin-Pepin, Robert Roy et Pierre-Yves Perreault qui continuent à catalyser tout le travail éthique entrepris à la *Sûreté du Québec*. À René Villemure aussi, qui travaille dans la même ligne au *Service de Police de la Ville de Montréal* et dans divers milieux de la haute administration du *Gouvernement du Québec*. Je pense encore à Bernard Lapierre qui dirige depuis peu les programmes d'éthique appliquée à l'ingénierie que nous avons créés ensemble à l'*École polytechnique de Montréal*. Je pense également à Jacques Quintin qui a entrepris de développer toute une réflexion philosophique dans les pratiques psychiatriques et prépare un excellent livre à ce sujet.

En Europe, l'État major du *Corps de police municipal de Lausanne* a entrepris, en étroite collaboration avec Robert Roy et Roger Cevey (qui prépare un doctorat à l'Université de Sherbrooke et est actuellement mon assistant en Suisse), tout un changement de culture d'entreprise visant à introduire la préoccupation éthique dans le travail quotidien de ses agents. Différentes institutions romandes, surtout dans le domaine socio-éducatif, trouvent dans mes travaux des outils pertinents pour « humaniser » les relations d'aide qu'elles ont pour tâche d'offrir à la population. Elles intègrent également ces outils dans la formation qu'elles proposent aux praticiens des relations d'aide. Je pense notamment à l'École La Source de Lausanne qui forme des infirmiers et des infirmières, à la Haute École Pédagogique du Valais à St-Maurice qui forme des enseignants pour les écoles primaires, et à diverses Institutions de l'État de Vaud, du Canton de Fribourg et du Valais qui accueillent des personnes avec handicap, des personnes vieillissantes et des personnes souffrant de diverses maladies mentales.

En Belgique, j'ai eu le plaisir de participer dernièrement au Jury qui a évalué la thèse doctorale de Laurent Ravez, un jeune philosophe qui a utilisé mon approche de la violence dans sa brillante étude critique de la problématique de la procréation médicalement assistée. Depuis plusieurs années, à l'initiative du Prof. Jean-Charles Sacchi et du Dr Fleury, l'Hôpital Le Foll à St-Brieuc (Bretagne) offre à son personnel une formation approfondie en éthique clinique fortement inspirée de mes travaux. Cet Hôpital fait d'ailleurs régulièrement appel à moi pour animer des sessions spécialisées, surtout dans le domaine de l'éthique clinique en gériatrie.

Enfin, pour revenir au Québec, Anne-Marie Boire-Lavigne, médecin à l'Institut Universitaire de Gériatrie de l'Université de Montréal a tout récemment soutenu une très belle thèse de doctorat en sciences cliniques directement inspirée de mes travaux auxquels ses recherches ont conféré une portée qui n'avait pas encore été envisagée.

Toutes ces personnes, et bien d'autres dont la présence est provisoirement moins visible, apportent à mes propres travaux des contributions inestimables. Leurs objections comme leurs réussites enrichissent mes perspectives. Ce sont elles désormais qui me fournissent les thèmes de mes principaux chantiers de recherche. Je leur en sais immensément gré. Dans leur diversité, les pratiques de ces personnes forment, en effet, non seulement le banc d'essai de mes tentatives de penser, mais aussi la source à laquelle s'abreuve ma soif de *penser avec* d'autres.

Propos recueillis par Francis Moreault

CHAPITRE 2

L'ÉCOLE DE RIMOUSKI

L'APPROCHE DE PIERRE FORTIN : L'ÉTHICOLOGIE[88]

Pierre Fortin est philosophe. Dans son livre *La morale, l'éthique, l'éthicologie*, l'auteur développe, de façon explicite, la méthode éthicologique. L'éthicologie est une analyse du discours moral ou éthique qui permet de distinguer les *temps forts* des phénomènes discursifs, notamment en termes de valeurs et de normes.

En lien avec l'énumération des types de modélisation faite en conclusion de *Méthodes et interventions en éthique appliquée*, l'éthicologie correspond à un type de modélisation dont l'objectif est de décrire les diverses dimensions de l'éthique[89]. L'éthicologie est une approche analytique que l'on peut qualifier d'herméneutique puisqu'elle a pour objet la dynamique des discours moral et éthique. Pierre Fortin dira qu'en adoptant la méthode éthicologique, le chercheur devient un « herméneute de la dynamique morale et éthique »[90].

Pierre Fortin a une formation académique classique. Ses écrits portent des traces de cette formation. Il fait référence aux grands auteurs classiques : Platon, Aristote, Spinoza, Hume, Heidegger, Nietzsche, *etc*. Sans faire appel à un auteur particulier, Pierre Fortin fait toutefois référence régulièrement au courant de la philosophie analytique. Dans le contexte de ce courant, plusieurs auteurs distinguent trois types de discours : le discours dans lequel s'exprime la pensée pratique de la personne, qui tente de répondre de ses propres problèmes personnels ou de ceux d'autrui ; le discours qui constitue une sorte d'examen critique de la pensée pratique portant particulièrement sur les principes et méthodes qui président aux prises de décisions ; le discours métaéthique, qui renvoie à l'étude de la logique ou de l'épistémologie de l'éthique[91].

---

[88] Recherches : Magalie Jutras.
[89] Alain Létourneau, «Synthèse : pour la suite du questionnement méthodologique », dans Alain Létourneau et André Lacroix (dir.), *Méthodes et interventions en éthique appliquée*, Montréal, Fides, 2000, p. 241.
[90] Pierre Fortin, *La morale, l'éthique, l'éthicologie*, Sainte-Foy, Presse de l'Université du Québec, 1995, p. 89.
[91] *Ibid.*, p. 48.

On peut déceler un parallèle entre les auteurs de la philosophie analytique et l'approche développée par Pierre Fortin lorsque qu'il affirme qu'il y a trois façons d'aborder une question d'ordre moral :

- Par l'application de la règle (le discours moral) ;

- Par la discussion et la justification de la règle (le discours éthique) ;

- Par le décryptage du vocabulaire utilisé et l'étude du fonctionnement du discours (le discours métamoral, méta-éthique, éthicologique)[92].

Si nous pouvons voir un certain rapprochement avec le sociologue Émile Durkheim, Pierre Fortin nous prévient que l'éthicologie « ... ne peut pas être tout à fait considérée comme une approche sociologique des mœurs parce que son objet n'est pas le même. Et précisément à cause de la nature même de son objet d'étude, qui tient de la dynamique morale et éthique, on ne peut pas ou on peut difficilement la présenter comme un type particulier de philosophie analytique »[93].

La théorie en éthique : le triptyque *morale*, *éthique* et *éthicologie*

Dans un premier temps, l'auteur fait la distinction entre la morale, l'éthique et l'éthicologie. Il les présente sous forme de triptyque. Une dynamique particulière anime ces trois concepts. La morale sans l'éthique serait « menacée d'asphyxie »[94] ; l'éthique qui ne conduirait pas à la morale serait « stérile et condamnée à l'oubli » ; tandis que « l'éthicologie qui ne stimulerait pas la réflexion éthique serait une vaine entreprise »[95].

Ce triptyque pourrait aussi se présenter ainsi : « Il y a un temps pour prescrire (la morale), comme il y a un temps pour évaluer la portée de la prescription (l'éthique) ; il y a un temps

---

[92] *Ibid.*, p. 33.
[93] *Ibid.*, p. 76.
[94] *Ibid.*, p. 69.
[95] *Ibid.*

aussi pour essayer de voir un peu plus clair dans la manière de prescrire et d'évaluer la prescription (l'éthicologie)»[96].

Les cinq (5) façons d'intervenir dans le champ de la morale, de l'éthique et de l'éthicologie

L'auteur estime qu'il y a cinq manières d'intervenir dans le domaine de l'action :

- Le moraliste pratique ;
- Le moraliste descriptif ;
- Le philosophe, le théologien moraliste ou l'éthicien ;
- L'éthologue éthicien ;
- L'éthicologue.

Le moraliste pratique, c'est l'homme ou la femme de consigne, de principe. C'est celui ou celle qui effectue une distinction sommaire du bien et du mal. C'est la personne qui enseigne la Loi et exhorte les autres à s'y conformer.

Le moraliste descriptif se distingue du moraliste pratique puisqu'il n'utilise pas, comme celui-ci, un langage direct, vif et incisif. Le moraliste descriptif observe, écoute et peint les mœurs de son époque. C'est celui ou celle qui utilise un discours subtilement normatif, qui rend compte des mœurs de sa société sans toutefois utiliser un outillage conceptuel sophistiqué (le littéraire, le cinéaste, l'essayiste, *etc.*).

Quant à l'éthicien, c'est celui ou celle qui questionne la morale et la morale de son époque, qui devient, pour lui ou pour elle, un problème, le problème de l'expression de la liberté, de la recherche du bonheur, du bien, du plaisir, de la justice, de l'amour, de la sagesse, de la survie de l'espèce, de la rencontre de l'autre, de la responsabilité, *etc.*[97] Les éthiciens sont très souvent des philosophes ou des écrivains comme Aristote, Épicure, Spinoza, Kant, Nietzsche, Camus, *etc.*

L'éthologue éthicien, c'est l'homme ou la femme de science qui, à partir de son expérience scientifique (sociologie,

---

[96] *Ibid.*
[97] *Ibid.*, p. 65.

histoire, anthropologie, biologie, physique) estime de son devoir d'interpeller ses contemporains en questionnant leurs mœurs, leur *ethos* – au sens large de mode de vie –, et en proposant de nouvelles pistes de réflexion sur les finalités de l'agir humain. Ce sont des gens qui possèdent des outils conceptuels leur permettant de fonder scientifiquement leur protestation devant des désordres de leur société. (Jean Rostand, Konrad Lorentz, Henri Laborit, Albert Jacquard, etc.).

L'éthicologue, c'est la personne qui entreprend un décapage systématique des discours moral et éthique. Son but est de comprendre et faire voir ce qui est en cause dans la dynamique morale et éthique.

L'éthicologie, comme nous l'avons mentionné, réalise l'étude des discours moral et éthique. Son objectif est de dégager les principaux éléments de la dynamique présente dans ces discours. Elle analyse leur fonctionnement selon l'articulation de quatre instances différentes, mais complémentaires : l'instance pratique, l'instance régulatrice, l'instance axiologique et l'instance légitimatrice.

La méthode éthicologique

Voyons brièvement quelles sont les étapes franchies à l'intérieur du parcours de la méthode éthicologique. Les grandes lignes que nous énumérons d'abord seront traitées ensuite.

1. La présentation des conditions de rencontre de l'objet

    1.1 Présentation de sa posture épistémologique ;
    1.2 Présentation de l'angle à partir duquel va être exploré l'objet.

2. La construction de l'objet et ses topiques environnants

    2.1 Présentation de l'objet d'étude ;
    2.2 Présentation des topiques environnants de l'objet.

3. L'application de la grille de lecture éthicologique

3.1 L'instance légitimatrice ;
3.2 L'instance axiologique ;
3.3 L'instance régulatrice ;
3.4 L'instance pratique.

4. L'élargissement des topiques du sujet

5. Le retour critique sur la démarche

   5.1 Les caractéristiques d'un discours moral

1. La présentation des conditions de rencontre de l'objet

Dès le moment où l'on entreprend une démarche éthicologique, on doit faire la lumière sur les conditions de rencontre avec l'objet d'étude.

1.1 Présentation de sa posture épistémologique

Il s'agit ici de circonscrire le lieu d'où l'on parle, en étant conscient qu'étant donné la nature de l'objet d'étude (qui est la dynamique morale et éthique), on est, la plupart du temps, à la fois séparé et impliqué dans le phénomène que l'on observe. Au lieu de parler d'attitude objective, Pierre Fortin parle plutôt de « conditions optimales d'observation ». L'auteur estime que cette expression évoque davantage le sujet qui reconnaît ses intérêts dans l'exploration de son objet, tout en manifestant aussi sa préoccupation de demeurer vigilant à leur égard, de manière à assurer la distance requise pour que son observation soit la plus honnête possible[98].

1.2 Présentation de l'angle à partir duquel va être exploré l'objet

Cette étape consiste à préciser l'angle d'approche de son objet et à spécifier les objectifs poursuivis. Afin d'y parvenir, il faut faire la lumière sur les intérêts qui

---

[98] *Ibid.*, p. 95.

motivent la recherche, présenter les hypothèses de recherche et définir les concepts opératoires, c'est-à-dire les concepts clés utilisés dans la construction et le traitement de l'objet. Ce sont des concepts dont la compréhension est nécessaire pour que quiconque prenant connaissance de l'analyse soit en mesure d'en évaluer la portée.

2. La construction de l'objet et de ses topiques environnants

C'est l'étape où l'on s'emploie à construire, puis à présenter son objet et ses topiques immédiats. On doit alors préciser son objet d'étude et tous les éléments nécessaires à son observation et à sa compréhension.

2.1 Présentation de l'objet d'étude

On l'a noté, l'objet que l'on rencontre dans cette démarche c'est la dynamique morale et éthique. Cette dynamique se présente sous deux formes principales : d'une manière explicite, dans les discours moral et éthique et d'une manière implicite, dans le discours dit *scientifique*.

2.2 Présentation des topiques immédiats

Une fois l'objet bien cerné, on le soumet à un certain nombre de questions dans le but d'apporter un peu plus de précisions sur ses lieux, soit les topiques environnants tels que : de quel(s) enjeu(x) s'agit-il ? Qui est en cause ? Qu'est-ce qui est en cause ? Dans quel contexte ? Qui parle ? À qui parle-t-il ? Pourquoi et comment parle-t-il ? Bref, un ensemble de questions qui peuvent et doivent s'adapter à la forme particulière de l'objet d'étude, et qui permettent de mieux le situer.

3. L'application de la grille de lecture éthicologique

Cette étape consiste à soumettre son objet d'étude à un quadruple questionnement pour y déceler la dynamique qui l'anime. Ce quadruple questionnement constitue la grille éthicologique. Il permet de dégager les traces de la présence des quatre instances en cause dans toute dynamique morale ou éthique : l'instance pratique, l'instance régulatrice, l'instance axiologique et l'instance légitimatrice. On peut procéder à l'analyse de son objet en introduisant la grille de lecture éthicologique, soit par le biais de l'instance pratique, soit par le biais de l'instance légitimatrice.

3.1 L'instance légitimatrice

L'instance de légitimation, c'est une manière particulière de penser la vie, le monde, l'histoire, l'être humain et d'exprimer ces réalités au moyen d'images et/ou de concepts plus ou moins élaborés. On recueille tout ce qui permet de signaler la présence d'éléments qui relèvent de ce *réservoir de sens* que constitue l'instance de légitimation présente dans le discours analysé. Ce sont des éléments qui traduisent une certaine conception de l'être humain et de ses relations avec le monde, une façon particulière d'appréhender la vie, la mort, le temps, l'histoire, de penser les rapports interpersonnels et les rapports sociaux plus larges, etc.

À partir des données recueillies, on brosse, le plus objectivement possible, un tableau représentant le réservoir de sens que constitue l'instance légitimatrice présente dans l'objet étudié.

3.2 L'instance axiologique

Cette instance consiste à dégager les valeurs qui animent l'objet étudié (les valeurs promues ou rejetées, explicitement ou implicitement) afin de dresser la *constellation axiologique* en cause dans la dynamique morale ou éthique observée. On doit aussi mettre en évidence les valeurs principales et les valeurs satellites qui constituent la trame de l'enjeu étudié.

3.3 L'instance régulatrice

Cette étape consiste à retracer la présence de principes régulateurs qui découlent des instances précédentes, soit du *réservoir de sens* et de la *constellation axiologique*. Un principe régulateur, c'est ce à partir de quoi on propose ou impose une action, une attitude, un état d'esprit ou un comportement de façon à témoigner d'une ou de quelques valeurs (par exemple : une loi, une règle, une norme, un principe moral).

Ce questionnement permet d'identifier, dans un enjeu moral ou éthique, comment, d'une valeur ou d'un ensemble de valeurs, on dégage une ou plusieurs règles de conduite.

3.4 L'instance pratique

Cette instance permet de dégager l'attitude, l'état d'esprit, le comportement, l'action ou la pratique qui doit découler des principes régulateurs.

Ainsi, les données recueillies à chacune des étapes de la grille éthicologique permettent de vérifier la justesse de la lecture d'un enjeu moral ou éthique.

La valeur, le principe régulateur et ce qui en découle pour la pratique, sont implicitement présents dans le réservoir de sens que constitue l'instance légitimatrice. Il en va de même pour la prescription, qui porte les marques de la valeur ou des valeurs qu'elle met en œuvre.[99]

4. L'élargissement des topiques du sujet

Afin de bonifier l'analyse, il est parfois souhaitable de poursuivre l'enquête un peu plus loin. Il s'agit alors d'interroger le contexte pour mieux comprendre le texte, de recourir au passé pour mieux comprendre le présent. À cet égard, le recours à l'histoire, à la sociologie, à la psychologie, à la science économique, à la science politique, à l'anthropologie peut être utile.

---

[99] *Ibid.*, p. 101.

5. Le retour critique sur la démarche

Le retour critique sur la démarche est l'étape qui, à la lumière des données obtenues, permet d'évaluer la justesse des hypothèses. Cette démarche se fait en reprenant la formulation des principales questions à l'origine de la recherche et en dégageant une synthèse des différentes réponses obtenues.

5.1 Les caractéristiques d'un discours moral

Afin de bien saisir l'objet de l'éthicologie et de faire une démonstration de cette grille, Pierre Fortin présente une définition du discours moral, qu'il soumet ensuite à l'analyse éthicologique afin d'établir la distinction entre le discours moral et le discours éthique. La présence, à des degrés divers, de l'ensemble de sept éléments permet de déterminer la nature du discours moral et de comprendre la dynamique qui l'anime. Ces sept éléments sont les suivants :

1. Le discours moral est un discours dans lequel se joue, d'un point de vue moral, une distinction du bien et du mal. Le point de vue du locuteur constitue l'élément déterminant quant à la spécificité de cette distinction sur laquelle repose le discours moral.

2. La plupart du temps, la distinction du bien et du mal que l'on rencontre dans le discours moral est sommaire et tranchante. C'est une caractéristique qui permet de distinguer le discours moral du discours éthique dans lequel la distinction du bien et du mal est formulée d'une manière moins catégorique, plus nuancée.

3. Ce jeu de distinction du bien et du mal porte sur une appréciation particulière ou générale d'une action humaine et des personnes en cause. Dans ce jeu, des personnes, des actions, des attitudes, des états d'esprit, des comportements possèdent ou non certaines qualités morales tout en faisant l'objet d'une obligation morale. La régulation particulière ou générale d'une action est élaborée à partir d'une règle ou d'un ensemble de règles

(un devoir faire), d'une ou de plusieurs valeurs (un vouloir faire), qui réfèrent à un réservoir de sens (un savoir-faire).

4. Dans le discours moral, les processus d'appréciation, de délibération, de régulation et de justification sont peu élaborés. L'appréciation d'une action, d'un comportement, d'un état d'esprit, d'une attitude est faite, soit à partir d'un principe ou d'une règle (la régulation), soit à partir d'une valeur (l'évaluation). La régulation peut être formulée sous un mode ou sous un autre : l'exhortation, l'admonestation, le conseil. La justification, quant à elle, réfère à des croyances, à des convictions, à des certitudes qui donnent un sens à l'action.

Dans le discours éthique, on accorde plus d'attention à chacun de ces processus, alors que dans le discours moral, on constate que l'ensemble de la démarche est accompli d'une manière plutôt expéditive.

5. Dans le discours moral, on note la présence d'un ou de plusieurs sentiments appuyant la régulation, l'évaluation et la rétribution, afin de leur donner plus de poids. Cela ne signifie pas que le discours moral soit d'abord et avant tout une affaire de sentiment, mais plutôt que le sentiment y joue un rôle tout aussi important que la raison. Le discours éthique, en faisant appel à la raison d'une façon prioritaire, n'accorde pas une place aussi importante aux sentiments.

6. Dans le discours moral, on remarque que les conséquences du respect ou non de la valeur, de l'observance ou non de la règle, peuvent faire l'objet de la louange ou du blâme.

7. Enfin, on constate que le discours moral vise à garantir un certain équilibre – à le promouvoir, si on le juge à propos ; à le protéger s'il est menacé ; à le restaurer s'il est détruit – par des actions, des attitudes, des états d'esprit ou des comportements qui sont appréciés à la lumière de valeurs morales ou encore en référence à des principes ou à des règles d'ordre moral[100].

---

[100] *Ibid.*, p. 107.

La présentation de la grille de lecture d'un discours moral

Pierre Fortin présente une grille de lecture qui permet de dégager les principales caractéristiques du discours moral.

1. Présentation des personnes en cause et les relations du locuteur avec le destinataire et l'agent

    1.1   Le locuteur ;
    1.2   Le destinataire ;
    1.3   L'agent.

2. Présentation du caractère moral du discours

    2.1   L'intention du locuteur ;
    2.2   La présence de sentiment ;
    2.3   Les traces de l'évaluation morale ;
    2.4   Le cadre manichéen ou dualiste ;
    2.5   Le schéma de rétribution.

3. L'articulation de la dynamique morale

    3.1   L'instance pratique ;
    3.2   L'instance régulatrice ;
    3.3   L'instance axiologique ;
    3.4   L'instance légitimatrice.

L'explication de la grille de lecture d'un discours moral

1. Présentation des personnes en cause et les relations du locuteur avec le destinataire et l'agent

La dynamique du discours moral implique plusieurs personnes et une relation particulière entre elles. Voyons-les brièvement, en nous souvenant que ces catégories ne concernent que le discours moral (et non l'éthique ou l'éthicologique).

1.1   Le locuteur

Le locuteur est bien sûr la personne ou le groupe de personnes qui émet le discours. Le locuteur se présente comme la personne qui parle d'autorité ou qui prend la parole en se référant à une autorité incontestable : Dieu, la Bible, l'Église, la Nature, la Science, l'Histoire, la Civilisation, le Parti, *etc.*

Le locuteur ne doute pas, il sait. Il décrit le mal sans hésitation et connaît la solution au désordre moral qu'il perçoit. Il prescrit sans hésitation l'action à éviter ou à poser pour retrouver le droit chemin ou pour éviter le mal. Le moraliste ne s'interroge pas quant à l'efficacité de la solution à apporter. Il est certain du résultat.

Assez souvent, le locuteur garde une certaine distance face au destinataire. Il se place en dehors de la menace de rétribution qui pèse sur l'agent.

1.2 Le destinataire

Le destinataire est la personne ou le groupe de personnes à qui s'adresse le discours moral. La plupart du temps, le locuteur présuppose une certaine complicité avec le destinataire quant au crédit à apporter à l'argument d'autorité qui fonde le discours ainsi qu'aux valeurs à privilégier.

1.3 L'agent

L'agent est la personne ou le groupe de personnes que vise particulièrement le discours moral. On lui propose ou impose, plus ou moins subtilement, un devoir être ou un devoir faire. Il arrive que le destinataire soit en même temps l'agent.

Dans certains cas aussi, le locuteur, le destinataire et l'agent renvoient à la même personne. C'est ce qui arrive lorsque quelqu'un délibère en vue d'accomplir une action ou de s'abstenir de l'accomplir.

2. Présentation du caractère moral du discours

2.1 L'intention du locuteur

Le locuteur prend la parole pour approuver ou, le plus souvent, pour dénoncer des attitudes, des états d'esprit, des comportements ou des actions. L'intention du locuteur est capitale pour spécifier la distinction du bien et du mal en cause dans le discours moral.

2.2 La présence de sentiments
Le discours moral débute fréquemment par l'expression d'un sentiment particulier du locuteur face à la situation qu'il dénonce (protestation, révolte) ou qu'il entend promouvoir (fierté, satisfaction).

Le locuteur fait également appel aux sentiments du destinataire et de l'agent afin de donner plus de poids à son intervention.

2.3 Les traces de l'évaluation morale
L'évaluation morale porte sur des personnes ou des groupes de personnes. Elle touche également des attitudes, des états d'esprit, des comportements, des actions individuelles ou collectives qui sont appréciés en regard d'une règle ou de plusieurs règles morales, d'un ou de plusieurs principes moraux, d'une ou plusieurs valeurs morales.

2.4 Le cadre manichéen ou dualiste
Dans le discours moral, le cadre dualiste ou manichéen fait référence à la distinction du bien et du mal. Cette distinction provoque une division plus ou moins radicale du monde et de ceux et celles qui l'habitent.

2.5 Le schéma de rétribution
La rétribution c'est la sanction, la conséquence qui découle d'une action, d'une attitude, d'un état d'esprit, d'un comportement. Elle peut être positive ou négative, selon qu'elle est présentée comme une récompense ou une punition. Elle est, soit le résultat d'un jugement, d'une condamnation, d'un châtiment, voire la conséquence bénéfique ou néfaste d'une bonne ou d'une mauvaise action.

3. L'articulation de la dynamique morale
L'articulation du discours moral repose sur l'articulation entre

les quatre instances de la grille éthicologique. Nous retrouverons les mêmes instances, qui sont considérées cette fois en tant qu'elles concernent le discours.

3.1 L'instance pratique

L'instance pratique est l'action individuelle ou collective louée ou blâmée, permise ou défendue, selon qu'elle est qualifiée de morale ou d'immorale. C'est aussi l'attitude, l'état d'esprit ou le comportement apprécié à partir d'une règle ou d'un ensemble de règles morales, d'une valeur ou de plusieurs valeurs. L'action, comme tout ce qui est dans l'instance pratique, acquiert une signification particulière dans le discours qui permet de justifier au bout du compte la régulation et l'évaluation qui l'affectent.

3.2 L'instance régulatrice

L'instance régulatrice réfère au principe moral ou à un ensemble de principes moraux, à une règle ou un ensemble de règles morales qui commande, permet ou défend une action. Elle peut être énoncée comme un ordre, une prescription, une exhortation, un avis, une recommandation, un encouragement ou un conseil. Le principe ou la règle permet de mettre en œuvre une ou plusieurs valeurs morales.

3.3 L'instance axiologique

L'instance axiologique renvoie à la valeur ou à l'ensemble des valeurs morales qui inspirent l'action. La valeur apparaît comme une référence dans le discours parce qu'elle s'impose de l'extérieur à une personne ou à un groupe de personnes, parce qu'elle suscite et colore l'action.

À ce niveau, un discours est moral parce que l'intention du locuteur fait en sorte que les valeurs morales jouent un rôle prioritaire et déterminant dans l'évaluation de l'action et des personnes en cause (face à d'autres types de valeurs :valeurs esthétiques, intellectuelles ou religieuses par exemple).

3.4 L'instance légitimatrice

L'instance légitimatrice renvoie à un réservoir de sens, c'est-à-dire un ensemble – quelquefois un système – plus ou moins articulé de croyances, d'opinions, de convictions, de certitudes concernant l'être humain, la condition humaine, la société, l'histoire, les relations interpersonnelles, les pratiques professionnelles, les institutions sociales, politiques et religieuses, *etc*. Ce réservoir de sens permet de justifier la valeur et la prescription et, finalement, la pratique morale. L'instance légitimatrice peut aussi être formulée dans la proposition d'un idéal ou d'une utopie.

La clientèle cible de l'auteur

La méthode éthicologique a été développée *a priori* pour les chercheurs en éthique et les étudiants en maîtrise d'éthique, mais elle peut être utile à toute personne désirant analyser un texte ou un discours moral ou éthique.

Les limites de la méthode éthicologique et de la grille de lecture d'un discours moral

Permettons-nous de citer un travail précédent : « L'éthique appliquée a ceci de particulier qu'elle n'est pas d'abord et avant tout un savoir théorique, mais une perspective d'intervention dans une société concrète, dans une organisation donnée, au sein d'une situation interprofessionnelle précise, *etc.* »[101] En ce sens, l'éthicologie ne constitue pas une éthique appliquée en tant que tel. Il s'agit d'une méthode descriptive qui ne s'applique qu'à des textes ou des discours. Elle n'entre pas dans le champ de l'action, même si certaines interventions peuvent être décrites (voir plus haut, p. 69), et même si cette méthode peut tout de même être utile dans des interventions en permettant de « situer » le discours.

Toutefois, la méthode éthicologique permet d'évaluer la portée d'un discours ou d'un texte, de sorte qu'elle devient un outil pertinent pour la collectivité. Pierre Fortin et Marie Beaulieu ont effectué une analyse éthicologique de la réforme de la santé au

---

[101] Alain Létourneau, « Synthèse : pour la suite du questionnement méthodologique », *op. cit.*, p. 241.

Québec[102]. L'application de la méthode éthicologique leur a permis d'évaluer les aspects éthiques de la réforme de la santé au Québec, ce qui constitue bien sûr un type d'intervention.

La déontologie en milieu communautaire

Par ailleurs, l'auteur a également développé un guide de déontologie dans le milieu communautaire. Dans son livre *Guide de déontologie en milieu communautaire*, il présente un guide de déontologie expressément destiné aux milieux communautaires. Nous pourrions donc censément classer l'approche de Fortin dans une modélisation de type *déontologique*[103].

La posture intellectuelle de l'auteur

Pierre Fortin est en accord avec le postulat habermassien de l'éthique de la discussion, c'est-à-dire avec l'affirmation selon laquelle il y a « égalité des sujets de droit dans une argumentation »[104]. Dans le *Guide de déontologie en milieu communautaire*, Pierre Fortin écrit : « La raison d'être d'un code de déontologie, c'est de faire appel à la créativité, à la responsabilité et à la capacité de dialogue de celles et ceux dont il régit les interventions »[105].

L'approche de l'auteur est marquée par un souci de discussion et de consensus. Les mots de Pierre Fortin démontrent bien cet intérêt. Afin que le code de déontologie puisse jouer son rôle de guide, il importe donc de créer, au sein des ateliers de travail, un climat facilitant le dialogue franc et ouvert, de donner aux participants toute l'information nécessaire et de prendre le temps qu'il faut pour parvenir à un consensus qui soit le plus large possible. Quand on s'engage dans une démarche déontologique, il est essentiel de faire constamment référence à l'expérience et au jugement moral des personnes qui participent à l'opération afin

---

[102] Pierre Fortin et M. Beaulieu (dir.), *La réforme de la santé au Québec : questions éthiques*, Saint-Laurent, Éd. Fides, coll. « Recherches éthiques », n°22, 1999.

[103] Alain Létourneau, « Synthèse : pour la suite du questionnement méthodologique », *op. cit.*, p. 249.

[104] *Ibid.*

[105] Pierre Fortin, *Guide de déontologie en milieu communautaire*, Sainte-Foy, PUQ, 1995, p. 130.

que le code de déontologie témoigne de la conduite morale de celles et ceux dont il régit les attitudes et les comportements.

La recherche du consensus doit se faire de la façon la plus large possible. Aussi, est-il important que toutes les personnes œuvrant, à des degrés divers, dans l'organisme, soient impliquées d'une façon ou d'une autre dans la formulation du code de déontologie afin qu'il puisse faire l'objet d'un consensus le plus large possible. Un code imposé de l'extérieur sera vite rangé dans les tiroirs et restera lettre morte. Pour éviter cela, on veillera donc, dès le début de l'opération déontologique, à impliquer un maximum de personnes afin qu'elles considèrent ce code comme le fruit d'une démarche et d'une réflexion communes.

Dans son texte *Un printemps de l'éthique*, Pierre Fortin exprime ses réserves face à la position de l'éthique appliquée comme réponse à la demande d'éthique actuelle. Sous forme de question-réponse, il écrit : « L'éthique appliquée constitue-t-elle une réponse satisfaisante à la demande d'éthique actuelle ? Je ne crois pas »[106].

Il estime que les éthiques appliquées ont « contribué à occulter les questions fondamentales »[107], appauvrissant ainsi la réflexion éthique. Elles auraient aussi provoqué une « sectorisation des questions d'ordre moral, et même, un émiettement inquiétant des problématiques éthiques »[108]. Selon lui, les éthiques appliquées n'ont pas réussi à atténuer les inquiétudes et les malaises qui leur ont donné naissance. Au contraire, elles les auraient amplifiés. Finalement, il considère que les éthiques appliquées ont provoqué une professionnalisation de l'éthique. Une professionnalisation problématique car elle donne parfois à penser que la résolution des problèmes moraux appartient à des experts. De plus, cette professionnalisation est soumise au risque de la commercialisation.

Toutefois, il admet que les éthiques appliquées ont participé à renouveler l'approche des questions d'ordre moral et

---

[106] Pierre Fortin, « Un printemps de l'éthique ? », *Éthica*, 9(2), 1997, p. 152.
[107] *Ibid.*, p. 153.
[108] *Ibid.*

éthique, une nouvelle approche qu'il qualifie de « plus responsable » puisqu'elle fait appel à la capacité de création des individus, au dialogue et au consensus entre les différentes personnes impliquées dans une prise de décision. Les éthiques appliquées ont ainsi permis « une plus grande *démocratisation* dans la résolution des problèmes d'ordre moral»[109].

Le paradigme de la discussion désigne l'approche développée dans le guide qui vise à faciliter la construction d'un code de déontologie. Dans un organisme, le but ultime du guide présenté par P. Fortin est la recherche d'un consensus par la discussion entre l'ensemble des personnes impliquées.

Guide de déontologie en milieu communautaire

P. Fortin présente son guide de façon explicite dans son livre *Guide de déontologie en milieu communautaire*. Ce guide qui présente neuf ateliers conduit à établir le code de déontologie.

Atelier 1	Pourquoi un code de déontologie dans notre organisme communautaire ?
Atelier 2	La mission et les objectifs de notre organisme communautaire ;
Atelier 3	Les valeurs que nous partageons dans notre engagement ;
Atelier 4	Nos responsabilités morales à l'égard des personnes qui font appel aux services de notre organisme ;
Atelier 5	Nos responsabilités morales à l'égard de nos collègues de travail ;
Atelier 6	Nos responsabilités morales à l'égard des bénévoles ;
Atelier 7	Les responsabilités morales des personnes qui font appel aux services de l'organisme ;
Atelier 8	Nos responsabilités morales à l'égard de l'organisme dans lequel nous sommes engagés ;
Atelier 9	Nos responsabilités morales à l'égard de la communauté.

---

[109] *Ibid.*

L'explication du guide de déontologie en milieu communautaire

Atelier 1 :

Pourquoi un code de déontologie dans notre organisme communautaire ?

Le premier atelier vise à amener les participants à échanger sur la pertinence d'un code de déontologie, à aider ces derniers à prendre connaissance des éléments que l'on retrouve dans un tel code et à s'entendre à propos de la démarche à suivre pour parvenir à l'adoption d'un code.

Pierre Fortin fournit quelques éléments de réponse quant à la pertinence d'un code de déontologie. Il s'agit d'un bon instrument favorisant un plus grand respect et une meilleure protection autant des personnes qui font appel aux services que de celles qui dispensent ces services. Le code joue un rôle de guide et de soutien.

Un code de déontologie est un document de référence qui permet d'affirmer des valeurs auxquelles on croit, de préciser les règles de conduite, d'assurer le respect et la protection des individus. Le code de déontologie favorise la concertation et la bonne marche de l'organisme, il apporte une certaine sécurité à celles et ceux qui s'y réfèrent, tout en donnant une crédibilité à l'organisme.

Certaines personnes hésitent à se doter d'un code ou n'en voient pas l'utilité. Or, « un code de déontologie est un instrument au service de la créativité et de la responsabilité de celles et ceux dont il régit les activités. Il ne doit pas être perçu par les personnes qui occupent des fonctions de direction, comme un moyen de détenir un meilleur contrôle des employés ou des bénévoles[110] ». Discipline et déontologie doivent être comprises comme deux choses différentes.

---

[110] Pierre Fortin, *Guide de déontologie en milieu communautaire*, op. cit., p. 41-42.

Atelier 2 :

La mission et les objectifs de notre organisme communautaire

Les ateliers deux et trois sont liés. Ils consistent à évaluer et à déterminer la mission et les objectifs de l'organisme afin de dégager les principales valeurs poursuivies individuellement et collectivement. Ce sont ces valeurs qui donnent une touche particulière à la prestation des services à celles et ceux qui s'adressent à l'organisme. L'atelier 2 se caractérise par la formulation claire de la mission et des objectifs poursuivis.

Au cours de ces deux ateliers, les participants doivent établir un consensus à propos de ce qu'ils sont en droit d'exiger de la part de ceux qui s'y engagent (membre d'un conseil d'administration, directrice ou directeur, intervenant(e), bénévole).

Le point de vue de chacune des personnes impliquées dans l'organisme (membre d'un conseil d'administration, directrice ou directeur, intervenant(e), bénévole) doit être pris en compte dans l'élaboration de la mission et des objectifs de l'organisme ainsi qu'au niveau de la détermination des valeurs partagées et promues au sein de ce dernier. Le but de ce deuxième atelier est de faire émerger sur ces thèmes un consensus parmi les participants.

Atelier 3 :

Les valeurs que nous partageons dans notre engagement

Le troisième atelier vise à permettre aux personnes impliquées dans un organisme communautaire de s'entendre sur les principales valeurs à promouvoir individuellement et collectivement. Travail qui se fait bien sûr en rapport étroit avec l'atelier 2.

Atelier 4 :

Nos responsabilités morales à l'égard des personnes qui font appel aux services de notre organisme.

Cet atelier a pour but de permettre un consensus sur la question des responsabilités morales que les membres du conseil d'administration, les directrices et les directeurs, les intervenantes et les intervenants ainsi que les bénévoles estiment avoir à l'égard des personnes à qui ils offrent des services. Il est donc tout à fait centré sur les destinataires de l'action.

Atelier 5 :

Nos responsabilités morales à l'égard de nos collègues de travail.

On néglige parfois de s'arrêter sur ce point. Il est pourtant crucial, car un bon service auprès des personnes auxquelles s'adresse l'organisme suppose aussi qu'un bon climat, qu'un respect mutuel et une entraide (et autres valeurs) soient pris en compte dans la vie et les relations entre collègues.

Atelier 6 :

Nos responsabilités morales à l'égard des bénévoles.

Les ateliers cinq et six s'attardent aux relations interpersonnelles au sein de l'organisme et aux responsabilités morales qui en découlent. Pour l'atelier 6, il s'agit des responsabilités morales à l'égard des collègues de travail et des bénévoles. Ces derniers, faut-il le rappeler, jouent souvent un rôle central et souvent indispensable dans ce type d'organisations communautaires.

Atelier 7 :

Les responsabilités morales des personnes qui font appel aux services de l'organisme.

L'auteur suggère un atelier sur les attitudes et les comportements attendus de la part des personnes qui font appel à l'organisme.

P. Fortin estime important d'inclure, dans le code de déontologie, un chapitre concernant les responsabilités des personnes qui reçoivent des services de l'organisme afin que celles-ci ne considèrent pas qu'elles n'ont que des droits à faire respecter. En effet, elles ont également des devoirs à l'égard des personnes qui interviennent auprès d'elles ainsi qu'envers l'organisme lui-même[111]. Le bénéficiaire ne se sentira que plus respecté en sa qualité d'agent moral.

Atelier 8 :

Nos responsabilités morales à l'égard de l'organisme dans lequel nous sommes engagés.

Cet atelier vise à permettre aux personnes impliquées dans un organisme de parvenir à un consensus sur les principales responsabilités morales qu'elles estiment avoir à l'égard de l'organisme dans lequel elles sont impliquées. Comme agent d'un organisme, nous avons aussi des responsabilités concrètes envers ce dernier, qui méritent d'être formulées.

Atelier 9 :

Nos responsabilités morales à l'égard de la communauté.

Le dernier atelier a pour objectif de permettre aux personnes impliquées dans un organisme de parvenir à un consensus sur les principales responsabilités morales qu'elles estiment avoir à l'égard de la communauté au sein de laquelle elles travaillent. Nous ne voudrions pas en effet qu'on oublie que les destinataires ou bénéficiaires ne peuvent éclipser les responsabilités sociales plus générales de tout organisme communautaire.

L'auteur insiste sur le fait qu'il faut garder constamment à l'esprit que le code de déontologie n'est pas une fin en soi ni un *nouvel* instrument de contrôle mis à la disposition des personnes occupant des postes de direction. C'est un outil permettant de témoigner individuellement ou collectivement des valeurs promues par l'organisme, un outil perfectible, au service de la créativité et de la responsabilité de tous ceux qui s'y réfèrent[112].

---

[111] *Ibid.*, p. 103.
[112] *Ibid.*, p. 129.

Les limites du guide

Le Guide de déontologie en milieu communautaire est construit pour satisfaire les exigences des organismes communautaires. Bien qu'il soit possible d'adapter ce guide à d'autres types d'organisations, sa structure reste assez rigide. En fait, il respecte une structure assez usuelle dans ces groupes qui incluent une hiérarchie particulière (conseil d'administration, directeurs et directrices, intervenants et intervenantes, bénévoles).

D'autre part, il aurait été intéressant d'inclure un chapitre et un atelier permettant de faire un suivi, de réaliser les ajustements nécessaires et de familiariser les personnes concernées quant à l'application du code. Ce chapitre aurait permis d'entretenir la réflexion éthique au sein de l'organisme.

Le Guide de déontologie en milieu communautaire est un outil pour bâtir un code. Toutefois, il ne fournit pas d'outils pour le mettre en application. Ainsi, le code que les organismes auront construit risque, à plus ou moins longue échéance, de rester lettre morte.

ANNEXE

LEXIQUE

La déontologie : La déontologie est définie comme « la partie de la morale qui touche plus particulièrement les conduites professionnelles »[113]. La déontologie regroupe l'ensemble des devoirs et des responsabilités morales qui incombent aux professionnels dans l'exercice de leur profession.

L'éthique : L'éthique se définit d'abord comme un « discours appréciatif des finalités qui sont proposées pour réguler l'agir humain. [...] » Elle se définit aussi « comme l'élaboration plus ou moins achevée d'un système de légitimation, d'un art de vivre dans lequel s'articule toute une constellation de valeurs »[114]. Bref, c'est « la réflexion – l'analyse et la critique – sur les règles et les fins qui guident l'action humaine, c'est-à-dire les jugements d'appréciation sur les actes qualifiés de bons ou de mauvais. Elle peut donc être considérée comme une recherche d'un art de vivre qui fait appel à la créativité et à la responsabilité, au-delà des exigences de la morale »[115]. L'éthique nous aide à répondre à la question « Comment vivre ? »

L'éthique est un discours appréciatif proposant un art de vivre et portant sur le jugement qui commande l'action morale et, plus particulièrement, sur les éléments suivants : les critères de la distinction du Bien et du Mal ; le fondement et les finalités de l'obligation et la pertinence de la prescription (loi, règle) et sa capacité de concrétiser l'idéal visé.

L'éthicologie : « L'éthicologie c'est l'étude des discours moral et éthique »[116]. L'objet d'étude de l'éthicologie est la dynamique morale et éthique. L'éthicologie peut être définie comme étant « la recherche de ce qui est en jeu, de ce qui est en cause lorsqu'une personne soutient qu'une action est *bonne* ou *mauvaise*, *juste* ou *injuste*, *morale* ou *immorale* »[117].

---

[113] *Ibid.*, p. 29.
[114] Pierre Fortin, *La morale, l'éthique, l'éthicologie*, op.cit., p. 57.
[115] Pierre Fortin, *Guide de déontologie...*, op. cit., p. 28.
[116] Pierre Fortin, *La morale, l'éthique, l'éthicologie*, op.cit., p. 76.
[117] *Ibid.*, p. 87.

L'éthicologie est un discours descriptif, analytique ou interprétatif portant sur ce qui est en jeu dans les discours moral et éthique. L'éthicologie décrit, analyse ou interprète : le contexte historique, politique, économique des pratiques morales et des modes de production des discours moral et éthique ; la logique du discours ; la dynamique du discours ; l'articulation de la pratique et de la prescription (loi, règle, norme) ; l'articulation de la prescription et de la valeur et le contenu donné à la valeur par la légitimation.

La morale : La morale s'exprime dans un discours prescriptif portant sur l'action à réguler. Dans ce type de discours prévalent les lois, les normes, les règles, les préceptes, les règlements qui guident, orientent, encadrent l'action individuelle et collective.

Le discours moral pratique apparaît quand une distinction entre le bien et le mal est en cause ; de cette distinction sommairement présentée en faveur du bien, découle des règles, des principes régulateurs qui suscitent des actions, des comportements précis, des attitudes particulières. La morale s'exprime dans le discours normatif et prescriptif, dans l'exhortation à obéir à la règle[118].

La morale est donc un discours prescriptif portant sur l'action à réguler à partir d'une distinction du Bien et du Mal assez bien tranchée et sommairement présentée ; du devoir suscité par cette distinction et d'un certain nombre d'impératifs, de prescriptions découlant du Bien à faire et du Mal à éviter.

La morale est aussi définie comme « l'ensemble des règles qui guident les êtres humains dans leur appréhension du bien et du mal et qui régissent leurs conduites individuelles et collectives ».[119] La morale est de l'ordre du devoir, elle répond à la question « Que dois-je faire ? »

---

[118] *Ibid.*, p. 54.
[119] Pierre Fortin, *Guide de déontologie...*, *op. cit.*, p. 28.

Dans toute morale, on retrouve :

- l'affirmation de fins particulières et d'une fin ultime que doit rechercher tout être humain, et la promotion de moyens pour y parvenir ;

- un ensemble de valeurs, c'est-à-dire des critères permettant de juger les actions à accomplir et les personnes qui les accomplissent ;

- un ensemble de prescriptions formulées en vue d'atteindre la fin qui s'impose.

Les valeurs : une valeur, « c'est ce qui vaut ; c'est ce à quoi, individuellement ou collectivement, on accorde de l'importance ; ce qui a du poids pour un individu ou une collectivité. [...] Elle constitue une priorité, une préférence, une référence... ».[120]

---

[120] Pierre Fortin, *La morale, l'éthique, l'éthicologie, op. cit.*, p. 100.

BIBLIOGRAPHIE

FORTIN, P. et P.-P. PARENT (dir.), *Le souci éthique dans les pratiques professionnelles. Guide de formation*, Paris, L'Harmattan, coll. « Éthique en contexte », 2004.

FORTIN, P. et M. BEAULIEU, (dir.), *La réforme de la santé au Québec : questions éthiques*, Saint-Laurent, Éd. Fides, coll. « Cahiers de recherches éthiques », n°22, 1999.

FORTIN, P. et B. BOULIANNE, *Le suicide : interventions et enjeux éthiques*, Sainte-Foy, Presses de l'Université du Québec, 1998.

FORTIN, P. *Guide de déontologique en milieu communautaire*, Sainte-Foy, Presses de l'Université du Québec, 1995.

FORTIN, P. *La morale, l'éthique, l'éthicologie*, Sainte-Foy, Presses de l'Université du Québec, 1995.

FORTIN, P. « Quelques questions d'ordre éthique soulevées par la réforme des services de santé au Québec », *Ethica,* 9(1), 1997, p. 31-57.

FORTIN, P. « Un printemps de l'éthique ? », *Éthica,* 9(2), 1997, p.143-162.

FORTIN, P. « Les enjeux éthiques de la responsabilité dans les interventions auprès des aînés vivant en CHSLD », dans *Quelques enjeux éthiques soulevés par les interventions auprès des personnes âgées*, « Les cahiers de recherche Ethos », n°8, Rimouski, Groupe de recherche Ethos, Université du Québec à Rimouski, 1996.

FORTIN, P. « De bons parents aux parents compétents ou les enjeux éthiques de la dynamique familiale dans les discours catholiques puis gouvernementaux et paragouvernementaux de 1920 à 1990 », dans *Quelques conceptions de la famille et leur impact sur les interventions psychosociales : enjeux éthiques soulevés*, « Les cahiers de recherche Ethos », n°7, Rimouski, Groupe de recherche Ethos, Université du Québec à Rimouski, 1994.

FORTIN, P. « Quand la norme vacille, quel chemin tracer de l'É-NORME à l'HORS-NORME ? ou les enjeux éthiques soulevés dans et par les interventions professionnelles auprès des familles vivant des problèmes de "maltraitance" », dans *Quelques conceptions de la famille et leur impact sur les interventions psychosociales : enjeux éthiques soulevés*, « Les cahiers de recherche Ethos », n°7, Rimouski, Groupe de recherche Ethos, Université du Québec à Rimouski, 1994.

FORTIN, P. « La pratique de l'éthique dans la société actuelle », *Ethica,* 5(1), 1993, p. 29-43.

FORTIN, P. « Qu'est-ce qu'un discours moral ? une approche éthicologique », *Ethica,* 4(1), 1992, p. 33-54.

FORTIN, P. « Quelques enjeux éthiques liés à la pratique du journalisme », dans *Éthique de la communication publique et de l'information*, Saint-Laurent, Éd. Fides, coll. « Cahiers de recherche éthique », 17, 1992, p. 59-83.

ENTREVUE AVEC PIERRE FORTIN

Vous dites que les éthiques appliquées ont « favorisé l'appauvrissement de la réflexion éthique en proposant parfois des éthiques en capsules, des recettes élaborées à la hâte faute de temps devant l'urgence des problèmes abordés et à cause du manque de recul nécessaire pour examiner les conséquences à moyen et à long terme des actions à poser »[121]. Partagez-vous toujours ce même jugement sur l'éthique appliquée ?

Oui, j'ai toujours la même perception, mais il y a quand même l'adverbe « parfois » dans la citation. Je pense que c'est important de souligner ça. Parce que ma préoccupation concernant l'éthique, c'est d'abord favoriser un regard critique sur l'élaboration des morales ou sur l'élaboration des éthiques dans nos sociétés. Je comprends très bien la perspective de l'éthique appliquée. Quand on regarde un peu la genèse de l'éthique appliquée, elle vient des États-Unis, et d'abord en réaction non seulement contre un certain nombre de courants théologiques, mais aussi contre le kantisme qu'on trouvait trop théorique et qui ne mordait pas assez dans la réalité. Alors qu'est-ce qu'on a tenté de faire ? On a tenté de mouler la réflexion éthique à partir de situations très concrètes. C'est une perspective qui est intéressante, mais, à mon avis, si on veut être fidèle à la tradition éthique occidentale, à Aristote, il faut qu'on puisse réfléchir non seulement sur l'action, mais aussi sur notre propre métier, en prenant l'éthique dans une large perspective. Aristote ne définit pas la vertu d'une façon abstraite ; il l'a définie dans des situations concrètes. À chaque vertu, correspond une situation concrète. Mais néanmoins la vision d'Aristote se rattache à une vision globale de l'être humain, à une vision de la société. Et ce que je reproche aux éthiques appliquées, c'est d'être souvent des éthiques de « pompiers », c'est-à-dire qu'on veut éteindre des feux et parce qu'on est obligé d'éteindre des feux, on gomme souvent une réflexion qui devrait être beaucoup plus globale. Je fais aussi d'une certaine façon de l'éthique appliquée parce que tout mon travail universitaire (les interventions professionnelles et sociales, les pratiques communautaires) consiste à démonter la mécanique des discours moraux, des discours éthiques. Mon travail universitaire est pratique ou du moins, il se veut pratique. Mais

---

[121] Pierre Fortin, « Un printemps de l'éthique », *Ethica*, 9/2, 1997, p. 153.

j'accorde toujours de l'importance à ce que j'appelle, dans la méthode éthicologique, le « réservoir de sens », c'est-à-dire les valeurs et les normes qu'on défend. Tout seuls cependant, ces mots sont des mots valises. Il faut les raccrocher à un réservoir de sens, c'est-à-dire aux perceptions, aux croyances, à la vision que l'on a de l'être humain. Dans ce sens-là, je propose une vision élargie de l'éthique.

Dans un article, vous êtes encore plus sévère. Vous dites que les éthiques appliquées « ont contribué à occulter les questions fondamentales », appauvrissant ainsi la réflexion éthique. Elles auraient aussi provoqué une « sectorisation des questions d'ordre moral, et même un émiettement inquiétant des problématiques éthiques »[122].

En déontologie, oui c'est ça. On s'imagine qu'en élaborant un code de déontologie, la question éthique et celle de la quête de sens vont disparaître. Je continue à dénoncer ça ; je persiste et signe.

Mais en même temps, vous parlez de déontologie, c'est intéressant parce que vous dites vous-même que vous avez fait un code de déontologie pour le milieu communautaire.

Oui, mais pour moi, l'éthique est en amont et en aval de la réflexion déontologique. Et pour que la réflexion déontologique garde toute sa pertinence, il faut qu'elle soit précédée d'une réflexion éthique. Il faut aussi qu'elle conduise à une réflexion éthique parce que si on regarde la méthode proposée dans mon livre en déontologie communautaire, les gens sont d'abord amenés à rechercher le pourquoi de leurs actions, puis ils les régulent par la formulation de la norme. Donc, il s'agit de voir quelles sont les valeurs qui les animent. Quel est le sens de leur travail ? Quelle est la mission de leur organisme ? Et ils ne font pas ainsi l'économie d'une réflexion. Ils doivent prendre tout le temps nécessaire pour échanger entre eux et convenir qu'ils partagent un certain nombre de valeurs morales ainsi qu'une compréhension commune de la mission et des objectifs de leur établissement, ce qui dépasse la déontologie. Bien sûr, il est important de se donner

---

[122] *Ibid.*

des règles, des normes pour mettre en œuvre ces valeurs-là. Mais on ne peut d'emblée vouloir réguler la pratique communautaire sans passer par ce moment de réflexion qui m'apparaît fondamental.

Abordons maintenant le volet de l'éthicologie. Pour vous, elle est « l'étude des discours moral et éthique », c'est-à-dire qu'elle chapeaute en quelque sorte l'éthique et la morale...

Je ne dirais pas « chapeauter » l'éthique et la morale. D'où est née l'éthicologie ? Je voulais voir comment fonctionne un discours éthique. Je savais qu'on avait développé ce qu'on appelait en Grande-Bretagne la méta-éthique, mais je voulais aller beaucoup plus loin et essayer de comprendre comment fonctionnait le discours moral, le discours éthique. J'ai ainsi étudié 300 lettres de lecteurs dans les journaux. Je me suis posé la question suivante : quand les gens prennent une position morale dans un article de journal, qu'est-ce qu'ils disent ? Comment fonctionne leur raisonnement ? Je me suis attardé aussi à des éléments comme la signature d'une lettre, par exemple celle de tel président de la Chambre de commerce. Il s'avère qu'on s'autorise à partir de... Alors là, il m'a semblé important de voir comment le locuteur se positionne par rapport au destinataire. Après ça, je me suis dit : il y a un locuteur, mais il y a aussi des « locutés », des personnes dont on parle, et parfois il y a des « locutés » qui sont objet de la prescription. Ensuite, je me suis demandé, quand on prend une position morale ou une position éthique, comment on se positionne ? etc. Vouloir comprendre le discours moral, le discours éthique des autres en le démontant, si vous permettez l'expression, ça aide à mieux comprendre le sien, dans le sens où je peux parfois, moi-même, faire un court-circuitage des valeurs que je promeus et des normes qui servent à établir un code de déontologie. Alors l'éthicologie me permet d'être plus lucide. Elle est aussi très pédagogique. Je l'utilise bien entendu dans mon enseignement, mais également dans les rencontres de formation avec les gens qui ne la connaissent pas du tout. Ça nous permet de développer ce que j'appelle « une qualité du regard ». En présence d'un discours, il s'agit de savoir ce qui est en jeu véritablement dans ce discours. L'éthicologie permet ainsi de voir dans des situations les divergences d'opinion. La divergence porte sur quel point ? Le point de divergence ne concerne pas, par exemple, les valeurs puisqu'on les partage. Il ne concerne pas davantage la mission de l'organisme ou la conception de la personne humaine parce que là encore on les partage. Mais le point de divergence peut très bien concerner la façon de mettre en œuvre ces valeurs et ces normes. Car on peut très bien s'entendre sur les normes mais diverger sur les valeurs, etc. L'éthicologie nous permet de voir l'extraordinaire richesse qu'il y a dans les débats moraux et éthiques. C'est donc un peu la curiosité qui m'a amené à élaborer la méthode éthicologique. Mais c'est aussi que prendre une position morale ou une position éthique implique chez moi la volonté d'être le plus lucide possible.

En quoi diriez-vous que ça va beaucoup plus loin que la méta-éthique ?

Sauf erreur, l'objectif terminal de la méta-éthique est de déceler les jeux de langage. Au contraire, l'éthicologie est au service d'une démarche éthique. Elle suppose comme un mouvement circulaire. La formule, que je n'ai pas inventée, est très heureuse, elle permet d'exprimer ce que je veux dire. En effet, à l'origine de mon travail sur l'éthique il y a la prise de conscience que la morale est éthiquement nécessaire, comme l'éthique est moralement nécessaire. Parce qu'une morale ou une déontologie sans éthique, c'est vide. Et une éthique sans morale, qui ne passe pas par la morale, c'est une éthique purement théorique et inopérante, qui ne donne pas grand chose. Qu'est-ce que vient faire l'éthicologie là-dedans ? Elle s'inscrit dans cette dynamique, dans la dynamique morale et éthique. Elle peut permettre de favoriser, dans les meilleurs cas, une meilleure qualité du discours moral et du discours éthique, mais elle ne chapeaute pas. Parce qu'on m'a en effet reproché ça. Dans ma jeunesse, quand j'ai commencé à parler d'éthicologie, je me suis fait regarder de travers. On s'est beaucoup moqué de moi. Cela ne me dérangeait pas. On m'accusait d'être impérialiste avec l'éthicologie, c'est-à-dire, pour reprendre votre expression, de soutenir que l'éthicologie doit chapeauter les autres approches, de prétendre que c'est elle qui a la vérité. Mais non, l'éthicologie n'a pas la vérité. Elle rend simplement compte d'une dynamique dans un discours.

Est-ce que vous diriez que c'est une position neutre par rapport à une situation concrète ? Vous dites qu'elle renvoie aux réservoirs de sens, mais elle ne prend pas position.

Est-ce que la neutralité, ça existe ? Ça serait une longue discussion. Dans la méthode éthicologique il y a un premier moment, ce que j'appelle « les conditions de la rencontre avec l'objet ». Dans les conditions de la rencontre avec l'objet, on essaie justement de faire la lumière, le plus possible, sur les intérêts que nous avons à étudier tel ou tel type de discours. Et ces intérêts-là ne sont pas neutres. J'ai étudié avec Pierre Bourdieu, et une expression qu'il aimait répéter, c'est qu'on a tous intérêt au désintéressement. Ce n'est pas neutre.

Si on regarde maintenant le domaine de l'intervention, de la méthodologie, selon vous il y a plusieurs types d'intervention : le moraliste, l'éthicien, l'éthologue, etc. Vous même, quand vous intervenez, quel chapeau portez-vous ?

Au début, je présentais le moraliste et l'éthicien, puis je les opposais. Je me suis aperçu qu'on ne peut pas simplement les opposer, la réalité est beaucoup plus complexe. Le moraliste tient un peu de l'éthicien. Cette lecture-là des catégories, je ne la défendrais plus jusqu'à la mort. Je les ai présentées pour montrer qu'il y a plusieurs intervenants dans le domaine et pour attirer l'attention sur les différentes postures qu'on peut prendre quand on tient un discours.

Allez-vous les retravailler ?

J'ai d'autres choses qui m'intéressent. Ce qui m'intéresse beaucoup actuellement, c'est un livre que je suis en train d'écrire, ça s'appelle *L'œuvre de soi*, et ça pose la question : comment advient-on comme sujet éthique ? Je reviens à mes amours qui relèvent plus du réservoir de sens que de la déontologie.

J'ai lu dernièrement que vous travaillez sur une autre façon d'intervenir, sur une nouvelle méthodologie[123]. Comment se démarque-t-elle de l'éthicologie ?

J'ai développé cette méthode au sein d'une équipe. Il y a quelques années, j'ai été approché par un groupe de professionnels qui travaillaient en déficience intellectuelle. Ils m'ont dit : nous avons utilisé votre grille éthicologique et votre conception de la déontologie en milieu communautaire pour élaborer notre code de déontologie de l'établissement. Mais ces guides ne nous aident pas à traiter les questions éthiques assez complexes que l'on rencontre dans nos pratiques. Alors, ils m'ont demandé si je voulais bien les aider à élaborer une façon d'aborder ces questions-là. Le projet m'a bien sûr intéressé et j'ai obtenu une importante subvention du CQRS pour le faire. Notre objectif, c'était d'élaborer, entre autres, une méthode, mais on a évolué et notre perspective s'est beaucoup élargie. Cette méthode se réfère à quelque chose de plus fondamental qui est le développement du souci éthique dans l'activité professionnelle. Comment l'a t-on conçue ? Il y a d'abord un certain nombre de dispositions personnelles qui sont nécessaires pour développer ce type de souci. Il y a également des conditions organisationnelles qui interviennent dans son développement. Ça nous apparaissait fondamental pour donner un horizon à la pratique.

En quoi consiste cette méthode ? Elle a plusieurs étapes ?

Oui, elle a plusieurs étapes. Elle part de la description du cas parce que la description d'un cas n'est jamais neutre. On formule une interrogation à partir de la description du cas. On se demande pourquoi le cas soulève une question d'ordre éthique. L'éthique est alors le fruit de l'échange, de la discussion entre les participants (c'est sûr que c'est dans la foulée de l'éthique de la discussion, mais c'est différent d'Habermas). Après ça, on essaie de voir quelles sont les personnes qui sont impliquées. Spontanément, on va identifier quelques personnes. Mais en discutant, on s'aperçoit qu'il y a plus de gens qu'on pense qui sont

---

[123] Pierre Fortin et Pierre-Paul Parent (dir.), *Le souci éthique dans les pratiques professionnelles. Guide de formation*, Paris, L'Harmattan, coll. «Éthique en contexte», 2004.

impliqués. Par la suite, on va encore un peu plus loin. On cherche à identifier ce qu'il est important de préserver pour telle personne qu'on a identifiée, pour telle autre et ainsi de suite. Ensuite, on passe aussi à la pertinence des règles, des normes du code de déontologie que l'on retrouve dans les politiques de l'établissement. Puis on essaie de voir si ces règles, ces normes nous permettent véritablement de mettre en fonction les valeurs, les priorités que l'on a identifiées pour tel ou tel type d'intervenant, d'acteur ou de personnes qui vont être touchées de près ou de loin dans l'intervention. À la fin on évalue notre démarche pour voir si, au cours de la démarche, on n'a pas gommé des réflexions ou des éléments importants.

Mais, cela semble assez proche de la grille de Legault. Ce dernier a peut-être plus d'étapes, c'est un peu plus compliqué...

Comment dire ? Je pense que Legault et moi, on n'a rien inventé, mais on a été attentifs à ce qui se passe lorsqu'on raisonne au plan éthique. Il s'agit de se demander ce qui doit faire l'objet de nos préoccupations.

Si ces gens-là ont fait appel à vous, c'est parce qu'ils ne trouvaient pas dans l'éthicologie des réponses à leurs questions. Quelle est alors la limite de l'approche éthicologique si vous avez développé cette nouvelle méthode ?

Les intervenants, les professionnels vont-ils s'adonner à la réflexion éthicologique ? Ce n'est pas possible. Mais avec les éléments de la grille d'intervention, c'est-à-dire l'action en cause, les règles, les normes, les valeurs et le réservoir de sens, on reprend les mêmes éléments d'une autre façon, on va les retrouver dans la prise de position. On n'invente pas la roue.

Que pensez-vous alors des gens qui prétendent qu'ils sont des chercheurs en éthique mais qui refusent le terme éthicien ?

J'ai personnellement beaucoup de difficulté avec ce terme d' » éthicien ». Ça dépend comment on le comprend. La chose devient compliquée si on prétend être des professionnels de l'éthique. Là, il y a quelque chose chez moi qui est heurté. Cela voudrait dire que nous aurions, nous qui nous considérons comme « éthiciens », un certain savoir que d'autres n'ont pas. D'ailleurs il faut lutter contre cela à l'occasion parce que les gens qui nous demandent de donner des formations nous prennent pour des savants. On détiendrait un savoir, ou on serait des nouveaux curés, et il s'agirait de leur dire ce qui est bien et ce qui est mal. J'ai un malaise avec ça. Mais si « éthicien » veut dire « chercheur », « questionneur », quelqu'un qui se donne des outils, qui aide les autres à s'outiller pour aborder les questions d'ordre éthique, alors ça va. Mais se présenter comme un professionnel de l'éthique, ça me cause bien des problèmes. Je sais qu'il y a des collègues, de très bons amis qui vont dans ce sens là. Ils disent que la professionnalisation de l'éthique, c'est pertinent et que cela doit s'imposer. Je ne suis pas d'accord. J'estime que mon apport, c'est d'aider les gens, de les outiller pour aborder des questions d'ordre éthique. Et si c'est ça un éthicien, là j'en suis. Mais si c'est quelqu'un qui subtilement se présente comme un expert, comme il y a des experts par exemple, en management, ou en réingénierie, pour employer un terme à la mode, non, je ne suis pas de ceux-là.

Êtes-vous alors un médiateur ?

Médiateur, je ne sais pas.

Ça ne vous plaît pas.

Non.

Pourquoi ?

Médiateur, ça veut dire qu'on se pose quelque part en dehors. Quand je travaille avec les gens des organismes communautaires, quand je travaille avec des professionnels, des groupes de professionnels, je suis parmi eux. Notre savoir éthique se construit dans les expériences que nous avons, dans la rencontre que nous avons avec les personnes qui sont préoccupées des questions d'ordre éthique. J'ai appris des choses extraordinaires avec les travailleurs en déficience intellectuelle, avec qui j'ai travaillé pendant trois ans. On était tous sur le même pied et on a construit ensemble un savoir éthique à partir de nos différentes expériences. Je n'étais pas du tout un médiateur, j'arrivais avec mon coffre d'outils et les autres arrivaient avec des expériences, avec d'autres types de formation et leur propre coffre d'outils. Et l'on a essayé d'ajuster ensemble nos outils pour essayer de comprendre un peu plus les situations dans lesquelles ils travaillaient. Je ne suis donc pas un médiateur.

Dans votre expérience, quelles sont les difficultés que vous avez rencontrées le plus souvent ? Quelles réflexions en tirez-vous par rapport à votre compréhension de l'éthique ?

Première réflexion : il y a, dans la société québécoise, une richesse extraordinaire. Si on avait les yeux plus ouverts, si on donnait aux gens tous les outils dont ils ont besoin, il y aurait une créativité suffisamment grande au plan de la réflexion éthique pour nous sortir de la déontologie. Parce que les codes d'éthique dans les établissements nous ont conduits dans un cul-de-sac. Il faut donc revenir à l'amont de la déontologie, à la réflexion éthique. Pourquoi on est rendus là ? On ne pose plus la question du statut de l'être humain. Et ça me permet de dire, en second lieu, que c'est de la foutaise de dire qu'il n'y a plus de fondements. Ce n'est pas vrai. C'est de la foutaise. Écoutez les professionnels, écoutez les intervenants, à moins que je ne fréquente pas les bonnes personnes, écoutons les professionnels, ils sont animés d'un humanisme extraordinaire. C'est ce que j'ai appris et j'essaie, avec mes maigres moyens, avec mes limites aussi, de favoriser le questionnement éthique dans les milieux parce qu'il y a des choses extraordinaires qui peuvent se faire et qui se font.

Quand vous dites si on donnait des outils aux gens, vous parlez de quels outils ?

De ce que je fais avec plusieurs collègues. On développe des méthodes. On donne des formations et on permet aux gens de s'exprimer parce qu'un des problèmes que l'on rencontre, c'est que les gens n'ont pas de lieu d'échange. Ils n'ont pas de lieu où ils peuvent partager en toute confiance les difficultés qu'ils rencontrent. J'ai la chance depuis plus d'un an d'animer régulièrement, avec mon collègue Pierre-Paul Parent, un groupe de personnes qui interviennent au SPEJ (Service de psychologie pour l'enfance et la jeunesse). On rencontre là des gens extraordinaires. On a travaillé avec eux sur le thème de la demande d'aide. On cherche à savoir ce qu'il y a derrière la demande d'aide. On a donc fait une réflexion éthique autour de la question de la demande d'aide adressée aux professionnels, à laquelle ils doivent répondre. Il faut être le plus lucide possible face à la demande d'aide et essayer (ce n'est pas toujours facile) d'y répondre de façon la plus adéquate. On apprend autant qu'on aide les gens. On aide les gens à avoir les mots pour le dire, pour reprendre le titre du célèbre ouvrage de Marie Cardinal. On aide les gens à avoir les mots pour dire les problèmes qu'ils rencontrent, les souffrances auxquelles ils doivent faire face, les défis qu'ils doivent surmontés.

Il faut tenir compte aussi d'un autre élément. En 1973, j'ai fait rire de moi quand j'ai dit qu'il fallait distinguer la morale de l'éthique. Il y a maintenant beaucoup de monde qui distingue les deux. On s'est aperçu que ce n'était pas du même ordre. On retrouve ça chez Ricoeur, *Soi-même comme un autre*. Mais ce n'était pas évident au début. C'est l'éthicologie qui m'a montré à faire cette distinction.

Vous avez parlé des fondements, pouvez-vous préciser votre pensée ?

Dans les discours sociologiques par exemple, dans les discours postmodernes, on répète qu'il n'y a plus de repères. Moi, je n'observe pas ça. Je rencontre peut-être des gens extraordinaires (des psychologues, des travailleurs sociaux, des gens qui travaillent dans des organismes communautaires, ce ne sont pas des banquiers), mais ces gens sont animés d'un humanisme extraordinaire. Ce n'est pas vrai qu'ils n'ont plus de fondement. Il y a une saine incertitude face aux repères. Mais il n'y a pas une perte de repères. Il y a peut être incertitude ou fragilité des repères, mais les repères sont encore là et c'est heureux. Au fond, ce qui fait la grandeur de l'être humain, c'est sa fragilité. C'est qu'il n'est pas seulement un être rationnel, mais un être qui est aussi animé par des sentiments. Je n'en veux pas à la voûte céleste, aux anges qui sont, eux, rationnels, mais, moi, j'aime mieux être un être humain. Parce que qu'est-ce que la raison sans les sentiments ?

Vous disiez que vous travaillez sur l'œuvre de soi, sur comment on advient comme sujet éthique. Qu'est-ce que vous avez à dire sur ce sujet ?

Comment advient l'expérience éthique à partir de l'expérience morale ? *L'œuvre de soi*, c'est-à-dire faire de sa vie une belle et bonne vie, je travaille sur ça actuellement.

Vous revenez à Aristote ?

Je n'en sors pas. *L'œuvre de soi*, c'est une œuvre de création philosophique. Je reviens sur des questions de l'ordre du réservoir de sens. Parce que ça m'a toujours intéressé de réfléchir sur l'expérience éthique.

Enfin, dernière chose, est-ce qu'il y a des gens qui ont repris vos travaux ?

Il y a ici plusieurs mémoires écrits ici qui reprennent la démarche éthicologique.

Est-ce qu'il y a des gens qui approfondissent votre pensée ?

Ce n'est pas mon idéal. Cependant, le traitement de la question du communautaire a eu une influence qui continue d'être très grande. Ce n'est pas mon intention de faire des disciples. Cela ne vaut pas la peine. Mon travail est souvent repris par des anciens étudiants qui sont profs dans d'autres universités.

Pouvez-vous nommer des personnes ?

Comme Jean-Marc Larouche qui est à l'UQAM. Il y a aussi Nicolas Deville qui est prof au Collège de Matane, et qui, à partir de l'éthicologie, a réfléchi et développé un programme en éthique. Il y avait aussi Morin qui était professeur dans le nord de l'Ontario, à Sudbury... Il y a aussi Guy Giroux, notre premier étudiant.

Propos recueillis par Francis Moreault

L'APPROCHE DE GUY GIROUX : L'AUTORÉGULATION PAR L'ÉTHIQUE OU HÉTÉRORÉGULATION PAR LE DROIT[124]

---

[124] Recherches : Magalie Jutras.

Guy Giroux est politicologue. Il s'intéresse à l'éthique dans une optique sociopolitique. Son objet d'étude principal est l'éthique en tant que phénomène social, avec la signification qu'elle peut revêtir. Son approche est marquée par une perspective explicative sur le plan social. Guy Giroux se situe dans l'horizon disciplinaire de la science politique.

Les influences les plus apparentes dans les textes de Guy Giroux sont celles de Gilles Lipovetsky et d'Alain Etchegoyen. À plusieurs reprises, il endosse les idées de ces deux auteurs. Il se réfère à eux pour décrire la demande sociale d'éthique, ce qui lui permet d'introduire sa propre approche (autorégulation-hétérorégulation, voir plus loin).

À propos d'Alain Etchegoyen, Giroux écrit : « Retenons pour l'instant que la critique d'Etchegoyen est justifiée, dès lors qu'elle suggère qu'il est impossible, en invoquant l'éthique, de vouloir régir, sans tenir compte de leurs propres valeurs, les activités de groupes de travailleurs, pour leur imposer plutôt des codes auxquels ils n'auraient pas donné volontairement leur adhésion »[125].

Pour appuyer l'affirmation selon laquelle « la popularité de l'éthique profite davantage aux décideurs qu'aux simples citoyens », Guy Giroux fait encore une fois référence à cet auteur : « Aussi, Alain Etchegoyen mentionne-t-il que « ce peut être quelquefois le simple effet d'une emphase verbale qui, sous l'influence de la mode, conduit à nommer éthique ce qui n'est que règlement intérieur »[126].

Regardant l'influence de la société libérale sur la demande sociale d'éthique, Guy Giroux se rapporte à Gilles Lipovetsky : « Si les entreprises ne corrigent pas d'elles-mêmes les pratiques outrancières du marché, c'est l'État qui s'en chargera par voies législatives et bureaucratiques, au malheur des chefs

---

[125] Guy Giroux, « La demande sociale d'éthique : autorégulation ou hétérogégulation ? », dans Guy Giroux (dir.), *La pratique sociale de l'éthique*, Montréal, Bellarmin, coll. « Recherche », 1997, p. 38.
[126] Etchegoyen cité dans Guy Giroux, « Les besoins auxquels obéit la demande d'éthique dans la société », dans André Lacroix et Alain Létourneau, *Méthodes et interventions en éthique appliquée*, Montréal, Fides, 2000, p. 79.

d'entreprises : le courant de l'éthique des affaires traduit la persistance du credo libéral, la volonté de contenir le champ de la puissance publique et la confiance corrélative dans la puissance auto-correctrice de la société civile »[127]. Lipovetsky décrit donc des processus libéraux d'autorégulation. Giroux est proche du postmodernisme : on le voit aussi lorsqu'il analyse la demande sociale d'éthique et, de manière beaucoup plus significative, lorsqu'il présente sa conception de l'éthique de la civilité.

L'idée d'autorégulation montrée par le postmoderne Gilles Lipovetsky va de pair avec la position de Alain Etchegoyen (auteur qui n'est pas postmoderniste) sur la récupération de l'éthique par le droit. S'inspirant de Alain Etchegoyen, Guy Giroux a effectué une opération de conceptualisation qui lui a permis de présenter le concept d'hétérorégulation, qui complète l'autre concept.

Guy Giroux ne s'implique pas de façon explicite dans les questions éthiques qui se posent dans son milieu. Il garde une position objective, à caractère métadiscursif. Sans s'impliquer dans des questions éthiques particulières, il s'engage dans le débat du rôle de l'éthique dans les sociétés démocratiques. Son engagement est bien perceptible lorsqu'il présente sa conception de l'éthique de la civilité.

L'auteur part du postulat que le droit ne peut, à lui seul, assurer l'ensemble de la cohésion sociale. Le droit « représente des repères fiables pour assurer la cohésion sociale, qui est nécessaire au fonctionnement des sociétés démocratiques. [...] Il n'en demeure pas moins qu'il n'est pas, à lui seul, la source d'une mobilisation des citoyens en faveur d'une vision positive et constructive de la vie en société. [...] L'éthique est indispensable pour favoriser la cohésion sociale »[128]. L'éthique est donc considérée comme socialement requise.

---

[127] Lipovetsky cité dans Guy Giroux, « Comprendre l'éthique en tant que phénomène social », *Revue de l'Université de Moncton,* 30/2, 1997, p. 53.
[128] Guy Giroux, « La civilité comme facteur de cohésion sociale dans les démocraties », dans G.-A. Legault, A., Rada-Donath et G. Bourgeault, *Éthique de société*, Sherbrooke, GGC, 1999, p. 187.

Afin d'assurer la cohésion sociale, Guy Giroux estime qu'il est souhaitable, voire inévitable qu'un transfert de la régulation s'effectue. Sans dénigrer l'importance capitale de la régulation par le droit, il soutient qu'une régulation par l'éthique, en complémentarité avec la régulation par le droit, est le gage de la cohésion sociale dans les sociétés démocratiques. Une partie de la régulation doit être prise en charge par la société civile. Sous cet angle, il écrit : « ... La société civile a nettement avantage, à mon avis, à assumer une large part des responsabilités, en se sentant pleinement justifiée, par exemple, d'entrer dans la sphère de l'intérêt public plutôt que d'en concéder le monopole exclusif à l'État, comme si elle ne savait naviguer que dans les eaux, jugées troubles, de l'intérêt privé »[129].

Nous pouvons ici faire un parallèle avec la position postmoderniste selon laquelle les individus « doivent prendre leurs responsabilités en étant pleinement conscients que la vie en société n'accorde pas seulement des droits, mais implique également des devoirs »[130].

Guy Giroux développe ainsi une éthique de la civilité. Elle se traduit par : « la reconnaissance d'un ensemble de valeurs et de règles corrélatives, communément partagées, mais sur cette base volontaire qui est compatible avec le libre arbitre des individus, aux fins de l'établissement de rapports harmonieux entre les personnes »[131]. Il se rapproche à nouveau de la perspective postmoderniste selon laquelle « Le but de ce processus d'autonomisation est de redonner à la société civile le contrôle de la vie quotidienne telle que vécue par les individus qui forment la masse »[132]. Force est de constater qu'il y a ici une analogie entre le concept postmoderniste d'autonomisation et le concept d'autorégulation développé par Guy Giroux. L'autonome va de pair avec un respect volontaire des règles.

Notons que le caractère volontaire de la conformité à certaines règles de civilité est tout à fait compatible avec le respect

---

[129] *Ibid.*, p. 165.
[130] Yves Boisvert, *Le postmodernisme*, Montréal, Boréal, 1995, p. 99.
[131] Guy Giroux. « La civilité comme facteur de cohésion sociale dans les démocraties », *op. cit.*, p. 189.
[132] Yves Boisvert, *Le postmodernisme*, *op. cit.*, p. 81-82.

de l'idéal démocratique dans un contexte libéral. C'est le cas dès lors que se trouve reconnue l'idée suivant laquelle les valeurs sociétales ne peuvent pas faire autorité sur les individus isolés en démocratie. D'ailleurs, c'est une exigence incontournable si l'on doit parler d'une éthique de la civilité, en raison de la marge d'autonomie qui est indispensable à tout sujet éthique pour que celui-ci puisse être en mesure d'adhérer ou non à des valeurs et à des règles sociales auxquelles il peut être convié à donner son acquiescement[133].

Dans une autre perspective, bien qu'elle ne soit pas étrangère au concept de l'éthique de la civilité, Guy Giroux estime que l'éducation civique est souhaitable, voire nécessaire à la cohésion sociale. Il affirme : « Comme quoi, au demeurant, en démocratie, il serait important de favoriser l'éducation civique au même titre que l'éducation aux droits, afin qu'un équilibre soit établi entre l'ordre et l'autonomie... »[134]. On voit que sa position est bien éloignée d'un mépris de l'ordre social.

Guy Giroux manifeste certaines réserves quant à son implication dans la question du rôle de l'éthique dans les sociétés démocratiques : « ... ma conception de l'éthique vise d'abord la compréhension de son rôle à l'intérieur de la société, au lieu de servir de base à la formulation de propositions pour améliorer la vie collective. Je ne suis donc pas plus un éthicien dont le discours serait un discours d'engagement envers des valeurs, qu'un politicologue qui s'intéresse aux phénomènes de régulation sociale dans leurs rapports respectifs entre l'État et son droit d'un côté, et entre la société civile et l'éthique d'un autre côté »[135].

Le paradigme de l'approche de Guy Giroux concerne la régulation. Cette approche permet de mettre en lumière une partie de la régulation sociale dans les démocraties, elle est le point central de l'analyse descriptive et explicative de l'auteur.

La grille d'analyse autorégulation – hétérorégulation est développée de façon implicite dans l'ensemble des écrits de

---

[133] Guy Giroux. « La civilité comme facteur de cohésion sociale dans les démocraties », *op. cit.*, p. 170.
[134] *Ibid.*, p. 180.
[135] *Ibid.*, p. 178.

l'auteur, mais plus particulièrement dans l'article « La demande sociale d'éthique : autorégulation ou hétérorégulation ? », paru dans *La pratique sociale de l'éthique* sous la direction du même auteur. L'approche autorégulation-hétérorégulation porte un regard analytique permettant de distinguer les forces autorégulatrices des forces hétérorégulatrices présentes à l'intérieur de la société. Cette approche suggère une force autorégulatoire du bas vers le haut par la société civile, qui se traduit par l'éthique, et une force hétérorégulatoire du haut vers le bas, c'est-à-dire en provenance de l'État qui s'exprime par le droit.

Avant d'élaborer sur les concepts d'autorégulation et d'hétérorégulation, il est approprié de revenir sur la notion de société civile. Elle désigne les groupes d'acteurs et les organisations qui sont des lieux d'expression de requêtes d'intérêt public ou particulier, mais à l'extérieur de l'État organisé. Cette notion exprime une façon de concevoir les rapports de pouvoir entre les instances étatiques et les activités des citoyens organisés qui réclament plus d'autonomie devant l'influence des pouvoirs publics institués. Le concept de société civile devient alors intéressant dans une perspective d'autorégulation ou d'hétérorégulation qui, comme nous le verrons, représente un jeu de forces au niveau de la régulation sociétale.

Nous allons maintenant présenter les concepts-clés de l'approche de Guy Giroux, soit : l'autorégulation et l'hétérorégulation. De prime abord, chacun de ces deux concepts fait référence aux notions fondamentales que sont, respectivement, l'éthique et le droit. L'"éthique relève du consentement individuel ou collectif, elle exprime donc une autorégulation de la société civile. Cette autorégulation se traduit par des mécanismes de régulation interne, de contrôle interne. L'hétérorégulation renvoie plutôt à des mécanismes de régulation externe, à un contrôle exprimé par le haut, notamment par l'État. Lisons, à ce sujet, les mots de Guy Giroux : « Or, tandis que l'éthique est une forme d'autorégulation de la conduite humaine par le fait qu'elle est librement consentie par les individus et leurs unités d'appartenance communautaires ou organisationnelles, le droit renvoie à des mécanismes d'hétérorégulation des premiers par la société elle-même, par le biais du contrôle qui est exercé par l'État»[136]. Il ajoute :« ... l'éthique s'exprime sous la forme de modes d'autorégulation de la société à partir des individus qui la composent, sans pour autant suggérer que celle-ci soit la somme pure et simple de ces derniers. Il s'ensuit un mouvement de régulation de la base vers le sommet. D'un autre côté, le droit s'exprime sous la forme de modes d'hétérorégulation de la société à partir des appareils législatifs et judiciaires en place. Il en découle alors un mouvement de régulation du sommet vers la base. Voilà comment il convient de comprendre l'idée qui veut que s'exerce un contrôle social autorégulateur par l'éthique et hétérorégulateur par le droit[137].

Cette approche repose donc sur une conception particulière de l'éthique. Elle suppose un point de vue qui vient « de » et « dans » la société. Contrairement à la tendance courante, la définition de l'éthique retenue par Guy Giroux ne fait pas la distinction entre la morale et l'éthique. Effectivement, on définit souvent l'éthique comme étant la réflexion sur la morale et ses valeurs, la morale étant alors définie comme un ensemble de valeurs, de normes et de règles. Étant donné l'introduction par Giroux de la notion de régulation ou de contrôle dans la définition de l'éthique, il n'est pas opportun de distancier les deux concepts. Voici donc la définition opératoire de l'éthique que suggère Guy Giroux : « L'éthique peut être définie comme un ensemble de valeurs personnelles, collectives ou organisationnelles, servant à orienter l'action et, par conséquent, à donner un sens aux activités des individus, des regroupements de personnes ou des établissements, dans une perspective d'autorégulation»[138]. Ainsi la conception de l'éthique de l'auteur est opératoire par rapport à sa « compréhension de la place et du rôle de la société civile en face de l'État ». Guy Giroux ne considère pas l'éthique dans une perspective relevant de la philosophie « mais plutôt comme un schème conceptuel (ou paradigme) utile à la compréhension de son rôle au plan social ». Toutefois, il conserve l'idée courante selon laquelle l'éthique est « de l'ordre du sens que les sujets

---

[136] Guy Giroux, « La demande sociale d'éthique : autorégulation ou hétérorégulation ? », *op. cit.*, p. 29.
[137] *Ibid.*, p. 30.
[138] *Ibid.*, p. 46.

éthiques donnent eux-mêmes à leur vie, d'où l'idée d'autonomie qu'elle présuppose »[139].

Dans cette optique, l'éthique ne se limite pas à la réflexion sur la morale et ses valeurs. Elle entre dans le champ de l'action. Ainsi, « l'éthique appelle la régulation lorsqu'il n'est plus tant question de réflexion sur les valeurs sur lesquelles elle débouche, que de gestes concrets. C'est ainsi que l'éthique ne saurait être étrangère au domaine de la morale »[140].

Elle ne se limite pas, non plus, au consentement individuel. Celui-ci, quoique nécessaire, est transposé au niveau collectif, donnant ainsi force au mouvement autorégulatoire. L'éthique tire son origine de la base la plus large possible, qui est celle des individus, pour requérir leur adhésion pleine et entière lorsqu'ils participent à des collectifs ou à des organisations, de telle sorte que son mouvement autorégulatoire du bas vers le haut puisse s'y projeter et s'y exprimer[141].

La notion d'autorégulation repose sur les idées de liberté et de responsabilité. Une des conditions de base de l'autorégulation est la libre adhésion individuelle. Le partage de certaines valeurs individuelles ou collectives à l'intérieur de la société civile est une autre condition de base nécessaire à l'autorégulation. Selon Guy Giroux, ces deux conditions de base peuvent être réunies, l'autorégulation sociale est possible. En revanche, le concept d'hétérorégulation se rapproche davantage des notions de devoir et d'imputabilité. En effet, les forces hétérorégulatoires renvoient au droit et aux sanctions qui lui sont attachées.

« [...] Le droit apparaît comme un ensemble de normes qui affectent l'action des personnes, des collectivités et des organisations dans une perspective d'hétérorégulation de l'État sur la société. [...] Le droit, pour sa part, même lorsqu'il ne provient pas uniquement des appareils législatifs mais semble issu de la société civile [...] est toujours l'affaire de l'État, soit directement,

---

[139] Guy Giroux, « La civilité comme facteur de cohésion sociale dans les démocraties », *op. cit.*, p. 166.
[140] *Ibid.*, p. 167.
[141] Guy Giroux, « La demande sociale d'éthique : autorégulation ou hétérorégulation ? », *op. cit.*, p. 47.

soit indirectement. [...] Il s'ensuit que le droit obéit à un mouvement hétérorégulatoire du haut vers le bas puisqu'il s'applique, évidemment, sans nécessiter l'adhésion libre et volontaire de ceux qu'il sert à contrôler, d'où le recours à la contrainte pour en assurer le respect »[142].

Somme toute, l'approche qui est suggérée par Guy Giroux implique la notion de régulation ou de contrôle social. D'une part, un contrôle social autorégulatoire par l'éthique, qui requiert la liberté et la responsabilité. Les concepts d'éthique et de morale renvoient à cette idée d'autorégulation puisqu'ils requièrent le consentement du sujet éthique. D'autre part, un contrôle social hétérorégulatoire intervient par le droit, qui se rapproche des notions de devoir et d'imputabilité. Le droit et ses lois renvoient à cette idée d'hétérorégulation où l'État fait preuve d'autorité. Nous observons aussi que certains codes d'éthique ont des mécanismes de régulation externes exprimés par le haut, c'est-à-dire des mécanismes hétérorégulatoires ; c'est le cas de tous les codes de déontologie au moins dans l'ordre de leur production et de leur vérification et approbation, ainsi que par les mécanismes d'appel prévus.

Il y a une relation de complémentarité entre le droit et l'éthique, dans la mesure où tous deux exercent une fonction de régulation sociale. La vie en société « démocratique » demande un équilibre entre les types de régulation externe et interne que sont le droit et l'éthique.

La méthodologie de l'approche autorégulation – hétérorégulation est propre à l'analyse socio-politique. Il s'agit d'une approche descriptive et explicative. C'est aussi, dans une certaine mesure, une approche porteuse d'un idéal puisqu'elle conduit à une éthique de la civilité. L'approche de Guy Giroux correspond à un type de modélisation « pour rendre compte systématiquement des dimensions de la situation dans laquelle les agents se trouvent »[143]. Pour Guy Giroux, l'éthique de société devient un « champ de savoir » en tant que tel. Son approche

---

[142] *Ibid.*
[143] Alain Létourneau, « Synthèse : pour la suite du questionnement méthodologique » dans André Lacroix et Alain Létourneau, *Méthodes et interventions en éthique appliquée, op. cit.*, p. 249.

autorégulation-hétérorégulation devient alors un outil de recherche pertinent dans une perspective d'analyse socio-politique.

Son approche permet aussi d'influencer l'éthique appliquée dans la mesure où la distinction qu'il établit entre l'autorégulation et l'hétérorégulation est porteuse d'une visée de responsabilisation des milieux, visée susceptible d'être soutenue par des interventions. Dans son article *La civilité comme facteur de cohésion sociale dans les démocraties*, il affirme : « Or, si le rôle de la régulation par l'éthique devait être « discret » à large échelle – ce dont je ne disconviendrai pas sans toutefois me prononcer de manière ni catégorique ni définitive à ce sujet –, il n'en demeurerait pas moins vrai qu'il pourrait s'exercer avec beaucoup plus de succès dans les relations immédiates entre les individus et à l'intérieur de leurs organisations d'appartenance »[144]. L'éthique de civilité est donc mieux appropriée à une échelle sociale non pas diffuse et impersonnelle mais bien à l'échelle interpersonnelle et intra-organisationnelle.

---

[144] Guy Giroux, « La civilité comme facteur de cohésion sociale dans les démocraties » *op. cit.*, p. 177.

ANNEXE

LEXIQUE

L'éthique : Guy Giroux ne fait pas de distinction entre la morale et l'éthique. Il définit l'éthique de la manière suivante : « L'éthique peut être définie comme un ensemble de valeurs personnelles, collectives ou organisationnelles servant à orienter l'action et, par conséquent, à donner un sens aux activités des individus, des regroupements de personnes ou des établissements, dans une perspective d'autorégulation »[145]. Ainsi, l'éthique correspond à un mouvement du bas vers le haut, qui se traduit par une force autorégulatoire.

Le droit : « ... Le droit apparaît comme un ensemble de normes qui affecte l'action des personnes, des collectivités et des organisations, dans une perspective d'hétérorégulation de l'État sur la société »[146]. Ainsi, le droit correspond à un mouvement du haut vers le bas, qui se traduit par une force hétérorégulatoire.

La déontologie : Giroux partage la définition de la déontologie de Pierre Gaudette. Selon eux, la déontologie renvoie à deux significations, « l'une ayant une connotation plus générale et l'autre en ayant une qui est plus particulière. Dans le premier cas, on dira qu'elle renvoie à *l'idée de devoirs à accomplir*, alors que dans le deuxième cas, elle se rapporte *aux devoirs qu'impose à des professionnels l'exercice même de leur métier* »[147]. Dans ce dernier cas, il s'agit des devoirs que des professionnels s'imposent à eux-mêmes. Giroux établit « une relation directe avec le concept d'autorégulation qui fait relever la déontologie de l'éthique, plutôt que du droit. C'est le cas lorsqu'un processus d'adhésion volontaire aux valeurs auxquelles elle renvoie, entre en ligne de compte »[148]. Ainsi, l'auteur ne fait pas de distinction entre les codes d'éthique et les codes de déontologie en vertu de leur appellation respective.

---

[145] Guy Giroux, « La demande sociale d'éthique : autorégulation ou hétérogégulation ? », *op. cit.*, p. 46.
[146] *Ibid.*, p. 47.
[147] Gaudette citée dans Guy Giroux, « Comprendre l'éthique en tant que phénomène social », *op. cit.*, p. 56.
[148] *Ibid.*

La société civile : L'idée de société civile renvoie à « une façon de comprendre les rapports qui s'exercent, à l'intérieur de la société, entre, d'une part, les instances étatiques et, d'autre part, les activités des citoyens organisés, qui réclament plus d'autonomie devant l'influence des pouvoirs publics institués ». Guy Giroux utilise ce concept de société civile pour « distinguer la portée et les limites du rôle de l'État ou encore, de façon particulière, pour départager leurs modes de régulation respectifs »[149].

L'éthique de la civilité : L'éthique de la civilité consiste en « la reconnaissance d'un ensemble de valeurs et de règles corrélatives, communément partagées, mais sur cette base volontaire qui est compatible avec le libre arbitre des individus, aux fins de l'établissement de rapports harmonieux entre les personnes »[150].

---

[149] G. Giroux, « La civilité comme facteur de cohésion sociale dans les démocraties », *op. cit.*, p. 165.
[150] *Ibid.*, p. 189.

BIBLIOGRAPHIE

GIROUX, G. (dir.), *L'État, la société civile et l'économie. Turbulences et transformations*, Ste-Foy/Paris, Les Presses de l'Université Laval/L'Harmattan, 2001.

GIROUX, G. et Carlos A. CULLEN (dir.), *Éthique et politique contemporaines. Dialogue Nord-Sud*, Montréal, Fides, 2001.

Articles

GIROUX, G. « L'éthique du lien social », *Ethica*, 12/1, printemps 2002, p. 23-44.

GIROUX, G. « Les besoins auxquels obéit la demande sociale d'éthique », dans LACROIX, André et LÉTOURNEAU, Alain., *Méthodes et interventions en éthique appliquée*, Montréal, Fides, 2000, p. 75-92.

GIROUX, G. « La civilité comme facteur de cohésion sociale dans les démocraties », dans LEGAULT, G.-A., RADA-DONATH, A. et BOURGEAULT, G., *Éthique de société*, Sherbrooke, GGC, 1999, p. 163-190.

GIROUX, G. « La demande sociale d'éthique : autorégulation ou hétérorégulation ? », dans GIROUX, G. (Dir.). *La pratique sociale de l'éthique*, Montréal, Bellarmin, coll. « Recherches », n°34, 1997, p. 27-47.

GIROUX, G, « La fonction sociale des codes de pratiques professionnelles et organisationnelles », dans GIROUX, G. (Dir.). *La pratique sociale de l'éthique*, Montréal, Bellarmin, coll. « Recherches », n°34, 1997, p. 271-286.

GIROUX, G. « La fonction de cohésion sociale de l'éthique. Un cadre théorique sociopolitique pour comprendre le phénomène déontologique », dans Georges A. Legault (dir.), *L'expérience québécoise*, tome II : d'*Enjeux de l'éthique professionnelle*, Sainte-Foy, PUQ, 1997, p. 13-35.

GIROUX, G. « Comprendre l'éthique en tant que phénomène social », *Revue de l'Université de Moncton*, 30(2), 1997, p. 37-58.

GIROUX, G. « Où va l'éthique contemporaine ? », *Éthica*, 9(2), 1997, p. 99-117.

GIROUX, G, A. MINEAU et Y. BOISVERT, « De l'usage social en éthique », *Philosopher*, 19, 1996, p. 9-22.

GIROUX, G, « Fondements épistémologiques de la recherche en éthique », *Revue de l'Institut de sociologie*, vol. 3-4, 1994, p. 85-94.

ENTREVUE AVEC GUY GIROUX

Comment en êtes-vous arrivé à vous intéresser à l'éthique ?

J'ai obtenu un Diplôme d'études collégiales en sciences humaines, option philosophie, il y a déjà longtemps. A cette époque-là, ma passion était du côté de la philosophie et, d'une façon particulière, du côté de l'éthique, entre autres à la suite de lectures de plusieurs ouvrages de Nietzsche, dont *Ainsi parlait Zarathoustra, Le gai savoir, Par-delà le bien et le mal et La généalogie de la morale.* Par la suite, il y a eu dans ma vie une longue parenthèse de sept années où je n'étais pas du tout dans le champ de l'éthique. Je fus respectivement journaliste, puis agent d'information. Or, en 1977, j'ai constaté qu'un programme de maîtrise en éthique, d'un type nouveau, était lancé à l'UQAR. On disait que le programme était interdisciplinaire (philo, socio, etc.). Ainsi, les intérêts que j'avais développés au CEGEP ont refait surface. J'ai donc formulé une demande d'admission à ce programme, puis préparé un mémoire de maîtrise sur la communication gouvernementale. J'ai été très à l'aise lors de mon retour aux études. J'ai adoré cela.

Au terme des mes études de deuxième cycle, comme il n'y avait pas de programme de doctorat en éthique, j'ai formulé une demande d'admission au programme de troisième cycle en science politique de l'Université Laval. Étant donné que j'avais travaillé comme agent d'information dans l'administration publique québécoise, j'avais décidé de poursuivre dans cette voie en orientant mon doctorat sur une thèse concernant l'accès à l'information et le non-accès à l'information dans les sociétés démocratiques (secrets d'État et confidentialité de la vie privée). Je m'intéressais à l'État dans la mesure où il communiquait de l'information, la filtrait ou la gardait secrète. Ensuite, j'ai fait une recherche postdoctorale au Groupe de recherche Ethos de l'UQAR. Mon projet portait sur l'éthique professionnelle des communicateurs gouvernementaux du Québec. J'ai effectué cette recherche en 1985-1986 avec questionnaire d'enquête auprès des agents d'information de tous les ministères de la fonction publique québécoise. Alors que mon mémoire de maîtrise était davantage théorique, ce projet était plus proche du terrain. Les quatre années suivantes, j'ai travaillé à la Commission des droits de la personne du Québec comme enquêteur-médiateur. Puis en 1989, on m'a sollicité comme professeur invité en éthique à l'UQAR. J'y ai enseigné à ce titre pendant deux ans, avant d'occuper un poste régulier à temps complet, pendant dix ans dans la même université, soit de 1991 à 2001.

Votre grand paradigme, c'est le rapport entre l'autorégulation et l'hétérorégulation, entre l'éthique et le droit, entre la société civile et l'État. L'État développe par le droit des pratiques d'hétérorégulation, tandis que la société civile s'autorégule par des pratiques éthiques. Pourtant, il existe des pratiques autorégulatoires au sein même de l'État. La nouvelle gestion en administration publique fait, on le sait, de la responsabilité une valeur importante. On demande aux fonctionnaires de se responsabiliser, de s'autoréguler. S'il y a donc des pratiques autorégulatoires au sein de l'État, est-ce que votre schéma ne demande pas d'être peaufiné ou approfondi ? Autrement dit, ne trouvez-vous pas qu'il est un peu facile de simplement opposer autorégulation et hétérorégulation ?

Je dirai non pour les raisons suivantes. Le fait que l'État régule la société par le droit n'épuise pas ce qu'est l'État. Un État non démocratique ou un État démocratique dans des moments d'urgence va réguler la société par la force. Mais, de façon générale, lorsqu'il contrôle la société, l'État démocratique le fait par l'entremise du droit. Cela ne veut pas dire que l'appareil public est une camisole de force ou une chape de plomb dont le droit ne serait que l'expression. En effet, il est bien entendu que l'appareil d'État n'est pas qu'une mécanique de régulation, encore que l'on peut dire de l'État, comme certains l'ont prétendu, dont le politicologue Gérard Boismenu de l'Université de Montréal, qu'il est un État régulateur. Personnellement, j'abonde dans son sens, puisqu'il s'agit de la fonction principale des pouvoirs publics. Quoi qu'il en soit, il n'y a pas de contradiction à reconnaître que le rôle exercé par les pouvoirs publics en matière de contrôle ou de régulation s'exprime par l'entremise de rapports humains.

Or, à chaque fois que des personnes sont concernées, on ne saurait faire l'impasse sur leur sens des responsabilités. C'est bien ce qui arrive dans la fonction publique lorsque les travailleuses et les travailleurs qui y oeuvrent exercent une part d'initiative répondant à leurs valeurs, bref à leur éthique. Ce faisant, ils s'autorégulent en fonction de l'exercice de leurs libertés personnelle et professionnelle. Mais ce n'est pas de cela dont je parle en faisant du droit un mode d'hétérorégulation. D'une certaine façon, je constate que le rôle principal de l'État consiste à réguler la vie en société. J'ai dit qu'il le faisait par l'entremise du droit en démocratie. Celui-ci représente alors un mode hétérorégulatoire de contrôle des citoyennes, des citoyens, des regroupements humains ou des organisations dans lesquels certaines de leurs activités s'inscrivent. Il y a hétérorégulation par le fait que la loi s'impose à tous de façon péremptoire, que l'on soit d'accord ou non avec son contenu. En effet, elle est imposée concrètement par la police et les tribunaux qui sont des composantes ou des instruments de l'État.

Ajoutons qu'en ne nécessitant pas l'adhésion volontaire des citoyennes et des citoyens, comme s'ils ne pouvaient pas se contrôler par eux-mêmes, c'est-à-dire se responsabiliser sans le recours à l'État et à son droit, il y a, par la loi ou *dans* la loi, un phénomène de régulation qui s'exerce en quelque sorte de l'extérieur. C'est le cas dans la mesure où le droit régule en faisant abstraction de la libre adhésion, en conscience, de chacune ou de chacun d'entre nous.

Par ailleurs, lorsque l'on observe des organisations, on voit parfois un processus d'autorégulation se développer par l'application d'un code d'éthique. Mais il faut prendre garde de ne pas assimiler nécessairement un « code d'éthique » à un mode d'autorégulation, car cela dépend des cas. Dans certains cas, si ce n'est dans la majorité d'entre eux, le code ne servira que de prétexte pour contrôler davantage les gens, sans faire appel à leur libre arbitre. C'est alors que le code exercera une autorité sur eux. Il s'ensuivra alors un phénomène d'hétérorégulation. Dans d'autres cas, lorsque le code aura été précédé de la mise à contribution de l'ensemble des personnes qu'il va réguler pour en déterminer le contenu et l'orientation, on pourra éventuellement parler d'un instrument d'autorégulation. Mais il y aura basculement de régulation lorsque le code servira plus tard à un contrôle autoritaire des conduites. Cela dépend des gestionnaires qui s'en serviront soit pour conforter un processus de délibération collective, soit pour le supplanter en faisant exercer au code un rôle qui ne devait pas être le sien au départ. C'est à ce moment-là que le paradigme autorégulation-hétérorégulation sera utile, dans la mesure où il permettra d'évaluer ou de vérifier ce dont il est vraiment question quand on invoque l'éthique.

Enfin, si j'ai fait intervenir, en quelque sorte, l'éthique du côté de la société civile, ce n'est que pour illustrer deux grands modes de régulation ou de contrôle qui s'exercent dans la vie en société. En effet, il ne peut pas y avoir un vide de régulation dans la vie en société, sinon ce serait l'anarchie. Mais la régulation dont il s'agit représente une large part d'autodiscipline ou d'autocontrôle. C'est de l'éthique de la responsabilité dont il est alors question dans la mesure où l'on tient compte des autres. Il s'ensuit, bien entendu, un respect à leur égard qui peut dispenser du recours à la loi dont la fonction ne consiste, pour l'essentiel, qu'à réguler les rapports humains « après coup », c'est-à-dire pour sanctionner des conduites fautives ou réparer des torts. C'est pourquoi l'on peut dire que le droit régule, par ses effets, la vie en société en aval, alors que l'éthique le fait en amont en raison des bonnes dispositions qui motivent les êtres humains à tenir compte des autres. Lorsqu'ils le font, le recours à la loi pour punir des conduites fautives n'est évidemment pas justifié.

L'idéal serait que l'on se contrôle, que tout le monde le fasse pour tenir compte des autres. Mais il se trouve que nous sommes des individus avec des intérêts différents. Or, même si beaucoup de gens se comportent bien, on est souvent en conflit d'intérêts les uns par rapport aux autres. On a donc besoin d'un cadre réglementaire ou juridique pour mettre des balises. L'exemple le plus criant et le plus banal, c'est le recours aux feux de circulation et aux limites de vitesse sur les routes. Je serais peut-être le premier, s'il n'y en avait pas, à conduire aussi vite que possible parce que je me dirais ne pas avoir de temps à perdre. Je ne penserais pas pour autant mettre la vie de certaines personnes en danger. Mais, à ce chapitre, collectivement on fait fi de la liberté humaine et du jugement de chacun pour imposer des balises. Au fond, il y a toujours comme un mouvement : *cela* vient du « haut » (de l'État) pour descendre vers le « bas » (la société civile), quand le mouvement de régulation ne s'exerce pas en sens opposé, dès lors que les citoyennes et citoyens s'autorégulent ou s'autocontrôlent individuellement et collectivement. Suivant ce schéma, *ce* qui vient du « haut » provient de l'État, d'où l'idée d'hétérorégulation par le droit. Quant à *ce* qui vient du « bas », *cela* provient de la société civile, des individus et des regroupements auxquels ils adhèrent, d'où l'idée d'autorégulation par l'éthique. Notons qu'il y a autorégulation par l'éthique d'abord et avant tout parce que celle-ci tire sa légitimité de chacun, requérant à cette fin une prise de conscience personnelle en vue de l'exercice d'une liberté responsable. Telle est l'essence même de l'idée d'autorégulation. Par contre, l'éthique ne se réduit pas à la conscience de chaque personne. Il ne s'agit que d'une condition de son émergence et de sa légitimité. Aussi, en décidant volontairement de s'engager au sein de regroupements de personnes ou d'organisations les plus diverses, chaque individu, dans la mesure où il conserve sa part de liberté, contribue à des formes collectives ou organisationnelles d'autorégulation ou d'éthique. Il s'ensuit que cette dernière provient de la « base » de la société, alors que c'est l'inverse quand il est question du droit. Dans ce dernier cas, cela s'explique par le fait que le droit, même à l'intérieur d'un État de démocratie représentative, est réputé réguler la société à partir du « haut », par le fait qu'il s'impose aux individus pris isolément. Aussi, ne faut-il pas perdre de vue que le droit que l'on associe très souvent à la sanction, donc à la contrainte ou à la force et qui a ainsi comme conséquence de priver des individus de leur part de liberté, tire son pouvoir et sa légitimité des appareils publics qui ont été constitués pour en assurer l'efficacité. Or, l'idée d'hétérorégulation tire son origine de ces appareils eux-mêmes, dont les pouvoirs législatif et judiciaire, comme conditions de contrainte.

L'État instaure du droit pour réguler en effet les individus et pour s'imposer par les lois, mais l'État va parfois déréglementer lui-même des secteurs de l'économie. Il va donc à l'encontre même d'une volonté de contrainte, il va plutôt dans le sens contraire. Mais on ne voit pas cette pratique-là dans votre grille.

Le point que vous venez de soulever n'est pas incompatible avec le modèle binaire de régulation que j'invoque dans mes travaux, car il ne s'agit pas d'un modèle prescriptif. Ainsi, dans une perspective de science sociale plutôt que dans une optique philosophique, il s'agit plutôt d'un modèle descriptif. Aussi, on pourrait voir dans le modèle autorégulation-hétérorégulation un indicateur servant à départager, par cas d'espèce, que ce soit à l'intérieur des appareils d'État ou dans la société civile, ce qui relève d'un contrôle autoritaire et ce qui se rapporte plutôt à des formes d'autocontrôle (par l'éthique). Or, lorsque de puissants lobbies, en provenance des milieux économiques, sollicitent des titulaires de charges publiques afin qu'ils mettent en avant des mesures de déréglementation, on assistera éventuellement à un transfert régulatoire par le fait que la société ou certaines de ses organisations seront sollicitées afin de se responsabiliser davantage. Lorsque la réponse est positive, c'est-à-dire lorsque l'on peut se passer de la loi et de la lourdeur bureaucratique qui est souvent nécessaire à sa mise en vigueur et au contrôle de son application, pourquoi devrait-on alors faire fi de formes plus souples de régulation, comme l'usage de codes d'éthique ?

Par ailleurs, il faut comprendre que le modèle ou que la grille à laquelle j'ai recours en matière de régulation est principalement utile pour décrire se qui se produit au niveau macro-social ou global, plutôt que pour servir de balise en vue de comprendre les motivations humaines qui s'exercent sur le plan personnel, pour ne pas dire au niveau de la conscience de chacun.

Si la grille est valable au point de vue macro-social, quand vous êtes confronté au concret, est-ce que votre grille n'est pas rapidement dépassée face aux événements ?

C'est précisément lorsque l'on est confronté au concret que la grille est opérante. Pour être plus précis, je dirai que le « concret » auquel vous faites allusion se rapporte à l'usage social que l'on fait de l'éthique. Lorsque cela est le cas, on constate que la société, par l'entremise de regroupements de personnes ou à l'intérieur d'organisations les plus diverses, recourt à l'éthique pour qu'elle soit efficace, autrement dit afin qu'elle procure des effets. Or, ce qui est recherché le plus généralement, c'est le contrôle des comportements. Mais l'expérience démontre qu'en tentant de contrôler des conduites, on cherche souvent à le faire par des moyens, dont l'usage de codes, qui représentent des contraintes ayant pour effet de forcer des individus à aller à l'encontre de leurs inclinations, voire de leur volonté, si ce n'est de leurs valeurs. Bien entendu, lorsque cela se produit, on constate qu'il ne s'agit pas d'autorégulation par l'éthique, mais plutôt d'un mode hétérorégulatoire qui s'apparente au contrôle par le droit. C'est ainsi que le modèle autorégulation-hétérorégulation permet de départager ce qui revient à l'éthique de ce qui lui est étranger, car celle-ci est souvent l'objet d'effets pervers en raison de l'usage que l'on souhaite en faire dans divers secteurs de la vie en société.

En tout état de cause, le modèle ou la grille dont je fais usage ne représente pas une panacée. C'est un outil pour essayer de comprendre les phénomènes sociaux de régulation, entre autres de régulation par l'éthique. Toutefois, je ne voudrais pas suggérer pour autant que toute éthique soit réductible à de la régulation. Tout compte fait, ce qui fait et fera la noblesse de l'humanité, c'est la liberté et la responsabilité humaines. Or, c'est ce qui peut être le plus facilement écrasé par la force, la puissance, notamment celle de l'État. Alors, à ce moment-là, il faut dire de l'éthique, au fond, qu'elle n'est pas réductible à une procédure. L'éthique, ce n'est pas une règle administrative ; l'éthique, c'est une volonté de prendre une place de liberté, mais de liberté responsable dans le rapport à autrui. C'est dire que plus on y aura recours, mieux ce sera. En revanche, on sait fort bien que les humains, en général, dans la vie en société, tiennent à leurs intérêts, souvent au détriment de ceux des autres. On ne peut donc pas se passer de l'État et de son droit. Mais celui-ci peut facilement devenir abusif car il représente un système qui tend à monopoliser tous les autres instruments de régulation. Le noyau dur de l'éthique, c'est la liberté. On n'a pas nécessairement besoin de parler d'autorégulation à chaque fois qu'il est question d'éthique, sauf lorsque l'on cherche à la différencier d'autres modes de contrôle ne requérant pas l'arbitrage de la conscience de chacun pour déterminer ce qu'il convient ou non de faire. D'ailleurs, lorsque l'on considère l'éthique, non pas dans une perspective philosophique de recherche des fondements, mais plutôt pour comprendre la fonction que l'on cherche à lui faire exercer dans la vie en société, c'est de régulation dont il s'agit.

Je voudrais formuler un commentaire en m'inspirant de Max Weber à l'égard de sa distinction entre l'éthique de la conviction et l'éthique de la responsabilité. Cela m'amène à dire que l'éthique de la conviction ne requiert pas que l'on s'autorégule puisqu'elle obéit, en quelque sorte, à la passion de la vie, au sens que chacun a la faculté de lui donner. On n'a pas à se faire « violence » pour y arriver. L'éthique de la conviction représente le sens que l'on donne à sa vie personnelle, sans égard à notre rapport aux autres. Il s'agit donc d'un « acte » pour soi, rien que pour soi. Toutefois, comme l'éthique ne saurait se limiter à un « rapport » à soi, elle se fait également régulation. C'est alors qu'intervient l'éthique de la responsabilité. Or, on peut dire que l'autorégulation est centrée sur la liberté ; ce qui ne signifie pas pour autant que l'éthique ne soit qu'une affaire de régulation, comme je viens de l'expliquer sommairement.

Si l'on consacre de l'argent dans des institutions publiques ou privées pour que les gens réfléchissent, partagent des valeurs, ce n'est pas finalement pour s'adonner à un simple exercice intellectuel de questionnement, c'est pour qu'il en résulte quelque chose sur le vivre en commun ou sur l'organisation en termes de qualité relationnelle ou éventuellement de qualité de services. Donc, on a une visée d'efficacité. On va dire : « Si vous ne vous contrôlez pas par vous-mêmes, nous recourrons éventuellement à un règlement de régie interne qui ne vous laissera pas le choix de vous y conformer ou non. À l'inverse, l'éthique requiert l'engagement de votre liberté et la prise en compte de vos responsabilités morales. » Cette façon un peu réductrice et provocante de voir les choses a comme mérite de mettre en perspective ces deux modes de régulation auxquels je me rapporte dans mes travaux, soit l'autorégulation par l'éthique et l'hétérorégulation par le droit.

Par ailleurs, vous parlez de « l'éthique de la civilité » dans votre œuvre. En quoi consiste concrètement cette éthique et comment s'articule-t-elle avec votre vision de l'éthique ?

Je dois vous dire tout de suite que la question de l'éthique de la civilité, ou éthique du lien social, demeure marginale dans mes travaux parce que comme politicologue, ce n'était pas pour moi une priorité. N'est-ce pas plutôt l'affaire des philosophes qui s'intéressent aux vertus du lien social ? En écrivant sur l'éthique de la civilité, j'ai dérogé un peu par rapport à mon travail antérieur. Si je ne m'étais pas autorisé à déroger, cela reviendrait à faire un peu comme les positivistes qui disent que l'on doit faire de la recherche, sans plus, en refusant de s'engager sur le terrain des valeurs. Or, on sait bien que toute activité humaine est porteuse de valeurs. Et la recherche n'y échappe pas. J'ai parlé de cela dans mon article « Fondements épistémologiques de la recherche en éthique »[151]. Quoi qu'il en soit, de façon générale, il importe de distinguer la position du chercheur de celle de l'éthicien. On peut voir dans mon travail sur l'éthique de la civilité comme une échappée dans le sens où je me suis mouillé. N'adhérant pas à un paradigme positiviste, je reconnais qu'il peut parfois être pertinent de témoigner en faveur de certaines valeurs. Pourquoi l'ai-je fait ? C'est qu'en m'intéressant à l'autorégulation dans la société, je ne peux que constater qu'en raison du libéralisme économique et du mercantilisme ainsi que du *consumérisme* qui lui sont associés, mais aussi en raison de la mondialisation du marché, on se trouve à mettre l'accent sur des comportements qui, laissés à eux-mêmes, seraient préjudiciables à des valeurs fondamentales pour la vie en société, comme la solidarité, l'équité, l'égalité, la dignité, etc.

Par ailleurs, je dirai que dans mes recherches plus récentes, j'ai laissé en arrière-plan la grille droit-éthique non pas pour la renier, mais pour m'intéresser, depuis quelques années, aux rapports entre l'État, la société civile et l'économie dans le contexte de la mondialisation. Or, on constate qu'il y a un grave effritement du tissu social, d'où l'idée de fracture sociale qui s'accroît entre les riches et les pauvres. L'éthique de la civilité, c'est en quelque sorte une réaction de conscience, une réaction éthique de chercheur qui se rebiffe contre certaines des conséquences, très graves, du néolibéralisme. Cela ne fait pas de moi pour autant un éthicien. Je me réclame plutôt de la posture de chercheur en éthique, mais d'un chercheur n'obéissant pas à un modèle positiviste.

Vous ne vous dites pas éthicien ?

Non, pas du tout ! Je me suis toujours rebellé contre cette étiquette qui ne correspond aucunement à mon identité professionnelle. Je me dis professeur ou chercheur en éthique parce que je perçois chez plusieurs éthiciens ou éthiciennes une forme très forte d'engagement social qui les honore sans doute,

---

[151] *Revue de l'Institut de sociologie*, vol. 3-4, 1994, p. 85-94.

mais qui peut prêter le flanc à la critique adressée à l'éthique par plusieurs auteurs. On y voit alors une forme de cléricalisme social où il y a des *preachers* de l'éthique qui se sont substitués aux curés. A ce moment-là, comment cela se passe-t-il ? Par exemple, si on invite des éthiciens à se prononcer sur certaines questions de l'actualité, sur le plan moral. On se trouve alors à attendre d'eux qu'ils se prononcent sur la base de jugements d'autorité. Lorsque c'est le cas, il est difficile de ne pas voir une moralisation de nos mœurs collectives. Et ces gens-là, si bien intentionnés qu'ils soient, sont récupérés par une société qui leur impute un rôle considérable qu'ils n'ont pas à jouer. Si l'on poussait un peu plus loin, cela reviendrait à dire que sur le plan de l'éthique nous avons besoin d'une avant-garde afin d'être éclairés sur le plan des valeurs morales ; il s'agit pourtant d'une compétence que doit exercer chaque citoyenne et citoyen. En effet, dans la mesure où chaque individu est concerné et compétent sur le plan des valeurs morales auxquelles il donne librement son adhésion, rien n'autorise un éthicien à avoir préséance pour faire valoir son point de vue sur ce plan-là. La compétence éthique ou morale appartient donc à chaque personne, sinon on délierait l'éthique ou la morale de la liberté de conscience. On aura compris que je ne fais pas allusion à une compétence *technique*. À cause de cela, quand je fais un travail de consultation en éthique, je dis que la compétence éthique est dans le milieu où j'interviens. Je ne suis qu'un facilitateur pour la faire émerger. La compétence éthique, ce n'est pas moi qui l'amène. Je ne peux qu'en faciliter l'émergence en outillant des sujets éthiques par le recours à mes instruments de recherche. Je me contente de faire surgir l'éthique du milieu dans lequel vivent les gens. Je suis alors à leur service comme accompagnateur.

Vous diriez que les éthiciens sont trop moralisateurs ?

Je ne veux pas porter de jugement sur eux, car il leur revient de défendre leur posture. Mais, ils ne doivent pas perdre de vue qu'on leur impute un rôle qui va sans doute bien au-delà de celui que la plupart d'entre eux prétendraient vouloir exercer. En effet, il n'est pas rare qu'ils soient perçus, à tort, comme des autorités morales. C'est alors que certains d'entre eux sont susceptibles d'être récupérés. Pour moi, dont la formation terminale est en science politique, cela ne colle pas à ce que je suis comme professionnel. Lors de mes études, j'ai réalisé une recherche de maîtrise en éthique et mon mémoire portait sur une analyse éthicologique de la communication gouvernementale. L'éthicologie, c'est un discours qui se veut analytique sans être prescriptif. Or, quand on parle d'enjeu éthique dans cette perspective-là, on le fait souvent à partir de textes ou de discours des personnes sur lesquels porte notre analyse. Ainsi, on va demander : qu'est-ce qui se joue dans ce que nous dit cette personne ? C'est un discours moral ou un discours éthique ? A la limite, c'est presque une approche positiviste parce qu'on ne veut pas s'engager. Cette idée de refus de l'engagement est sous-jacente à l'éthicologie, telle qu'elle a été enseignée depuis des années dans le cadre du programme de maîtrise en éthique de l'UQAR. Or, cette approche éthicologique rejoint mes scrupules moraux de chercheur. C'est pourquoi, à maintes occasions, je me suis élevé contre le fait de confondre deux postures dans le champ de l'éthique ; une posture de recherche et une autre d'« engagement ». Or, en se présentant comme éthicien, on se trouve à promouvoir une posture d'« engagement », que celle-ci se traduise par l'expression d'un *souci éthique* personnel ou bien par le témoignage de valeurs qui devraient inspirer des pratiques sociales. Néanmoins, je reconnais qu'il y a place pour plusieurs approches dans le domaine de l'éthique puisqu'il ne s'agit pas d'une discipline particulière mais d'un champ de recherches pluridisciplinaires. Or, lorsque l'on se présente comme éthicien, de quoi est-il question au juste ? Peut-être bien, dans plusieurs cas, sinon dans la plupart d'entre eux, d'une prétention sous-jacente en vertu de laquelle on assimilerait l'éthique à une discipline. Mais, à l'Université du Québec à Rimouski, depuis la création du programme de maîtrise en éthique en 1977, on a toujours prétendu qu'il s'agissait d'un programme interdisciplinaire.

Alors, quand vous intervenez avec votre grille auto – hétérorégulation et avec votre éthique de la civilité, quelles difficultés rencontrez-vous ?

Ce que vous dites suggère une ambiguïté. Faites-vous surtout allusion à une démarche d'intervention en éthique ou à la question de l'éthique de la civilité ?

Quand vous faites de l'intervention…

Quand j'ai enseigné l'intervention dans le programme de maîtrise en éthique à l'UQAR, je tenais à outiller des étudiantes et des étudiants pour qu'ils deviennent des consultants en éthique. L'intervention, pour moi, c'est de la consultation. À ce moment-là, je les outillais à partir de la grille éthicologique qui a été développée par le professeur Pierre Fortin. Il s'agissait du modèle que l'on utilisait par l'entremise de questionnaires d'enquête ou des grilles d'entrevues. Supposons qu'une étudiante veuille rejoindre l'ensemble du personnel d'un hôpital par un questionnaire d'enquête afin de savoir quelle est la conception que se font les employés de cet établissement, des services de qualité pour les patients. À cette fin, la grille éthicologique sert à la formulation des questions qui seront posées ; des questions simples où l'on ne parle pas nécessairement d'éthique aux gens. On peut leur parler de valeurs ou de priorités. Ces mots sont alors considérés en relation directe avec le bagage conceptuel de l'éthique. Et qu'est-ce que l'on va chercher ? Quand on fait l'analyse des données, on les répartit par catégories. Quelles valeurs sont prépondérantes dans l'ensemble de celles que l'on aura dénombrées ? Supposons que quelque 400 personnes aient exprimé leur opinion. Et que 60% des personnes consultées aient émis un avis qui va sensiblement dans la même direction, en termes de priorités (ou de valeurs morales). Les personnes qui auront exprimé des opinions différentes ne seront sans doute pas seules à penser d'une façon particulière. Cela va permettre l'établissement d'autres catégories de réponses. Au terme du processus d'analyse, on va identifier ce qui est prépondérant ou « dominant » par rapport à d'autres catégories d'opinions. On commence ainsi à mieux comprendre ce qui est « en jeu » sur le plan éthique dans un milieu donné, par le biais des questions posées. Y a t il des tensions, des convergences ou des divergences ? Tout cela peut être dégagé clairement. Or, il s'agit d'un travail de recherche en éthique qui n'a rien à voir, à mon avis, avec l'exercice d'un rôle d'éthicien.

Mais, comme il arrive parfois, supposons que l'étudiante qui a fait cette recherche veuille se prononcer personnellement sur le plan moral en raison d'affinités de sa part, par exemple, avec le milieu où elle a fait sa recherche. Elle voudra peut-être se livrer à une réflexion personnelle de nature éthique sur les résultats de sa recherche, si ce n'est proposer les jalons d'une prise de position qui déboucheraient sur des « stratégies d'action ». Mais ceci intéresse-t-il vraiment son milieu d'intervention ? Personnellement, j'en doute. C'est pourquoi j'ai toujours résisté à un exercice de ce genre. En effet, si l'on est au service d'une organisation, on n'a pas à se mettre sur un piédestal à la fin d'un travail de recherche pour faire prévaloir sa position personnelle. D'ailleurs, ce n'est pas cela le rôle d'un consultant en éthique. L'éthique doit au contraire venir du milieu. Par son travail d'intervention en éthique, l'étudiante à laquelle j'ai fait référence doit faciliter la prise de conscience des convergences ou des divergences en termes de valeurs sur la base des résultats de son étude. C'est un peu comme de dire : « La posture éthicienne, tu ne la joueras pas ; tu vas la faire jouer aux gens du milieu parce que c'est de leur éthique dont il s'agit ; pas de la tienne ». Et on retrouve ici l'autorégulation. Ce sont des gens eux-mêmes que se dégage leur propre éthique. N'est-ce pas un peu redondant mais utile que de le dire de cette façon ? Il s'agit là, en quelque sorte, de la limite et de la portée d'un travail de consultation en éthique.

Si vous voulez former des consultants...

Mes collègues ont soit toujours résisté à la perspective que nous formions des consultants en éthique, soit omis ou refusé de se prononcer à ce sujet. Il ne s'agissait que d'amener des étudiantes et des étudiants d'âge mûr — intervenant dans leur milieu professionnel respectif — à réfléchir sur leur travail. Pour moi, c'était autre chose. Il s'agissait de former des étudiantes et des étudiants à l'intervention en éthique. Si l'on peut dire, j'étais comme un loup solitaire en tenant ce discours-là. Il faut dire que j'étais le seul professeur en éthique à l'UQAR à avoir une formation dans le domaine des sciences sociales. Lorsque j'étais professeur régulier à l'UQAR, il m'apparaissait important de former des étudiantes et des étudiants en matière d'intervention (ou de consultation). Dans le cas contraire, on aurait risqué qu'ils ne soient pas compétents pour répondre aux demandes et besoins des organisations pour les aider à cheminer sur le plan de l'éthique. C'est une « belle affaire » que de réfléchir. Mais cela ne mène pas loin quand il faut habiliter des milieux organisationnels à résoudre des problèmes qui sont en lien avec l'éthique.

J'ai enseigné aussi ces cours auxquels vous faites allusion. Vous savez que beaucoup d'étudiants dans ces cours ne venaient pas pour devenir consultants en éthique, mais seulement pour être mieux en mesure de résoudre les problèmes internes dans leur milieu ?

Oui, vous avez raison.

Dès lors, pourquoi voulez-vous persister à former des consultants ?

Pour respecter la volonté de plusieurs étudiantes et étudiants qui demandaient expressément à être outillés afin de pouvoir eux-mêmes être en mesure d'exercer un rôle utile dans le champ de l'éthique. Aussi, vous savez sans doute que le programme de maîtrise en éthique comporte deux volets, l'un centré sur la recherche (volet dit « recherche et analyse ») et l'autre orienté sur un travail d'intervention (volet dit « éthique et intervention »). Les étudiantes et les étudiants qui choisissaient le volet « éthique et intervention » ne voulaient pas réfléchir sur leur intervention, cela ils l'auraient fait dans le volet « recherche et analyse ». C'est plutôt parce qu'ils voulaient exercer un rôle d'intervenant. Cependant, je conviens que ces personnes représentaient une minorité dans l'ensemble du programme de maîtrise. Mais j'ai été témoin à plusieurs occasions que certaines personnes qui auraient voulu être formées dans le champ de l'intervention en éthique en ont été dissuadées. En revanche, il y a des gens, probablement plus jeunes que l'ensemble des étudiants du programme dont la moyenne d'âge se situe autour de 40 ans, qui désiraient obtenir une compétence dans ce domaine plutôt que d'être seulement incités à réfléchir... Que voulez-vous, il faut bien gagner sa vie! Or, lorsque l'on n'a guère plus de 25 ans, que l'on cherche à se frayer un chemin sur le marché du travail, comment se satisfaire de « réfléchir » sur la portée morale de pratiques professionnelles dans lesquelles ils ne s'engageront peut-être jamais. Et pour réfléchir à ce sujet, il faut bien avoir déjà l'expérience d'une pratique professionnelle ; ce qui n'était manifestement pas le cas des étudiantes et des étudiants qui accédaient au programme de maîtrise après avoir tout juste complété un programme de baccalauréat. Somme toute, il faut bien être sensible aux besoins des étudiantes et des étudiants qui n'ont pas encore un emploi rémunérateur dans lequel ils pourront faire carrière, d'où la pertinence de leur donner les instruments nécessaires afin qu'ils soient en mesure d'exercer un rôle utile à la société dans le champ de l'éthique. Bref, il importait pour moi d'outiller les étudiantes et les étudiants qui le désiraient afin qu'ils soient en mesure d'aider des milieux professionnels ou organisationnels, sans pour autant s'immiscer dans la prise de décisions sur le plan moral, d'où l'idée de respecter l'autorégulation respective des milieux en question.

Vous êtes donc un médiateur

Oui, d'une certaine façon. Ainsi, j'ai enseigné en 2004 le cours *Éthique et entreprise* à l'UQAR et le cours *L'éthique et le gestionnaire* à l'Université Laval. Qu'est-ce que j'allais faire dans le cadre de cet enseignement ? Est-ce que j'allais me consacrer à de l'éthique appliquée ? Non, à moins de dire que l'éthique et la gestion, c'est l'éthique appliquée à la gestion, l'éthique appliquée à l'entreprise. Quoi qu'il en soit, jamais dans mon enseignement il n'a été question de promouvoir ou suggérer un contenu normatif ou prescriptif. Je n'ai jamais été ni un éthicien ni un professeur de morale. Il faut plutôt comprendre ce qui se passe. Quelles sont les conditions d'émergence d'une éthique dans l'entreprise ? Quelle est la posture de la gestion en matière d'éthique ? Quelles sont les valeurs qui entrent en jeu dans la gestion ? Il me serait donc difficile de suggérer que je me consacre à de l'éthique appliquée, à moins de dire simplement que le fait de s'intéresser à de l'éthique dans une sphère particulière de la vie en société soit synonyme d'éthique appliquée, par opposition à l'éthique théorique ou dite « fondamentale ».

Finalement, est-ce vous connaissez des gens qui ont repris votre pensée ?

Je peux vous dire seulement qui s'en est réclamé devant moi, en l'occurrence Yves Boisvert de l'ÉNAP, puis Magalie Jutras qui travaille avec lui au sein du Laboratoire d'éthique publique dont il est le directeur. Évidemment, j'ai pu influencer plusieurs étudiantes et étudiants auxquels j'ai donné des cours ou dont j'ai dirigé la thèse ou le mémoire.

Est-ce que vous diriez qu'ils sont fidèles à votre pensée ?

Ils n'ont pas à l'être! Du reste, je ne suis pas d'accord avec la conception que se fait Yves Boisvert de la morale. Il en fait du « sacré » et la place du côté de l'hétérorégulation, alors que je la situe conjointement avec l'éthique du côté de l'autorégulation. En effet, selon moi il n'est pas nécessaire de distinguer l'éthique de la morale. En quoi pourrait-on suggérer que contrairement à l'éthique, la morale échapperait au jugement de chacun sur le sens de ce qui devrait être adopté comme conduite, en tant qu'elle serait jugée conforme à une conception particulière du bien ? Que le professeur Yves Boivert puisse déroger à certaines de mes conceptions, tant mieux pour lui car il s'agit d'un chercheur autonome. Chaque chercheur doit suivre les pistes de recherche qui lui apparaissent fécondes, fussent-elles en accord ou en désaccord avec celles d'autres chercheurs.

Propos recueillis par Francis Moreault

CHAPITRE 3

L'ÉCOLE DE MONTRÉAL

L'APPROCHE DE HUBERT DOUCET EN BIOÉTHIQUE[152]

---

[152] Recherches : Kodjo Dopko.

Hubert Doucet est théologien de formation. Il a fait ses études aux universités d'Ottawa et de Strasbourg. En 1967, il a obtenu un doctorat de troisième cycle en sciences religieuses. Il a d'abord enseigné la philosophie au Cégep de Valleyfield et c'est à partir de 1977 qu'il a commencé sa spécialisation en éthique.

Le champ d'intérêt de Hubert Doucet est proprement la bioéthique. En effet, Doucet a d'abord été professeur de bioéthique à l'Université Saint-Paul à Ottawa (1981-1997), avant de devenir, en 1997, professeur aux facultés de théologie et de médecine ainsi que directeur des programmes de bioéthique donnés à l'Université de Montréal. Il a participé à la mise sur pied de nombreux comités d'éthique dans les hôpitaux universitaires et autres de la région d'Ottawa et de Montréal. Ses publications *Au pays de la bioéthique* (1996), *Mourir, Aspects bioéthiques* (1988 et 1992) etc. témoignent de son intérêt pour les problèmes éthiques soulevés par la mort et la souffrance.

Quoique théologien, c'est à l'analyse philosophique (au sens d'une grande place accordée à la raison et du souci d'universalité, ce qui est une démarche contraire au fidéisme) que s'adonne Doucet dans ses écrits. Cela peut se comprendre non seulement par ses connaissances en philosophie, mais surtout par la nature de son champ d'intérêt : la bioéthique est acquise à l'interdisciplinarité, elle est soucieuse de trouver une solution acceptable aux problèmes cruciaux de notre temps. D'après Doucet, l'interdisciplinarité remet en cause le rôle traditionnel du moraliste, qui ne peut plus se contenter d'être le défenseur d'une révélation particulière ou le porte-parole auprès du médecin de l'interprétation authentique de la loi morale propre à sa confession religieuse. Le moraliste n'est plus appelé à dire la morale puisque celle-ci émanera de la délibération d'une équipe. La méthode du dialogue, qui est inséparable de la substance de la décision, domaine traditionnellement réservé au moraliste, lance un défi de taille au théologien qui participe à la discussion éthique[153].

L'ancien rôle de décideur que jouait le théologien moraliste se trouve donc invalidé par la méthode dialogique de la bioéthique. Celle-ci requiert du théologien une adaptation pas

---

[153] Hubert Doucet, *Au pays de la bioéthique. L'éthique biomédicale aux États-Unis*, Genève, Labor et Fides, 1996, p. 201.

toujours facile, mais que Doucet réussit à merveille par ses réflexions philosophiques, qui ont toutefois pour horizon sa tradition chrétienne. Une autre caractéristique de la méthode de Doucet est son effort de clarification des mots qu'il utilise. Cela s'explique par son souci de ne pas laisser la forte charge émotionnelle des mots de la bioéthique et les réalités qu'ils recouvrent, obscurcir l'analyse. Pour nous résumer, nous dirons que Doucet emploie une véritable méthode philosophique nourrie par sa tradition chrétienne.

Si Doucet s'intéresse à la bioéthique en général, l'objet de ses recherches a été plus particulièrement : d'identifier la nature de la bioéthique (son essence et sa tâche), de montrer la contribution de la théologie à sa naissance et le rôle qu'elle a à jouer actuellement en son sein eu égard aux péripéties de l'histoire de la bioéthique, dont la moindre n'est pas l'évincement (au moins partiel) de la théologie de sa place de patriarche de la discipline. Son ouvrage, *Au pays de la bioéthique* (1996), en rend compte adéquatement.

En dehors de ces préoccupations, la pensée de Doucet se focalise essentiellement sur la question des soins de santé. Dans ce contexte se déploie le thème qui a le plus mobilisé la réflexion de Doucet, à savoir la question de la mort, de la mort médicalisée, qui entraîne dans son sillage la question de l'euthanasie et de l'aide au suicide.

Arrêtons-nous d'abord sur sa revue de l'histoire de la bioéthique. D'après Doucet, l'avènement de la bioéthique constitue une protestation contre l'inhumanité. Il écrit : « L'exercice de la biomédecine est inhumain : telle est la protestation qui donne naissance à l'éthique biomédicale. Il faut s'opposer au mal au nom du bien que la biomédecine engendre »[154]. C'est ainsi qu'au milieu des années soixante naît cette entreprise morale d'un ordre nouveau qui se veut libératrice, à la fois de la tyrannie de la biomédecine et de l'impuissance de la morale traditionnelle à affronter les nouveaux problèmes engendrés par les développements scientifiques extraordinaires dans les sciences de la vie. Pour ce faire, elle privilégie le dialogue

---

[154] Hubert Doucet, « Un théologien dans le débat en bioéthique », *Revue d'éthique et de théologie morale*, 202, 1997, p. 20.

entre la biologie, la médecine et l'éthique théologique. L'interdisciplinarité était donc à l'honneur. Ce fut la première étape de la bioéthique, dont le nom sera forgé en 1971, par V. R. Potter[155].

La seconde étape s'étend du milieu des années 1970 à la fin des années 1980. Cette seconde étape est caractérisée par l'investissement de la bioéthique par les juristes et les philosophes, ce qui aura pour conséquence de hâter sa sécularisation. L'humanisation poursuivie dans la première étape va s'interpréter dans le sens d'un droit de l'individu à l'autodétermination et d'un droit du médecin à l'utilisation maximale des ressources disponibles afin de répondre aux attentes du patient. Le *principlism* voit le jour pendant cette étape. C'est la mise au jour de ses principes fondamentaux, au nombre de quatre : l'autonomie (le plus fondamental), la bienfaisance, la non-malfaisance et la justice, qui sont bientôt constitués en méthode pour la bioéthique. Le *principlism* aura pour conséquence une confusion partielle de l'éthique et du droit. Une tendance procédurale se fait dès lors nettement valoir. En plus de la sécularisation de la bioéthique, qui marque cette étape de son développement, l'autre conséquence importante de la prépondérance du rôle joué par les juristes et les philosophes reste la rupture entre la pensée bioéthique et l'expérience clinique. Ce divorce entraînera l'émergence de l'éthique clinique comme protestation et comme alternative à cette situation.

La troisième étape, qui commence au début des années 1990, sera caractérisée par une préoccupation de la bioéthique pour les questions de limite des ressources dans le domaine de la santé. La perspective économique prend le dessus et la bioéthique prend l'allure d'une macro éthique. Comme le dit Doucet, « le thème principal de cette troisième étape est celui du contrôle des coûts, un contrôle devenu une sorte d'impératif catégorique, selon

---

[155] V. R. Potter (1996). «Bioethics for Whom ? », *Annals of the New York Academy of Sciences*, p. 201. L'entreprise bioéthique « doit poursuivre, dit-il, l'objectif d'aider l'humanité à participer, d'une manière rationnelle et prudente, au processus de l'évolution biologique et culturelle. (...) J'ai choisi bio pour représenter le savoir biologique, la science des vivants et éthique pour représenter la connaissance des systèmes qui s'intéressent aux valeurs humaines ». Cette première étape a donc été caractérisée par un désir de libération et d'humanisation.

l'expression de Renée Fox»[156]. La conscience des limites des ressources et un nouvel état d'esprit sensible aux conséquences de la technologie sur le vieillissement et la mort, caractéristique de la décennie 90 qui commence, susciteront de nouvelles questions sur le sens, non seulement de la vie et de la mort, mais aussi sur les fins poursuivies par les systèmes de santé, les responsabilités collectives envers les plus faibles.

Ce retour en force des questions métaphysiques requiert une prise en charge dont ne semble pas du tout capable le *principlism* ambiant de la bioéthique. Ce qui va remettre en selle la théologie, qui avait été évincée de la dynamique bioéthique. D'après Doucet, « la religion est, en contexte américain, le lieu des questions fondamentales, le lieu où l'esprit prophétique de l'éthique peut nourrir les préoccupations et les engagements. Dans une période comme celle dans laquelle se débat le système de santé américain, on comprend pourquoi la théologie et la bioéthique vont probablement se rencontrer à nouveau »[157].

La dynamique de l'éthique, telle que présentée au point de vue historique par Doucet, voit naître une sorte de malaise. Il semble bien que la bioéthique n'ait pas rempli sa promesse et que son essence se trouve ailleurs que dans la dynamique qui a été la sienne. Le tournant que lui ont fait subir les philosophes et les juristes dans la seconde phase de son développement, constitue en quelque sorte une cassure de son projet. Doucet rejoint et reprend ici Potter, qui se plaint de l'abandon de sa conception écologique et globale de la bioéthique au profit de « celle des droits et des devoirs des patients, des professionnels de la santé, des sujets de recherche et des chercheurs »[158].

Pour mettre un mot sur ce malaise, il s'agit, en clair, d'un échec de la bioéthique à atteindre son objectif fondateur qui est l'humanisation de la médecine. En effet, Doucet estime que si le renouveau bioéthique « a aidé à établir un certain nombre de procédures qui visent à respecter les droits des patientes et des patients, il n'a pas permis d'aborder les questions fondamentales qui étaient à l'origine même de sa naissance. Il n'a pas humanisé

---

[156] Hubert Doucet, *Au pays de la bioéthique...*, *op. cit.*, p. 60.
[157] *Ibid.*, p. 62
[158] *Ibid.*, p. 38.

la médecine car il n'a pas mis l'accent sur l'intégrité de l'être alors que la tragédie de la maladie, c'est d'être atteint dans son intégrité. Il a plutôt servi à légitimer l'entreprise hospitalière et médicale, tout en mettant en avant le respect des droits des malades. Est-ce suffisant ?»[159] De plus, Doucet dénonce la collusion entre les bioéthiciens et ce qu'il appelle «l'establishment scientifique»[160]. Doucet reprend et cite en fait ici la thèse de George J. Annas, dont la profession de foi est qu'un «bon comité d'éthique commence là où la loi finit»[161], voulant stigmatiser, par là, la complaisance des comités d'éthique à l'endroit du système judiciaire. Cette prise de position annonce la conception de la bioéthique de Doucet. C'est vers elle que nous nous tournons à présent.

Selon Doucet, en effet, l'essence de la bioéthique est à retrouver dans le sens même de l'éthique, tel que Lévinas l'a restitué, c'est-à-dire une responsabilité envers la fragilité. « L'éthique ne commence pas par un raisonnement que ferait un sujet éthique à propos d'un bien faire. Elle naît du visage fragile, nu et en détresse d'un *Tu* qui m'appelle à la responsabilité. Entrer en éthique, c'est accepter d'être pris en otage par ce qu'il y a de plus fragile et de plus menacé. Ainsi, le sujet est élu, assigné à responsabilité»[162]. Cette perspective éthique, développée par Lévinas dans ses ouvrages *Totalité et Infini* et *Autrement qu'être*, Doucet la fait sienne. Il l'approfondira de nouveau dans son approche de la question de la responsabilité, qu'il interprète dans la même perspective[163].

Il estime cette conception lévinassienne de l'éthique comme étant « essentielle puisque c'est elle qui donne son âme à

---

[159] Hubert Doucet, « Religion et bioéthique : réflexions sur l'histoire de leur relation », *Religiologiques*, 13, 1996, p. 112-113.
[160] Hubert Doucet, « La bioéthique : sens et limite d'un mouvement socioculturel », *Ethica*, 10/1, 1998, p. 54-55.
[161] *Ibid.*, p. 54.
[162] Hubert Doucet, « Éthique et discernement », *Les Cahiers de la S.F.P.L.*, 2, 1997, p. 75.
[163] Hubert Doucet, « Pénaliser le citoyen irresponsable : une attitude sociale responsable ? », dans *Les actes du colloque. Les enjeux éthiques en santé publique*, Montréal, 1999, p. 82-83 ; Voir aussi H. Doucet et N. Burbridge, « Le patient irresponsable a-t-il droit aux soins de santé ? », *Église et Théologie*, 30, 1999, p. 83-91.

l'éthique en faisant en sorte que celle-ci ne soit pas un savoir théorique, mais consiste dans l'engagement d'une personne au service d'autres personnes »[164]. Il pense toutefois que la perspective intersubjective du visage de l'autre, tout en étant essentielle, n'épuise pas le champ de l'éthique puisqu'il n'y a pas que l'autre solitaire. Il y a le tiers ou le lointain, qui sont la figure sociétale requérant des normes communes, collectives et des principes d'équité. C'est là qu'apparaît l'autre dimension de l'éthique qu'est la morale au sens kantien du terme. Et c'est Paul Ricœur qui, à son avis, met le mieux « en relief cette autre dimension de l'éthique en montrant que, si l'éthique est la visée de la vie bonne avec et pour autrui, elle ne peut s'accomplir que dans des institutions justes, ce qui appelle des choix dans le concret »[165]. Or, l'éthique de P. Ricoeur est elle-même une réappropriation de l'éthique aristotélicienne acquise à la prudence *(phronesis)*. Cette remarque nous amène à reconnaître la dette de Doucet envers Aristote, dans sa conception de l'éthique.

D'après Doucet, la tâche de la bioéthique, dans le contexte de sa récupération par la morale, réside dans son potentiel critique. Il s'agit, en fait, pour la bioéthique, de retrouver sa vocation originaire, c'est-à-dire d'être « une protestation contre les structures qui réduisent l'être humain à l'ordre du moyen et un engagement pour changer les conditions de cette situation »[166]. Bref, « l'acte fondateur n'est pas la capacité de discernement, mais une réponse à la condition de détresse dans laquelle se trouve autrui ».

La tâche de l'éthique ne réside donc pas dans sa préoccupation déontologique, mais dans une exigence préalable d'analyse critique : « Le discours éthique a pour fonction de « démasquer les différents réductionnismes qui guettent sans cesse la médecine moderne en raison des tensions et des contradictions inhérentes à sa pratique »[167].

---

[164] Hubert Doucet, « Éthique et discernement », *op. cit.*, p. 76.
[165] *Ibid.*
[166] *Ibid.*, p. 75.
[167] Hubert Doucet, « Au-delà des morales, des législations et des codes, garder le dialogue ouvert et la conscience inquiète », dans *Élargir les horizons : perspectives scientifiques sur l'intégration sociale*, Québec, Ibis Press, 1994, p. 138. Voir aussi Hubert Doucet, « Un code de déontologie : un instrument utile, mais limité », *Nursing Québec*, 12/3, 1992, p. 40-43.

Pour conclure ce volet concernant la nature de la bioéthique dans la pensée de Doucet, nous dirons que Doucet effectue un constat d'effondrement de l'orientation originaire de la vocation bioéthique et qu'en cela, il est redevable à George J. Annas et Potter. En ce qui concerne l'essence et la tâche de la bioéthique, il s'inspire beaucoup d'Aristote, de Ricoeur et de Lévinas.

Le second champ d'intérêt de l'œuvre de Doucet est la contribution de la théologie à la bioéthique. Cet intérêt de Doucet se comprend aisément, eu égard à son statut de théologien. Selon Doucet, l'apport de la théologie à la bioéthique a été énorme puisque la bioéthique plonge ses racines dans la théologie. Dans son livre *Bioethics and the Practice of Christian Faith*, Doucet rend admirablement compte de cette contribution de la théologie à la naissance de la bioéthique. Il reconnaît la désaffection du champ moral et éthique par la philosophie aux USA, au Royaume-Uni et dans d'autres pays anglophones, depuis le début du 20e siècle. Cette désaffection rendait difficile l'appréhension des développements bouleversants des sciences biomédicales. La pensée théologique ne se portait pas mieux en la matière. Mis à part Joseph Fletcher, qui a publié en 1954 *Morals and medecine*, Doucet affirme que le champ éthique était exclusivement occupé par les théologiens catholiques. C'est dans ces circonstances que sera publiée l'Encyclique *Humanae Vitae*, de Paul VI, qui consacra l'impéritie de la morale traditionnelle dans la prise en charge des problèmes nouveaux de la biomédecine. Cette prise de conscience, ajoutée à la révélation de scandales dans la pratique de la biomédecine, va faire reconnaître l'urgence d'une pensée nouvelle, élaborée autour d'un dialogue entre différentes disciplines avec les sciences de la vie, et qui deviendra la bioéthique telle que nous la connaissons actuellement.

Ce dialogue, qui commença au milieu des années soixante, a été dominé par la figure des théologiens protestants Joseph Fletcher et Paul Ramsey. Ils ont ensuite été rejoints par des penseurs catholiques comme Daniel Callahan, le créateur du Hastings Center et André Hellegers, premier directeur du Kennedy Institute of Ethics. Cette domination de penseurs aux préoccupations théologiques sera pourtant remise en question par l'intérêt des philosophes et des juristes pour les questions bioéthiques. C'est ainsi que la première phase du développement de la bioéthique prend fin. La seconde phase du développement de la bioéthique coïncidera avec un retrait de la théologie du champ de la bioéthique, en raison surtout de la règle de l'interdisciplinarité, qui accorde voix égale à tous les participants. Dans sa troisième étape de développement, qui assiste à un regain de la sensibilité des gens aux questions de sens, la théologie apparaît de nouveau comme devant jouer un rôle important pour la simple raison que la préoccupation herméneutique n'est pas le fort de la philosophie américaine, acquise à la pragmatique initiée par Dewey. Comme le constate Doucet, « la préoccupation herméneutique ne semble pas habiter le philosophe américain engagé en bioéthique. […] La religion est, en contexte américain, le lieu des interrogations fondamentales, le lieu où l'esprit prophétique de l'éthique peut nourrir les préoccupations et les engagements »[168].

D'après Doucet, la contribution actuelle de la théologie à la bioéthique est quadruple :

Premièrement, la théologie peut rappeler à la bioéthique la nature de l'éthique. D'une part, il s'agit de démontrer l'illusion que représente le postulat par la bioéthique d'un champ discursif séculier ou philosophique indépendant, privilégié comme plus rationnel, neutre, objectif, moins traditionnel que le discours religieux. Il s'agit, en fait, de rappeler à la bioéthique le caractère holistique de la personne malade contre la réduction unidimensionnelle qu'elle en effectue. D'autre part, il s'agit de rappeler à la bioéthique le sens originel de l'éthique, repérable dans la définition qu'en donnent Paul Ricœur et Emmanuel Lévinas et qui tient l'éthique comme souci de l'Autre.

Deuxièmement, la théologie va permettre à la bioéthique une redécouverte du sens de l'être malade. Il s'agit, à ce niveau, d'invalider la perspective contractualiste de la relation patient/médecin adoptée par la bioéthique. Le malade devrait être saisi comme un être faisant face à une crise de son identité, un être en perte d'autonomie, qui aspire au recouvrement

---

[168] Hubert Doucet, *Au pays de la bioéthique, op. cit.*, p. 62

de cette dernière et qui, pour cela, recourt au médecin. Grâce à son éthique, qui transparaît dans la parabole du Bon Samaritain, la théologie a un grand rôle à jouer dans la réponse donnée au malade et dans l'éveil du sens commun à la compréhension du fait d'être malade. De la sorte, la théologie enrichirait la bioéthique et l'aiderait à jouer efficacement et positivement son rôle dans la réorganisation actuellement incontournable des systèmes de santé des pays occidentaux.

La troisième contribution de la théologie à la bioéthique est la redécouverte de la dimension sociale de la maladie et de la santé qu'elle permettra d'effectuer. Il s'agit, à ce niveau précis, de mettre fin au désintérêt historique de la bioéthique à l'endroit du contexte social de la santé et de la maladie, de la dimension politico-économique de ces dernières, qu'elle ne questionne pas. Autrement dit, au niveau des soins de santé, la question de la justice devrait passer de la compréhension en terme d'équité qu'en a actuellement la bioéthique, à une autre, plus sensible à l'accès de tous aux soins de santé, surtout des plus démunis.

La quatrième contribution de la théologie à la bioéthique sera reliée à la découverte d'une vision autre du corps. La théologie dispose d'une vision intégrée de la souffrance, du plaisir, de la déchéance corporelle et de la mort, une vision qui diffère de celle de Francis Bacon et que la médecine a faite sienne, à savoir : l'idée de la santé comme but en soi, atteignable grâce au contrôle technique des maux et des limitations du corps[169]. Doucet estime donc, au total, que la santé est non pas un bien individuel, mais un bien communautaire.

Toutefois, cette vision, Doucet l'emprunte à Daniel Callahan[170]. De même, son souci de l'Autre, concret et développé, lui est inspiré de Paul Ricœur, tandis que le sens de la justice qu'il développe se nourrit des réflexions de Richard McCormick.

---

[169] *Ibid.*, p. 202-208. Voir également : « How Theology Could Contribute To The Redemption Of Bioethics From An Individualist Approach To An Anthropological Sensivity », *The Catholic Theological Society Of America, Proceedings Of the Fifty-Third Annual Convention*, 53, 1998, p. 61-66 ; « Un théologien dans le débat en bioéthique », *op. cit.*, p. 17-37.

[170] Cité dans Hubert Doucet, « Les services de santé dans la tourmente : au-delà des réponses éthiques, une question de sens », dans *Éthique, santé et société*, Ottawa, Centre de techno-éthique USP, 1994, p. 19.

Doucet utilise massivement le raisonnement et l'essentiel de ses affirmations provient de l'exercice de sa raison, plutôt que de textes sacrés. Il va de soi qu'il porte un certain héritage chrétien, surtout en ce qui concerne le respect de la vie. Mais Doucet ne se confond guère dans le fidéisme[171]. Il critique son héritage chrétien dans l'usage de sa raison. Mais cette entreprise se fait toujours sur fond d'Écritures saintes parce que « l'événement christique est à la source de l'interprétation que le théologien chrétien fait du monde et de l'histoire »[172]. Ainsi, le théologien n'est pas obligé de véhiculer le discours officiel de la tradition.

Le troisième champ d'intérêt de Doucet est celui des soins de santé. Doucet s'est intéressé à l'éthique devant guider les soins à prodiguer aux adolescents, aux personnes adultes, aux personnes âgées[173]. Il s'est intéressé aux soins administrés aux nouveau-nés de même qu'à l'expérimentation non thérapeutique sur les enfants[174].

Abordons à présent le dernier centre d'intérêt de la pensée de Doucet. Il s'agit de la question de l'euthanasie et de l'aide au suicide. À l'égard de cette question, Doucet fournit quatre conceptions de la bonne mort repérable au Québec[175] : la première revient à la mort à la maison, entouré des siens (dans les années

---

[171] Hubert Doucet, « Bioethics and the Practice of Christian Faith », dans J. Croteau (dir.), *Défis présents et à venir de l'Université Catholique. Present and Future Challenges Facing Catholic Universities*, Ottawa, Université de Saint Paul, 1990, p. 230.

[172] Hubert Doucet, « La contribution du théologien à la bioéthique », dans M.-H. Parizeau, (dir.), *Les fondements de la bioéthique*, Bruxelles, De Boeck Université, 1992, p. 55.

[173] Hubert Doucet, « Les soins : considérations éthiques ». dans P.-A. Michaud, et P. Alvin (dir.), *La santé des adolescents*, Montréal, Les Presses de l'Université de Montréal, 1997, p. 535-545 ; Hubert Doucet et al., « Aspects éthiques du dépistage : réflexions à partir de l'exemple du cancer du sein », *Les Cahiers médico-sociaux*, 38/1, 1994, p. 5-87 ; Hubert Doucet, « Faut-il soigner les aînés ? », *Prêtre et Pasteur*, 1999, p. 413-421.

[174] Hubert Doucet, « Diagnostic prénatal », dans G. Hottois et M.H. Parizeau (dir.), *Les mots de la bioéthique*, Bruxelles, De Boek Université, 1993, p. 127-131 ; Hubert Doucet, « L'expérimentation sur les enfants », dans G. Durand et C. Perrotin (dir.) *Contribution à la réflexion bioéthique. Dialogue France-Québec*, Montréal, Fides, 1991, p. 119-132

[175] Hubert Doucet, « La quête d'une bonne mort : la société confrontée à l'euthanasie », *Infokara, Bulletin des Institutions Universitaires de Gériatrie de Genève*, 1993, p. 61-65.

1950). La seconde forme apparaît au milieu des années 1970. Elle consiste en une prise en charge médicale, jusqu'à sa mort, de la personne condamnée par une maladie. La mort devient médicale. La troisième forme, qui commence à poindre dès la fin des années 1970, est la critique de la mort médicalisée, la critique portant essentiellement sur l'acharnement thérapeutique qui prive la personne mourante de sa mort. Ainsi que l'écrit Doucet, « la personne mourante est maintenant privée de sa mort alors qu'elle a été responsable de toute sa vie. Voilà le modèle de bonne mort qui, dans les années 1970, s'est installé dans notre société »[176]. Ce troisième modèle va mettre en valeur les soins palliatifs. La limite de ces derniers à satisfaire les sociétés occidentales, nous introduit au quatrième et ultime modèle de la bonne mort qu'est l'euthanasie volontaire. Nous profiterons de l'apparition de ce terme des soins palliatifs pour mettre en relief une approche originale de la question de l'euthanasie chez Doucet.

Cette originalité, à notre avis, repose dans la performance sémantique dont il fait preuve en faisant remarquer la différence existant entre les termes douleur et souffrance. D'après Doucet, alors que la première est essentiellement physique, la dernière est existentielle et spirituelle[177]. Elle n'est pas maîtrisable au rebours de la première, que les soins palliatifs savent bien contrôler : « Regardons ce qui s'est passé concernant les soins palliatifs. On a essayé de contrôler la douleur. En contrôlant la douleur, on croyait pouvoir contrôler aussi la souffrance. La douleur est physique, elle a un *siège* repérable. La souffrance fait partie de tout l'être. Un malade peut ne pas avoir de douleur physique. Cela ne l'empêchera pas de souffrir... de souffrir d'angoisse, de remords, de solitude face à la mort qui s'annonce »[178].

Cette différenciation va permettre à Doucet de prendre ses distances d'avec la valeur salvatrice de la souffrance, un poncif de la morale chrétienne et catholique plus particulièrement. Cette critique est un élément fondamental de son discours sur la condition humaine et son relèvement. Pour Doucet, la valeur

---

[176] *Ibid.*, p. 61.
[177] Hubert Doucet, « L'euthanasie : une solution boiteuse à un problème véritable », *Revue médicale de la Suisse romande*, 117, 1997, p. 210-211.
[178] Hubert Doucet, « Points chauds en éthique médicale (suite) », *Prêtre et pasteur*, 95/8, 1992, p. 491.

salvatrice de la souffrance réside dans la possibilité de son dépassement. Le cas échéant, elle est symptomatique de l'apparition d'une autre dimension dont la théorie reste à faire. « La souffrance peut prendre sens dans toute vie au moment où elle peut être dépassée. Elle a alors une fonction intégrative et elle exerce une fonction de purification. Mais quand l'unique expérience de vie que vous avez, c'est la souffrance, quand votre vie n'est plus que souffrance, je pense qu'on est alors dans un autre registre »[179].

L'originalité de Doucet, c'est de faire de la valeur de la souffrance une affaire de sens, ce dernier n'étant pas logé dans un mystérieux plan divin insondable, mais dans un acte qui part de la situation concrète du souffrant. Doucet ne se projette donc pas dans les arrière-mondes. Sa pensée à propos de la souffrance est très concrète, soucieuse du *hic et nunc*. Son audace même apparaît dans une mise en perspective de la souffrance du Christ à partir de laquelle s'est élaboré le dogme chrétien de la valeur salvatrice de la souffrance. « Jésus, écrit-il, est mort sur la croix. Il n'est pas mort d'un cancer. Il est mort d'une mort acceptée même si elle fut très douloureuse. Sa situation fut très différente de celle d'un cancéreux. La souffrance de Jésus a pris sens parce qu'elle se situait dans une perspective d'amour à l'égard des autres »[180]. Chez un théologien comme lui, la non-référence à Dieu pour donner sens à la souffrance humaine est surprenante. L'on pourrait même commencer à douter de son allégeance au christianisme. Mais ce serait faire fausse route. Doucet n'entend nullement renoncer à la raison, il y a un impératif de la raison jusque dans la réinterprétation des Écritures Saintes, pour faire face aux problèmes nouveaux que soulèvent les développements de la biomédecine.

Dans le traitement proprement dit de la question de l'euthanasie, Doucet fait montre d'originalité dans la concession *a priori* du droit à la mort, malgré sa tradition chrétienne, malgré son statut de théologien chrétien : « Je crois que, dans une société comme la nôtre, une personne a le droit de décider de sa mort. Je ne vois pas comment on pourrait dire à quelqu'un : tu ne peux pas

---

[179] *Ibid.*, p. 492.
[180] *Ibid.*, p. 493.

décider de ta mort »[181]. *A priori*, le fidéisme n'est pas de saison dans la démarche *doucétienne*. Doucet affirme la nouveauté radicale des problèmes bioéthiques qui surgissent dans le sillage du développement exponentiel de la biomédecine, un développement désormais capable de prolonger la vie organique bien après la « mort » des individus, ce qui revient plus à prolonger leur mort que leur vie. Les gens se trouvent ainsi privés de leur mort.

Si Doucet reconnaît le droit à la mort, il ne légitime pas pour autant l'exercice ou l'application de ce droit. En effet, dans la mesure où l'euthanasie nécessite l'assistance d'un tiers, la responsabilité de la société se trouve engagée. Cette autre dimension de la problématique de l'euthanasie et de l'aide au suicide conduit à nier le droit à la mort. Pour la simple raison que d'une part, la mise en application de ce droit est antithétique au principe fondamental de toute société : celui de ne pas accorder à quelqu'un le droit de vie et de mort sur une autre personne. D'autre part, il s'agirait d'un nouveau contrat social, comme le rappelle Daniel Callahan, en ce sens que provoquer la mort d'une personne n'a été, jusqu'ici, autorisé socialement que pour la protection du groupe et non pour le meilleur intérêt de la personne qui est mise à mort[182].

Un autre trait d'originalité de Doucet réside dans sa réponse claire à la dimension morale de l'arrêt de traitement. Cette clarté tient à l'effort de clarification caractéristique de sa démarche. Pour lui, en effet, le traitement médical poursuit deux objectifs : le recouvrement d'une ou de plusieurs fonctions perdues ou le contrôle de la douleur. Si un traitement ne prolonge que la vie organique, il ne répond plus aux objectifs de la médecine. Partant, ce traitement doit être interrompu. Dans ces conditions, affirme Doucet « on ne tue pas en arrêtant un traitement. On ne fait que reconnaître la réalité de la mort qui est déjà là. […] Le geste de débrancher ne serait donc pas moralement neutre. Il est positivement correct ou moral »[183].

---

[181] Hubert Doucet, « Points chauds en éthique médicale », *op. cit.*, p. 434.
[182] Cité dans *Au pays de la bioéthique, op. cit.*, p. 146.
[183] Hubert Doucet, « Points chauds en éthique médicale », *op. cit.*, p. 432.

Dans son ouvrage *Les promesses du crépuscule, Réflexions sur l'euthanasie et l'aide médicale au suicide*[184], Doucet décortique, comme le titre l'indique, cette problématique de l'euthanasie et de l'aide au suicide. Il y traite, entre autres sujets, des arguments théologiques contre l'euthanasie et l'aide au suicide dans le contexte d'une société sécularisée, des arguments de la modernité en faveur de l'euthanasie et de la contribution du théologien au débat sur l'euthanasie. Ce qui nous semble original, dans cet ouvrage, reste l'invalidation du cadre théologique comme cadre de traitement de la question de l'euthanasie, pour la simple raison que les arguments théologiques (au nombre de trois : *to play God*, le caractère sacré de la vie et le caractère de la vie comme don de Dieu) ne font pas le poids devant la question. Doucet recommande le traitement de la question de l'euthanasie dans le cadre médical. Pour ce faire, il conseille même l'abandon du terme *euthanasie* pour deux raisons. D'abord, le terme est riche de confusions. Ensuite, il n'appartient pas au domaine de la médecine, mais manifeste plutôt une quête de sens, quête qui ne fournit toutefois pas d'instruments pratiques à la résolution du problème[185]. Pour Doucet, la solution ne réside pas dans un terme de rechange, mais, au contraire, dans la clarification du rôle de la médecine auprès des mourants. Deux questions se posent à cet effet : quels soins leur prodiguer ? L'euthanasie peut-elle en faire partie ?

À la première question, les soins terminaux sont indiqués. Mais devant le consensus qui transparaît, aussi bien du côté des médecins que des malades eux-mêmes, l'euthanasie semble aussi devoir faire partie de la trousse du médecin. C'est à ce niveau que Doucet se signale de nouveau par une prise de position assez intéressante. Il invalide cet unanimisme convaincant en se fondant sur trois raisons :

- L'inspiration hippocratique de la médecine occidentale, qui reconnaît ses limites à l'approche de la mort.

- La solution technique de l'euthanasie serait partielle, voire

---

[184] Montréal et Genève, Fides et Labor et Fides, 1998.
[185] Hubert Doucet, « La contribution de la théologie au débat sur l'euthanasie », dans R. Bélanger et S. Plourde (dir.), *Actualiser la morale. Mélanges offerts à René Simon*, Paris, Cerf, 1992, p. 126-127.

partiale devant les objectifs de la médecine, elle ne serait que le prolongement en mode inversé de l'acharnement thérapeutique qui, sous couvert de compassion, cache sa négation de la mort comme dimension de la condition humaine.

- Le principe du respect de l'autonomie n'est pas l'ultime critère de décision en matière d'euthanasie parce que d'une part, il s'agit d'un meurtre et partant, d'un acte public. Cet acte supposerait un nouveau type de contrat social qui devrait requérir des raisons importantes. D'autre part, le principe d'autodétermination n'autorise pas le sujet à se constituer esclave d'autrui, comme l'a montré J. S. Mill dans son ouvrage *On Liberty*[186].

Pour Doucet, l'apport de la théologie au débat spécifique sur l'euthanasie est double. D'abord, elle apporte une approche plus existentielle de la question que ne le fait la philosophie, dans la mesure où elle a un souci de la totalité de la personne malade qu'elle doit placer au centre du dialogue interdisciplinaire de la bioéthique. Il y va du sens de la vie humaine. Ensuite, elle doit faire reconnaître l'appartenance de la mort à la condition humaine, mettant ainsi en relief le thème de la finitude humaine, qui transcende les moyens de la médecine et pour laquelle l'anthropologie chrétienne dispose d'un sens concret et vivant, inégalé par celui de la philosophie.

Doucet est très sensible aux situations concrètes. D'ailleurs, il demande souvent que le débat bioéthique soit porté sur ce terrain plutôt qu'un autre. Pour autant, il ne s'enlise pas dans une vision pragmatique des problèmes, à cause de son héritage chrétien, qui nourrit sa pensée et qui l'amène à traiter ces questions dans la perspective où « on entre véritablement en éthique quand, à l'affirmation par soi de la liberté, s'ajoute la volonté que la liberté de l'autre soit. Je veux que ta liberté soit »[187].

Doucet tente toujours de regarder les problèmes sous leurs différents aspects. On peut le vérifier dans son traitement de la question de l'euthanasie. Quelle que soit leur origine, Doucet se

---

[186] *Ibid.*, p. 127-132.
[187] *Ibid.*, p. 5.

fait attentif aux différentes approches du problème avant de proposer sa propre solution. Si cela est très sensible dans son ouvrage *Les promesses du crépuscule, Réflexions sur l'euthanasie et l'aide médicale au suicide*, cette démarche est une constante dans son œuvre. Elle lui vient, du reste, de l'entreprise à laquelle il prend part : la bioéthique. D'après lui, l'interdisciplinarité de la bioéthique l'oblige toujours à considérer sous toutes ses facettes les problèmes qu'elle traite[188].

La théorie de l'intervention en éthique de Doucet

« Pour le théologien, s'engager dans une intervention en bioéthique, c'est, en empruntant au langage de Paul Ricoeur, reconnaître la multivocité du réel que chaque méthodologie tente d'interpréter ou de traduire selon une grille de lecture qui lui est propre »[189]. À cet égard, le dialogue, instrument de l'interdisciplinarité, s'affiche comme la modalité de laquelle peut découler une intervention plausible. Qui dit dialogue sous-entend discussion. Pour Doucet, les acteurs de cette discussion doivent en être les professionnels de santé, le patient lui-même et tous ceux qui ont quelque chose à voir avec l'affaire dont il est question. De toute façon, la préoccupation essentielle de Doucet reste que personne ne soit exclu de cette discussion, une discussion cruciale pour le patient.

Les sessions de dialogue ou de discussion s'affichent comme la théorie de l'intervention véhiculée par Hubert Doucet. Ce dialogue apparaît sous la forme de consentement éclairé ou, mieux encore, de conversation lorsqu'il s'agit de le situer au niveau du rapport patient/médecin. Le terme de conversation fait toute la différence avec le transfert d'information qui caractérise le rôle du médecin dans un système de santé soumis au modèle contractualiste. Dans l'autre modèle souhaité par Doucet, qui est le modèle de l'alliance thérapeutique, la prise de décision, en matière de soins à prodiguer, devient une entreprise commune entre le patient et son médecin. Exit donc la tyrannie des modèles paternaliste (l'inspiration ancienne de la médecine) et autonomiste

---

[188] Hubert Doucet, « Bioethics and the Practice of Christian Faith », *op. cit.*, p. 229.
[189] Hubert Doucet, « La contribution du théologien en bioéthique », *op. cit.*, p. 53.

(forme actuelle des normes en vigueur dans la pratique de la médecine).

Lorsqu'il s'agit de soins à prodiguer à des adolescents, le dialogue apparaît sous la forme d'une conversation[190] à plusieurs, l'équipe soignante et le jeune lui-même. Doucet donne ici des pistes pour résoudre les conflits d'ordre éthique. Le dialogue sera facilité par le respect de trois exigences : la distanciation, l'objectivation et la concertation.

La distanciation n'est rien d'autre que le recul nécessaire aux membres de l'équipe pour se détacher de toutes les pressions subies, les empêchant d'aller vers une solution positive pour tous et toutes[191]. L'objectivation consiste à reconnaître les différents éléments qui composent la situation, tandis que le rôle de la concertation est de clarifier ce qui serait à faire pour le malade, au vu des circonstances, pour que ceux à qui incombent les décisions aient une bonne intelligence de l'ensemble de la situation[192].

Ces recommandations sont, en fait, des dispositions générales. Elles sont de nature à rendre efficace le dialogue. Dans son ouvrage *Quelqu'un que j'aime se meurt... l'euthanasie ?*[193], Doucet déploie toute son adresse à guider la prise de décision dans le contexte de l'euthanasie et de l'aide au suicide. Ici, la prise de décision sera différente selon qu'il s'agit d'une personne capable ou d'une personne incapable. Dans le cas d'une personne incapable, « la prise de décision doit être fondée sur le bien de la personne malade. La décision doit être fondée sur le bien de la malade et non sur le bien de l'institution hospitalière, des membres de la famille ou de certains professionnels de la santé ». Le respect du meilleur intérêt de la personne passe par une approche globale de cette personne. Cette approche est susceptible de réussite en suivant deux pistes : le respect des objectifs fondamentaux de la médecine hippocratique (guérir, sauver une vie, maintenir en état une fonction, soulager la douleur, rétablir la santé) s'ils sont susceptibles d'être atteints. La seconde piste consiste à tenir compte de la réalité même

---

[190] Hubert Doucet, « La contribution de l'éthique à la pratique de la médecine intensive », *Journal Suisse de Médecine*, 125, 1995, p. 1140.
[191] Hubert Doucet, « Les soins : considérations éthiques », *op. cit.*, p. 540
[192] *Ibid.*, p. 543.
[193] Outremont, Novalis, 1992.

de la personne malade. Lorsque l'on connaît son histoire, le jugement substitué s'indique. « La personne chargée de prendre la décision le fait en tentant, le plus possible, de respecter les valeurs et les comportements de la personne incapable »[194], mais lorsque l'on ignore l'histoire de la personne, dans une situation d'urgence, par exemple, on utilise le critère de la personne raisonnable, c'est-à-dire que « la décision est prise en tentant de reconnaître ce qu'une personne prudente et raisonnable ferait dans une situation semblable »[195]. D'une façon générale, « les intérêts du malade doivent guider la décision »[196], qu'il s'agisse d'interruption de traitement, de nutrition artificielle ou d'autres situations. Dans le cas d'une personne capable, son autonomie reste incontournable. Le consentement éclairé s'impose comme un critère de décision[197].

C'est ainsi que Doucet conçoit l'intervention, qui est toujours le fruit d'une concertation. Il s'agit, pour lui, d'une action communautaire. Plus encore, dans un texte important, il explique comment l'approche classique en bioéthique, qui instaure une dialectique entre les principes et l'étude de cas, peut et doit être dépassée[198]. Cette approche classique encore aujourd'hui dans les comités d'éthique comporte : 1) la recherche des faits ; 2) l'identification des enjeux éthiques et moraux ; 3) l'application des principes au cas traité ; 4) la mise en ordre des principes qui conduit soit à une négociation et une conciliation entre eux, soit à voir que l'un des principes a clairement le dessus et permet de trancher. Les critiques de cette approche soulignent : 1) l'élimination des personnes au profit d'une approche théorique ; 2) la perte de vue de l'histoire du cas en sa complexité à partir d'une grille « objective » et 3) l'oubli du fait que les principes sont interprétés, et qu'ils peuvent l'être diversement. C'est dans ce contexte que Doucet, Larouche, Melchin et leur équipe ont tenté pour leur part de regarder plus attentivement la délibération en comités d'éthique, en suivant Jennings pour qui le consensus aide à transformer les agents autour de ce qui les réunit, l' « actance » morale (*moral agency*) plutôt

---

[194] *Ibid.*, p. 28.
[195] *Ibid.*, p. 29.
[196] *Ibid.*, p. 47.
[197] *Ibid.*, p. 30.
[198] H. Doucet, « Historical context : deliberation on methodology in Bioethics », dans H. Doucet, J-M. Larouche et K. Melchin, *Ethical Deliberation in Multiprofessional Health Care Teams*, Ottawa, Les Presses de l'Université d'Ottawa, 2001, p. 21-22.

qu'autour de ce qui les divise.[199] Ils ont poursuivi à cet égard deux pistes dans leurs divers travaux réunis en volume : les techniques de communication et l'idée de bien commun développée à la lumière de la notion de schèmes de récurrence exposée par Bernard Lonergan, un théologien canadien bien connu, notion qui permettrait de manifester les liens entre des valeurs apparemment opposées (voir leur ouvrage).

Signalons enfin que l'auteur a développé récemment un guide d'éthique pour les chercheurs dans le domaine de la santé[200]. Dans son livre, Doucet s'efforce de venir en aide aux chercheurs dans l'élaboration de leurs projets de recherche en énonçant les normes nationales et internationales auxquelles ils doivent se soumettre, en identifiant les éléments nécessaires à la rédaction de ces projets et en les sensibilisant aux raisons de ces exigences. Après avoir examiné les règles qui balisent et imposent des limites à la recherche, l'auteur porte son regard sur la recherche qui s'effectue dans le domaine de la clinique interventionniste, de l'épistémologie, du génie génétique et enfin dans le domaine de la recherche qualitative. Ces domaines de recherche soulèvent bien entendu de nombreuses questions éthiques.

---

[199] Ibid., p. 26.
[200] Hubert Doucet, *L'éthique de la recherche. Guide pour le chercheur en sciences de la santé*, Montréal, Les Presses de l'Université de Montréal, 2002.

ANNEXE

LEXIQUE

L'éthique : « L'éthique consiste ici à se préoccuper d'autrui alors que ce dernier passe par un moment difficile ou vit une situation douloureuse. Agir éthiquement, c'est se comporter, à l'égard de l'autre, de manière à lui permettre d'être respecté comme une personne humaine, dans un contexte qui pourrait conduire à son infantilisation ou à sa manipulation »[201].

L'éthicien clinique : « L'éthicien clinique "est reconnu comme un expert qui offre un avis ou fait une recommandation, dans des cas particuliers qui soulèvent des problèmes éthiques". Il a un double secteur d'intervention : la consultation et l'enseignement »[202].

L'éthique clinique : D'après Doucet, sa tâche « est d'améliorer la qualité des soins offerts aux patients, en identifiant, en analysant et en tentant de résoudre les problèmes éthiques que pose la pratique de la médecine clinique. Cette éthique est donc centrée sur les cas ; la forme principale de son action est la consultation »[203].

La consultation : Il y a, semble-t-il, accord pour définir la pratique de la consultation éthique de la manière suivante : « services offerts par des professionnels pour aider les travailleurs de la santé, les patients et leurs familles à identifier, à analyser et à résoudre les conflits moraux qui surgissent dans les situations cliniques »[204].

Euthanasie : Acte qui consiste à provoquer intentionnellement la mort d'autrui pour mettre fin à ses souffrances.

Euthanasie active : hâter la mort de quelqu'un, tandis que l'euthanasie passive consiste à ne plus lutter en faveur du maintien de la vie pour laquelle la médecine est devenue impuissante, tout en ne provoquant pas la mort.

---

[201] H. Doucet, « Les soins : considérations éthiques », *op. cit.*, p. 536.
[202] Georges F. Agich cité dans Hubert Doucet, « La dynamique et la nature de l'éthique clinique en contexte américain », dans C. Hervé (dir.), *Éthique de la recherche et éthique clinique*, Paris, L'Harmattan, 1998, p. 201.
[203] M. Siegler cité dans *Ibid.*, p. 199.
[204] Susan Kelly citée dans *Ibid.*, p. 201.

Euthanasie volontaire : à la demande ou avec le consentement du patient compétent alors que l'euthanasie involontaire intervient sans le consentement du patient apte ou si le patient est inapte.

Aide au suicide : le fait d'aider quelqu'un à se donner volontairement la mort en lui fournissant les renseignements et/ou les moyens nécessaires.

Arrêt de traitement : le fait de cesser un traitement susceptible de maintenir le patient en vie.

Abstention de traitement : le fait de ne pas amorcer un traitement susceptible de maintenir le patient en vie.

Soins terminaux : soins à offrir à une personne pour qui la médecine est impuissante à prolonger la vie qui ne demande qu'à s'éteindre.

Soins palliatifs : soins destinés à soulager la souffrance et à assurer le confort plutôt qu'à guérir.

BIBLIOGRAPHIE

DOUCET, H. *L'éthique de la recherche. Guide pour le chercheur en sciences de la santé*, Montréal, Les Presses de l'Université de Montréal, 2002.

DOUCET, H., J.-M. LAROUCHE et K. MELCHIN, *Ethical Deliberation in Multiprofessional Health Care Teams*, Ottawa, Les Presses de l'Université d'Ottawa, 2001.

DOUCET, H. *Mourir. Approches bioéthiques*, Paris/Ottawa, Desclée/Novalis, 1998.

DOUCET, H. *Les promesses du crépuscule*, Montréal, Fides/Labor et Fides, 1998.

DOUCET, H. *Au pays de la bioéthique. L'éthique biomédicale aux États-Unis*, Genève, Labor et Fides, 1996.

DOUCET, H. *Death in Technological Society*, Ottawa, Novalis, 1992.

DOUCET, H. *Quelqu'un que j'aime se meurt... l'euthanasie ?*, Outremont, Novalis, 1992.

DOUCET, H. « Historical Context. Deliberation on Methodology in Bioethics », dans DOUCET, LAROUCHE et MELCHIN, op. cit., p. 13-34.

DOUCET, H. « Le développement de la génétique : quelles tâches pour l'éthique ? », *Isuma*, 2, automne 2001, p. 38-45.

DOUCET, H. « De nouveaux défis pour la bioéthique », *Relations*, n° 654, 1999, p. 246-251.

DOUCET, H. « Pénaliser le citoyen irresponsable : une attitude sociale responsable ? », dans *Actes du colloque : Les enjeux éthiques en santé publique,* 20-21 mai 1999, Montréal.

DOUCET, H. « Faut-il soigner les aînés ? », *Prêtre et Pasteur*, juillet-août 1999, p. 413-421.

DOUCET, H. « La bioéthique : les fondements philosophiques cachés », *Annales d'histoire et de philosophie du vivant*, 2, 1999, p. 125-137.

DOUCET, H. et N. BURBIDGE, « Le patient irresponsable a-t-il le droit aux soins de santé ? De la position utilitariste à l'accueil lévinassien », *Église et théologie, 30*, 1999, p. 77-91.

DOUCET, H. « La bioéthique : sens et limite d'un mouvement socioculturel », *Ethica, 10(1)*, 1998, p. 31-57.

DOUCET, H. « La dynamique et la nature de l'éthique clinique en contexte américain », dans C. HERVE, (dir.), *Éthique de la recherche et éthique clinique*, Paris, L'Harmattan, 1998, p. 143-207.

DOUCET, H. « Éthique et discernement », *Les Cahiers de la S.F.P.L., 2*, 1997, p. 73-92.

DOUCET, H. « Les soins : considérations éthiques », dans P.-A. MICHAUD et P. ALVIN, (dir.). *La santé des adolescents*, Montréal, Les Presses de l'Université de Montréal, 1997, p. 535-545.

DOUCET, H. « L'euthanasie : une solution boiteuse à un problème véritable », *Revue médicale de la Suisse romande, 117*, 1997, p. 205-211.

DOUCET, H. « Un théologien dans le débat en bioéthique », *Revue d'éthique et de théologie morale, 202*, 1997, p. 17-37.

DOUCET, H. « Religion et bioéthique : réflexions sur l'histoire de leur relation », *Religiologiques, 13*, 1996, p. 99-113.

DOUCET, H. « La contribution de l'éthique à la pratique de la médecine intensive », *Journal Suisse de Médecine, 125*, 1995, p. 1138-1144.

BOUVIER, P. et *al.*, « Aspects éthiques du dépistage : réflexions à partir de l'exemple du cancer du sein », dans *Les Cahiers médico-sociaux, 38*(1), 1994, p. 5-87.

DOUCET, H. « Au-delà des morales, des législations et des codes, garder le dialogue ouvert et la conscience inquiète », dans *Élargir les horizons : perspectives scientifiques sur l'intégration sociale*, Québec, Ibis Press, 1994, p. 135-141.

DOUCET, H. « Les services de santé dans la tourmente : au-delà des réponses éthiques, une question de sens », dans *Éthique, santé et société*, Ottawa, Centre de techno-éthique USP, 1994, p. 3-20.

DOUCET, H. « Diagnostic prénatal », dans G. HOTTOIS et M.-H. PARIZEAU (dir.), *Les mots de la bioéthique*, Bruxelles, De Boek Université, 1993, p. 127-131.

DOUCET, H. « La quête d'une bonne mort : la société confrontée à l'euthanasie », *Infokara : Bulletin des Institutions Universitaires de Gériatrie de Genève*, décembre 1993, p. 61-65.

DOUCET, H. « La contribution du théologien à la bioéthique », dans M.-H. PARIZEAU (dir.), *Les fondements de la bioéthique*, Bruxelles, De Boeck Université,1992, p. 49-62.

DOUCET, H. « La contribution de la théologie au débat sur l'euthanasie », dans R. BÉLANGER et S. PLOURDE (dir.), *Actualiser la morale. Mélanges offerts à René Simon*, Paris, Cerf, 1992, p. 115-135.

DOUCET, H. « Le code de déontologie : un instrument utile, mais limité », *Nursing Québec, 12*(3), 1992, p. 40-43.

DOUCET, H. « Points chauds en éthique médicale (1) », *Prêtre et pasteur, 95*(7), 1992, p. 429-436 ; « Points chauds en éthique médicale (2) », *Prêtre et pasteur, 95*(8), 1992, p. 491-497.

DOUCET, H. « L'expérimentation sur les enfants », dans G. DURAND et C. PERROTIN (dir.), *Contribution à la réflexion bioéthique. Dialogue France-Québec*, Montréal, Fides, 1991, p. 119-132.

DOUCET, H. « Bioethics and the Practice of Christian Faith », dans J. CROTEAU, (dir.) *Défis présents et à venir de l'Université Catholique. Present and Future Challenges Facing Catholic Universities*, Ottawa, Saint Paul University, 1990, p. 221-232.

DOUCET, H. « La bioéthique comme processus de régulation sociale : la contribution de la théologie », dans M.H. Parizeau (dir.), *Bioéthique, méthodes et fondements*, Montréal, ACFAS, 1989, p. 77-84.

ENTREVUE AVEC HUBERT DOUCET

Pourquoi vous êtes-vous intéressé à la bioéthique ?

J'étais professeur de philosophie dans un Cégep, celui de Valleyfield. J'ai enseigné pendant dix ans la philosophie et je trouvais que le type de philosophie que l'on enseignait aux étudiants n'arrivait pas à tenir compte de la science et de la technologie. L'enseignement était centré sur la psychanalyse, en particulier Lacan, le langage et le marxisme. Il était très peu sensible au développement scientifique et technologique. J'ai alors cherché à me donner une formation qui s'intéresserait davantage à la science. J'en étais venu à penser que si la réflexion sur l'être humain ne prenait pas en compte la biologie, elle n'arriverait pas à le saisir comme une totalité, à rencontrer un être humain qui a une certaine unité. Je trouvais que la philosophie qu'on développait au Québec, durant ces années-là, était une philosophie très dualiste, incluant un certain dédain pour la science. Sa démarche ne donnait que très peu de place au corps. Et c'est ainsi que je me suis retrouvé en bioéthique. En effet, à l'époque, je ne voyais pas d'autre lieu pour commencer à aborder ces questions. Ce courant était naissant alors, en 1975-76. Il venait en effet de s'ouvrir un Centre de bioéthique à Montréal (en 1976). Je suis allé voir ce qui s'y passait et j'y suis resté pendant quatre ans. Il fallait développer un autre type de réflexion.

Vous disiez en 1996 et je vous cite : Le renouveau bioéthique « n'a pas humanisé la médecine car il n'a pas mis l'accent sur l'intégrité de l'être alors que la tragédie de la maladie, c'est d'être atteint dans son intégrité. Il a plutôt servi à légitimer l'entreprise hospitalière et médicale, tout en mettant en avant le respect des droits des malades»[205]**. Partagez-vous toujours cette thèse ?**

Je crois que je le dirais encore. La bioéthique, incluant l'éthique de la recherche, l'éthique clinique et tout autre type d'éthique dans le domaine de la santé est née d'une prise de conscience que le milieu de la santé ne respectait pas l'être humain, qu'il y avait un problème dans la manière d'offrir des soins de santé. Ainsi on utilisait les patients dans la recherche. On ne respectait pas leur désir d'arrêter les traitements lorsqu'ils

---

[205] Hubert Doucet, «Religion et bioéthique : réflexions sur l'histoire de leur relation », *Religiologiques*, 13, 1996, p. 112-113.

estimaient que leur vie était terminée. Il y avait un pouvoir médical très fort et la technologie occupait une place de plus en plus grande dans ses choix et sa pratique. Au fond la bioéthique est née comme une protestation contre ce mal. Mais la réponse qui s'est peu à peu imposée devant le questionnement n'est pas celle que cherchaient les premières personnes qui se sont exprimées sur ces questions aux États-Unis. La réponse que l'on a mise en place, c'est celle des droits des patients. On a développé toute une structure centrée sur le droit à l'information, la nécessité du consentement éclairé, ce que l'on a appelé l'autonomie du patient. Mais on a peu tenu compte de ce que vit ce malade, cette personne qui souffre, qui est en train de perdre quelque chose, qui expérimente la perte de certaines parties d'elles-mêmes, son intégrité et qui voudrait retrouver l'autonomie personnelle, non pas au sens du droit de décider mais comme respect de sa sensibilité, de sa vie. Il me semble que la bioéthique n'a pas été capable de mettre en place ce type d'aide à la personne touchée par la maladie. Elle a cherché à y répondre uniquement ou plutôt principalement par le droit, à partir de la règle du consentement éclairé. Or, quand on réfléchit sur la fin de la vie d'un malade, ce que cet être humain attend des soignants et de sa famille, ce n'est pas le consentement éclairé, mais c'est d'être encore aimé. Qu'il soit encore soutenu par les autres, qu'il y ait une communauté autour de lui, etc. On ne peut pas dire que nos soins ont développé, au cours des dernières années, cette dimension. Le progrès de l'éthique ne s'est pas accompagné d'une plus grande humanisation des soins. Comment parler d'un progrès éthique dans les soins, alors que la déshumanisation des soins est de plus en plus reconnue ?

Si donc vous maintenez votre thèse, pourquoi la bioéthique ne parvint-elle pas, entre 1996 et 2003, à faire davantage de progrès et à humaniser la science, le rapport avec le patient ?

Examinons le développement de la bioéthique au Québec. Demandez aux étudiants ou aux membres des comités d'éthique cliniques ou des comités d'éthique de la recherche, ce qu'est l'éthique. S'ils ont eu un ou quelques cours d'éthique, ils vont vous nommer les principes de la bioéthique : l'autonomie, la bienfaisance et la justice. L'idée qu'ils ont de l'éthique, c'est une éthique fondée en quelque sorte sur une image que je pourrais qualifier « d'éthique jurisprudentielle », qui est donc peu fondée sur l'attention à l'histoire de la personne malade. On est plus centré sur une éthique jurisprudentielle et moins sur ce qu'on pourrait appeler une éthique de type narratif. Or l'histoire est centrale, non seulement celle du patient, mais aussi l'histoire des soignants en relation avec ce patient. Parce que les soignants vivent également des histoires difficiles. Si vous discutez avec eux, ils vont vous parler des malaises, des difficultés et des déceptions à l'égard de leur travail. Néanmoins, lorsque vous parlez d'éthique avec eux, ils ont déjà des réponses toutes faites, les réponses officielles, qui se sont en quelque sorte imposées. De sorte qu'aux yeux de l'éthique médicale, on ne semble pas avoir besoin actuellement de réfléchir à la déshumanisation des soins. Ainsi l'éthique clinique est plutôt centrée sur la résolution des dilemmes et non pas sur une philosophie du soin. On essaie de résoudre les dilemmes entre les exigences des patients ou des familles et les capacités des établissements ou des soignants à répondre à ces exigences. Il n'y a pas de réflexion sur ce que vivent les personnes malades. Je crois que les deux positions (jurisprudentielle et narrative) vont continuer de cheminer de façon parallèle sans vraiment se rencontrer.

Est-ce que c'est par un manque de formation ? Ou quoi encore ?

C'est une question de formation, bien sûr. C'est aussi une question qui touche particulièrement le domaine de la bioéthique (concernant les soins de santé). Je ne veux pas parler ici des autres types d'éthiques, comme l'éthique appliquée. Dans le domaine de la bioéthique, l'éthique est dominée par le droit pour diverses raisons. De fait, il y a beaucoup de juristes qui se sont intéressés à ces questions. De plus, pour beaucoup de soignants, en particulier les médecins, l'éthique devient une forme de protection contre les poursuites. Dans mon travail de consultant en éthique clinique (lorsque j'étais à Ottawa), j'ai remarqué que plusieurs médecins demandaient une consultation clinique parce qu'ils voulaient éviter d'être poursuivis. Réfléchissant à toute l'organisation de notre système de santé, je dirai aussi que le souci de la souffrance du malade n'est pas ce qui fait vivre les administrateurs et les gestionnaires du système. L'exemple le plus caricatural nous est donné dans les « Invasions barbares », le film de Denys Arcand. C'est poussé à bout. C'est la caricature, mais tout le monde a compris, tout en ne comprenant rien. Tout le monde a reconnu dans ce film quelque chose de la gestion du système dans notre contexte.

Enfin, je suis souvent frappé de voir, lors des présentations dans des congrès ou des colloques, que ce soit en éthique clinique ou en éthique de la recherche que beaucoup de gens intitulent leur présentation : « Enjeux ou considérations éthiques et juridiques sur... ». En écoutant ces présentations, je me demande souvent où est la différence. Ces concepts sont devenus passablement synonymes. Les éléments traités alors ne relèvent pas directement de l'éthique, mais tiennent d'une certaine façon au contexte social et politique dans lequel on se trouve.

Pour qu'une perspective comme celle-là puisse changer, que faut-il faire ?

Il faut passer par l'éducation, une éducation faisant appel au vécu de la personne en formation. À l'Université de Montréal, on a fait le choix de développer, dans la formation des internes en médecine, une éthique de type plutôt narratif. On essaie d'aller dans cette direction-là, sans nier la place des normes et de la déontologie. Il faut former les internes à l'écoute et à la communication qui sont le cœur de l'éthique. Notre modèle est un peu différent de celui que certains groupes de travail du Collège Royal des médecins et chirurgiens ont proposé. Leur modèle représente davantage le courant jurisprudentiel. Néanmoins, dans certains milieux médicaux et aussi dans le milieu des soins infirmiers, on voit se développer, autour du « caring », une grande attention à ce qu'on appelle la narrativité. Dans certains milieux médicaux américains, on s'intéresse beaucoup à la narrativité, pas seulement à l'éthique narrative, qui renvoie les résidents à ce qu'ils vivent et aussi à ce qui les fait vivre. L'écoute et la communication sont ainsi beaucoup mieux intégrées au travail quotidien. Cette approche n'est sans doute pas dominante mais elle me paraît de plus en plus reconnue. Au Congrès conjoint de la Société américaine de bioéthique et de la Société canadienne de bioéthique qui se tenait à Montréal en octobre 2003, ces approches ont été largement débattues.

Vous dénoncez parfois la collusion entre les bioéthiciens et « l'establishment scientifique »[206]. Que voulez-vous dire ?

Oui, tout à fait. Je pense qu'on commence à peine à réfléchir sur les conflits d'intérêts des bioéthiciens. Pour survivre, on a besoin d'argent et l'argent vient des subventions pour des projets de recherche. Les universités nous forcent à aller chercher de l'argent. Et où va-t-on le chercher ? Là où il est. Pour ma part, à l'intérieur d'un groupe plus large, regroupant des chercheurs de plusieurs universités québécoises, nous avons obtenu plus d'un million de subvention de Génome Canada et de Génome Québec pour un projet intitulé Génomique, Éthique, Droit et Société. Pour le groupe GREB (Groupe de recherche en bioéthique), nous avons reçu 250000$. Ce fait nous amène à frayer avec des gens qui font de la génomique et d'autres qui donnent de l'argent pour faire de la recherche en génomique. Vous voyez quel risque on court. Même en dehors des questions monétaires, si vous voulez travailler dans les milieux de recherche et être accueilli dans ces milieux-là, il faut quand même qu'on sente que vous avez une certaine affinité avec ce qui est fait. Il y a environ le quart de mes étudiants en bioéthique qui sont médecins ; ils me disent souvent qu'ils se sentent souvent de ce fait mis au banc des accusés par nombre d'autres étudiants et parfois par certains profs. Vous voyez que pour instaurer le dialogue entre tout ce monde, c'est assez mal parti. Donc si vous voulez être proche de ces milieux-là dans le fond, jusqu'où devez-vous aller dans la proximité ? Ça c'est un défi de taille.

Il y a donc cet aspect du conflit d'intérêt, mais également le fait que les bioéthiciens participent à une forme de juridicisation de la bioéthique. Pouvez-vous développer davantage cette idée ?

Oui, je crois que la bioéthique est en grande partie composée de juristes. Ils amènent donc leur forme de pensée. Il faut dire aussi que chez beaucoup de personnes, l'éthique est vue comme une application de normes. On la voit comme une

---

[206] Hubert Doucet, « La bioéthique : sens et limite d'un mouvement socioculturel », *Ethica*, 10/1, p. 54.

normativité. De nombreux éthiciens sont satisfaits, je crois, si on a bien établi les normes de la protection des individus dans la recherche, par exemple. Ils posent peu la question suivante : quels sont les impacts des choix que nous faisons sur le devenir de la société ? Le cadre de l'éthique de la recherche se définit par la protection des individus participant à des projets de recherche. On est aussi de plus en plus sensible aux communautés, comme les communautés autochtones et autres qui participent aux projets comme sujets de recherche. Mais, dans tous les cas, on ne pose pas la question du sens de la recherche. Au fond, ce que les chercheurs vont souvent demander aux spécialistes de l'éthique (et ce n'est pas un reproche que je leur fais) c'est de leur montrer comment faire pour rédiger des consentements éclairés acceptables aux comités d'éthique. Aujourd'hui, il n'y a plus personne qui conteste cette requête de consentement ; même l'industrie pharmaceutique ne la conteste pas. De même, les chercheurs dans le domaine des sciences de la génétique ou autres ne la contestent absolument pas. Mais, si quelqu'un pousse sa réflexion plus avant et se questionne sur le sens de la recherche, le registre vient de changer.

Et c'est là que vous frappez un mur.

Je crois qu'il faut développer le dialogue dans des perspectives différentes et ne pas rechercher forcément le consensus. Je pense qu'on ne peut pas aboutir à un consensus dans le domaine de la recherche. Il y a trop de perspectives différentes, trop de points de vue divergents ; mais il faut favoriser des espaces où chacun se sentira non seulement libre de s'exprimer, mais aussi écouté par les autres. Malgré l'intérêt de la démarche du dialogue, elle n'est pas facile. Des chercheurs en biologie animale de l'Université Laval qui ont participé à ce type de dialogue avec des éthiciens ont trouvé la démarche « douloureuse », non pas au sens où les gens se seraient engueulés et ne se seraient pas respectés. Ce fut douloureux au plan de la réflexion personnelle et de la compréhension de l'autre. Ce processus du dialogue est très lent ; ça ne peut pas être autrement tellement les points de vue sont différents.

D'autre part, diriez-vous que la bioéthique tend à atteindre le but que vous lui fixiez, à savoir « de protester

contre les structures qui réduisent l'être humain à l'ordre du moyen et [de devenir] un engagement pour changer les conditions de cette situation ?» [207]

L'idée, c'est de faire en sorte que le sujet, même le sujet de recherche qui est nécessairement un moyen à l'intérieur de la recherche, soit considéré comme un partenaire. Si l'on agissait de la sorte, la manière de traiter le sujet de recherche, de lui parler, de lui demander son consentement, serait tout à fait différente. Parce que le sujet ne constitue pas simplement un moyen dont j'ai besoin, il est aussi un partenaire dans une démarche. Il faut donc se poser les questions suivantes : Comment préparer la rencontre ? Comment la réaliser ? Comment assurer le suivi ? Ce sont des questions qu'il importe de valoriser davantage. Je crois que ça pourrait être un des éléments de la contribution de l'éthique à la réflexion sur l'éthique de la recherche et sur l'éthique clinique. Si on prenait des « photographies » de ces demandes de consentement éclairé que l'on exige du patient, verrait-on vraiment ce à quoi le patient consent ? Pour le soignant, demander un consentement, ça devrait être un moyen de mieux intégrer la maladie du patient, c'est-à-dire de mieux la comprendre en regard du patient réel. Je crois que ce n'est pas encore ce qui est vraiment visé. Pourtant quand on pose la question : qu'est-ce qu'un bon médecin ? La réponse que l'on donne va dans ce sens. Un bon médecin, c'est d'abord quelqu'un qui est compétent, je crois que personne ne nie ça. Mais c'est aussi quelqu'un qui comprend son patient, qui lui parle et qui l'écoute.

Et ce n'est pas cela qui se passe actuellement

Non. Je pense que ce n'est pas le cas pour toutes sortes de raisons. Et il faudrait élargir notre regard : comment par exemple les patients sont reçus dans une salle d'attente ? Je pense que ça fait aussi partie de ce que sera la rencontre clinique. Mais on n'y réfléchit jamais en éthique clinique.

Pouvez-vous préciser votre pensée ?

---

[207] Hubert Doucet, «Éthique et discernement », *Les Cahiers de la S.F.P.L.*, 2, 1997, p. 75.

Il ne s'agit pas de l'accueil du médecin directement. On a beaucoup réfléchi, aux États-Unis en particulier, sur le rapport direct entre le médecin et le patient. Mais qu'est-ce qui se passe avant ? Qu'est-ce qui va se passer après ? On va donner un diagnostic au malade, puis on peut, par exemple, l'envoyer vers un spécialiste. Et quel sera le rôle du spécialiste ? Comment je vais comprendre, moi en tant que patient, ce que je peux en attendre ? Ce sont là des questions qui ne sont jamais abordées en éthique. On n'a pas réfléchi là-dessus et pourtant elles sont essentielles pour que le malade puisse intégrer son état, sa maladie dans sa relation avec les soignants et qu'il se sente accueilli et compris par eux.

Dans ce sens-là, comment votre travail participe à ce mouvement de protestation à l'égard de la réduction de l'être humain à un moyen ? Et comment se concrétise cette volonté de développer cette éthique que vous avez appelée narrative ?

Cela se reflète je pense dans l'enseignement en bioéthique et en éthique médicale auquel je participe. Que ce soit dans les cours ou le travail avec les médecins patrons qui doivent former leurs résidents, l'effort est mis sur le dialogue, la parole, l'importance de l'écoute. C'est une manière de favoriser le développement d'une éthique différente. Dans les formations qu'il m'arrive de donner ou les consultations qui me sont demandées, dans ma manière de travailler avec ces personnes je vise aussi à développer ce plan de l'autonomie, définie au sens narratif du terme, c'est-à-dire de retrouver le respect de la personne qui se fait par la parole. L'autonomie est un élément extrêmement important, mais il n'est pas vu simplement comme un pur consentement éclairé. Ce qui me frappe depuis quelques années, c'est comment les soignants sont devenus très respectueux de l'autonomie, c'est-à-dire du consentement des patients. Mais ils n'ont pas compris l'autonomie au sens d'un dialogue avec les malades. Je vous donne un exemple : une famille, dans un centre d'hébergement, refusait aux soignants, au nom de l'autonomie, d'entrer dans la chambre de la malade sans la présence d'un membre de la famille. La famille exigeait ça, et les soignants disaient « on ne peut pas entrer parce qu'il faut respecter l'autonomie de la famille. » Une telle position n'a pas de sens et crée une crise dans un milieu. On ne tenait pas compte du meilleur intérêt de la personne malade puisque la famille décidait à sa place et sans tenir compte de sa situation. Il y a là une valorisation de l'autonomie qui s'exprime au détriment même du bien du malade. Il faut donc, dans les formations, aider les gens à découvrir des perspectives plus larges, plus équilibrées sur la vie sociale, sur le respect des malades, sur ce qu'ils vivent.

Donc, finalement, c'est vraiment la domination du droit.

Oui, je pense qu'on peut le dire à partir du développement des chartes des droits[208].

Mais d'après vous est-ce que cette éthique libérale est en mesure de pouvoir intégrer autre chose, ou va-t-elle toujours se heurter à cette dimension omniprésente du droit qui est en fin de compte le fondement même du libéralisme ?

Je suis peut-être encore un peu naïf, mais je crois qu'il est possible de développer une autre perspective, tout en étant conscient des changements culturels, économiques, sociaux qui donnent une grande place au droit. Il est extrêmement important de construire une éthique clinique qui tienne compte des dimensions sociétales dans lesquelles on se trouve. La relation médecin-patient est souvent considérée en dehors du contexte d'un régime de médecine sociale. Elle est plutôt élaborée dans une perspective américaine où le système de santé est conçu comme une marchandise qu'on achète. Alors, c'est très beau cette relation privilégiée entre le médecin et le patient. Mais qui peut y avoir accès dans ce contexte-là ? Alors, si nous (Québécois) voulons développer une éthique clinique qui soit sensible à la souffrance des personnes malades, il ne faut pas perdre de vue que nous sommes dans un système de santé tout à fait particulier qui n'est pas le système de santé américain. Je me demande parfois si notre système n'est pas en crise en raison du fait qu'il a été fondé sur la solidarité alors que notre contexte culturel est devenu individualiste. On remet de plus en plus en cause notre système pour toutes sortes de raisons dont celle de l'impossibilité de maintenir cette solidarité compte tenu du fait que nous nous

---

[208] N.d.A. : la Charte québécoise des droits date de 1975, celle du Canada date de 1982.

voyons de plus en plus comme des consommateurs de soins et que les médecins ou les soignants sont eux-mêmes des gens qui sont en quelque sorte des producteurs. A cela s'ajoute le développement des technologies, le vieillissement, toute une série d'éléments qui font que le système lui-même, fondé sur la solidarité, est vraiment en crise.

D'après vous, est-ce que ce système fondé sur la solidarité marchait concrètement ?

Je crois que oui, parce qu'on y a beaucoup cru. Cela avait beaucoup de sens. Il faut rappeler le fait que dans les années cinquante, beaucoup de familles s'endettaient lourdement ou ne pouvaient pas faire soigner leurs membres parce qu'elles n'avaient pas d'argent. On a créé ce système de santé dans une perspective de bien commun et je crois que, pendant longtemps, on l'a vu comme une grande réalisation, comme quelque chose d'extraordinaire.

Mais sur le terrain, est-ce que l'on sentait cette solidarité entre le médecin et le patient ?

Il n'y avait pas nécessairement plus de dialogue, mais peut-être plus de confiance entre le patient et le médecin. Il y avait peut-être un paternalisme, à l'époque c'était surtout des hommes qui étaient médecins. Mais il existait une grande confiance du fait qu'on avait un bon système et qu'on croyait qu'il pouvait être continuellement amélioré. Les Américains venaient voir chez nous ce qui se passait. On avait une vision très positive du système même s'il n'y avait pas beaucoup de paroles qui s'échangeaient entre le médecin et le malade. Peut-être n'avions-nous pas besoin d'échanger des paroles parce que l'on avait confiance ?

Et on dit aussi que dans la relation le médecin parlait beaucoup et que le patient écoutait.

Oui, on ne cherchait pas forcément à comprendre, et on ne pensait pas que le patient devait toujours donner son accord. Non, le patient savait bien ce qu'il avait à faire. Mais je pense qu'il y avait une confiance dans le médecin et dans le système qui se développait. Ce système était dans une ligne de progression, d'avancement.

Alors que le système est maintenant visiblement en crise.

Oui, et à l'intérieur, les gens sont en crise aussi.

Je voudrais aborder maintenant les questions qui concernent la dimension méthodologique de votre travail. Vous parlez d'un modèle de l'alliance thérapeutique. Qu'est-ce que cela veut dire concrètement ?

Je souhaite l'opposer au contrat thérapeutique. Vous voyez là encore mon contentieux avec le droit. Le contrat, ça se fait entre deux étrangers en quelque sorte. Alors que l'alliance, ce sont des personnes qui s'engagent ensemble. Et dans le terme d'alliance, on devient des compagnons ou des compagnes de route. On fait une alliance ensemble. On va donc cheminer ensemble. C'est ça que je voulais dire par cette terminologie. Je crois que le contrat, du moins dans cette vision, se passe entre deux égaux ; dans l'alliance, ce n'est pas nécessairement entre égaux mais entre deux êtres qui décident de cheminer ensemble. Le terme d'alliance est emprunté à la Bible et manifeste qu'il ne s'agit pas d'une relation entre égaux. Dieu et son peuple ne sont pas égaux, mais ils sont ensemble. Non pas que le médecin est dieu (vous connaissez cette boutade :quelle est la différence entre Dieu et le médecin ? C'est que Dieu ne se prend pas pour le médecin), mais l'idée est que cette alliance se construit selon un cheminement commun en vue d'une action commune, celle de la guérison, de l'intégrité, de l'autonomie ou de la visée d'un mieux être.

Mais justement, vous parlez de sens de la vie. Ce n'est pas seulement l'individu qui veut retrouver son autonomie. Est-ce que vous pouvez aller encore plus loin ?

Le sens de la vie du patient, c'est le patient qui va le déterminer. Et les médecins d'expérience disent d'ailleurs que plus rien ne les surprend sur ce qu'ils peuvent apprendre sur la vie de leurs patients. Les patients déterminent leur vie depuis longtemps. Pour le patient, le sens, c'est que son histoire personnelle soit intégrée dans quelque chose. Ce patient n'est pas seul, n'est pas coupé de tout. Je crois que le sens de sa vie est lié à un passé, aux événements d'aujourd'hui et aux anticipations du futur. Donc, sa vie est une histoire. Je crois que c'est difficile d'aller plus loin que ça. Il ne faut pas imposer un sens particulier, dire que le sens de la vie d'un malade, c'est de croire, c'est la croyance en Dieu. Je crois que les soignants doivent permettre à un malade de voir que sa maladie ne le coupe pas de son passé, qu'il a un certain avenir et nous, en tant que soignants, on peut l'aider dans ce sens-là.

Vous dites donc que le patient se trouve très seul face à ses maladies.

Oui, je crois. Comme soignant, il faut demander au patient ce qu'il désire et comment il est possible de le soutenir. En lui posant ces questions, le patient pourra se dire : je suis encore quelqu'un même si je suis défait, désintégré. Je suis encore quelqu'un parce qu'il y a des gens qui me montrent que je suis vivant.

On pourrait dire que ce sentiment de solitude que la personne vit dans le milieu médical, on le retrouve dans la société.

Oui, tout à fait. Mais est-ce que l'éthique n'a pas quelque chose de plus à dire ou simplement est-ce que l'éthique équivaut à la sociologie au sens très limité de décrire ce qui est ? L'éthique n'est-elle pas, pour reprendre les mots de Ricoeur, une visée de la vie bonne, ou une relation avec autrui, selon Lévinas, avec et pour autrui dans les institutions justes ? L'éthique n'a-t-elle pas au fond à apporter quelque chose d'autre, le supplément d'âme de Bergson.

Par rapport au dialogue, vous reprenez les trois exigences qu'on retrouve chez Malherbe, soit la distanciation, l'objectivation et la concertation. Or, quand vous intervenez, c'est que ces trois exigences du dialogue n'ont pas été respectées.

Quand je parle de ça, c'est plutôt comme des méthodes de résolution de conflit.

Mais justement c'est parce que ces méthodes-là n'ont pas été respectées. Je me demande quel a été l'apport du mal dans l'élaboration de cette théorie du dialogue. Vous êtes appelé dans des situations où précisément ces règles ont été bafouées.

Quand je parle de distanciation, d'objectivation et de concertation, c'est plutôt à l'intérieur de méthodes que je pratique lorsque, pour toutes sortes de raisons, des soignants et des familles sont aujourd'hui confrontés au mal. Comment va-t-on pouvoir résoudre dans une équipe de soins, par exemple, les difficultés auxquelles on est confronté parce qu'il n'y a plus personne qui s'écoute. Dans certaines situations, tout le monde est « en guerre ». Un moment donné, il faut que les personnes en arrivent à ne plus simplement se fermer sur elles-mêmes pour entrer en lutte contre l'autre. Il faut développer des méthodes qui vont permettre aux gens de vraiment s'exprimer, de ne pas se sentir offensés par l'autre et de pouvoir discuter des questions réelles. Ce que j'ai développé un peu comme méthode, c'est, dans un premier temps (et là j'ai tenté de me sentir très près des soignants), d'inviter les soignants à dire ce qu'ils voudraient faire pour résoudre la situation difficile à laquelle ils sont confrontés. On discute rarement d'éthique au départ, mais plutôt d'action à faire. Je demande à tout le monde, qu'est-ce que vous feriez ? De sorte que l'on se retrouve devant une série de propositions d'action que j'appelle des scénarios que l'on va analyser. Les participants sont ainsi conduits à prendre une certaine distance à l'égard d'eux-mêmes. En effet, on ne parle plus de tel ou tel soignant avec lequel on ne s'entend pas mais d'une situation que l'on analyse, d'une proposition d'action que l'on évalue. On va ainsi en analyser plusieurs qui sont différentes, opposées et évaluer les conséquences de chacune pour tout le monde. Ça permet aussi de se distancier de sa propre proposition. C'est alors que l'on fait entrer dans la discussion les valeurs éthiques, le respect de la vie, etc. Mais ce n'est plus comme dans le premier temps, quand on était dans la chicane. Et là on voit souvent que, quelle que soit l'orientation que l'on défend, tout le monde parle des mêmes valeurs, le respect de la vie. Les thèses opposées sont animées d'un même idéal. Le troisième élément de cette méthode-là consiste, après les analyses des propositions, à choisir. On ne peut pas ne pas choisir. Et là, on est renvoyé à une nouvelle discussion parce que même si on peut bien dire qu'on a fait un bon tour d'horizon des enjeux éthiques, cela ne donne pas une décision. Il faut donc choisir. Mais sur quelle base va-t-on choisir ? Et qui va choisir ? Là, on est appelé à travailler sur une autre dimension de la décision. J'ai remarqué que dans les équipes de soins avec lesquelles j'ai travaillé et qui utilisaient cette approche, les participants acceptaient très bien que leurs propositions ne soient pas retenues à condition que le processus ait été clair et que de temps en temps, leurs propositions soient retenues. C'est une manière de construire une certaine solidarité dans des équipes en difficulté. Ce que j'ai donc apporté, c'est des exigences méthodologiques dans la résolution de conflits.

Et sur le terrain, vous diriez que ça marche ?

Oui, je l'utilise souvent sans nécessairement le faire de façon très structurée. Je demande toujours aux personnes ce qu'elles feraient plutôt que de leur demander quels sont les principes éthiques qui les guident. Il y a des méthodes différentes ; celle développée par mes collègues Guy Durand et Céline Crowe donne aux principes une place centrale. Les participants décrivent un peu la situation, puis abordent les principes éthiques en jeu. Personnellement, je ne crois pas cette approche pertinente parce que selon ma vision des choses, les soignants pensent en terme d'action. Il faut plutôt analyser l'action qu'ils veulent entreprendre. Ma méthode, mon approche ne vaut peut-être pas pour toutes les situations, pour tous les cas. Ce n'est peut-être pas une approche qu'un médecin doit utiliser dans sa relation individuelle avec son patient. C'est une méthode qu'on utilise dans des situations où il y a des conflits. Et ça vaut pour beaucoup des équipes interdisciplinaires et multidisciplinaires.

Dernièrement, vous vous êtes intéressé à l'éthique de la recherche.

Pendant longtemps, je ne voulais absolument pas m'y intéresser.

Et pourquoi soudainement cet intérêt pour l'éthique de la recherche ?

Je pense qu'il y a deux raisons. Je suis arrivé à Montréal en 1997, il y avait ici un besoin de développer l'éthique de la recherche parce qu'à l'Université, c'était très peu développé. Il y avait aussi l'*Énoncé de politique des trois conseils* concernant l'éthique de la recherche qui allait se mettre en place. Comme il y avait toute une structure qui allait se développer, il fallait réfléchir sur les éléments fondateurs de cette structure, c'est-à-dire sur la vision éthique de cette éthique de la recherche. Est-ce qu'on allait simplement essayer de se conformer aux normes imposées ou allait-on mettre à profit l'occasion pour réfléchir davantage sur le sens de la recherche et sur la formation des jeunes chercheurs ? C'est vraiment ce qui m'intéressait : le type de formation à développer. D'autre part, j'ai été amené à faire beaucoup de présentations dans différents milieux, à l'université, dans les hôpitaux et ailleurs, et je me rendais compte que les gens ne comprenaient absolument pas le sens de l'éthique de la recherche, son sens originel. La science imposait aux sujets de la recherche d'être des cobayes et ces gens étaient toujours des sujets vulnérables, des sujets faibles, des vieux, des enfants, des prisonniers. Si on voulait donc développer une éthique de la recherche qui pourrait avoir du sens au plan éthique, et qui ne serait pas simplement un jeu de normes, il fallait renouer avec le sens premier de l'éthique de la recherche. Ce sens premier consistait non seulement à protéger les sujets de recherche mais aussi à réfléchir sur la science, sur la place de la communauté dans la science, etc. C'est dans ce sens que j'ai voulu, à ce moment-là, travailler. J'ai ainsi développé un projet de recherche que je poursuis avec Cécile Lambert (Université de Sherbrooke), Jean-Marc Larouche (UQAM) et Danielle Laudy (Université de Montréal) sur la représentation du public dans les comités d'éthique de la recherche. Quel dialogue établir à l'intérieur des comités d'éthique de la recherche ? Dans ce contexte, j'ai été amené à écrire *Éthique de la recherche* (2002) en essayant de situer les normes nécessaires dans le contexte plus large de la recherche contemporaine et de la responsabilité citoyenne.

Vous allez poursuivre cela ?

Oui, je vais poursuivre. Je le poursuis toujours un peu dans la formation. Mais je le poursuis autour de la génomique, en abordant le développement de la génomique et le débat public. Parce que, au fond, ce qui m'intéresse dans l'éthique de la recherche, c'est cette dimension du public, du dialogue, etc.

Qu'est-ce qui au Québec reprend un peu votre pensée ?

Souvent, je rencontre des gens qui me disent qu'ils aiment bien ce que je fais, des gens qui siègent dans des comités d'éthique disent que mon travail les aide beaucoup. Je sens que l'approche que je privilégie plaît à plusieurs, peut-être parce qu'ils y retrouvent leur être soignant. J'essaye justement de proposer des réflexions qui ne soient pas à l'extérieur de leur être de soignant. De plus, j'éprouve beaucoup de plaisir à constater que les jeunes que je forme, chercheurs ou praticiens, poursuivent dans cette direction. À Ottawa où j'ai enseigné, j'ai eu aussi des disciples qui continuent cette forme de pensée. À Montréal, c'est encore plus explicite. Les jeunes chercheurs avec qui je travaille poursuivent cette vision du dialogue. Aux programmes de bioéthique, nous diplômons nos premiers doctorants et le souci qui habite ces personnes va dans le même sens. Les jeunes chercheurs du GREB sont animés de ce souci.

Propos recueillis par Francis Moreault

L'APPROCHE DE
GUY DURAND EN BIOÉTHIQUE[209]

---

[209] Recherches : Allen Leblanc.

Guy Durand est formé en droit et en théologie. Il œuvre principalement dans le champ de la bioéthique (l'éthique clinique, l'éthique de la recherche) mais aussi dans le domaine de l'éthique fondamentale et, dans une moindre mesure, dans le champ de l'éthique environnementale. De plus, sa formation en droit l'a amené à analyser les rapports entre le droit et l'éthique. Il s'est aussi intéressé à la question de la morale sexuelle, surtout dans la première moitié de sa carrière.

Quoique étant principalement théologien, Durand développe une approche philosophique de l'éthique (questionnement sur les finalités de l'agir, le sens des actes, les rapports moyens/fins, etc.) ; le plus souvent, il procède par analyse conceptuelle des notions utilisées en éthique. Évidemment, la dimension théologique est présente (recours à la tradition religieuse, analyse du sens des textes religieux, etc.). Sa formation en droit lui permet également de procéder à des analyses juridiques qui servent à éclairer les rapports droit/éthique.

Guy Durand prône ce qu'il appelle une méthode dialectique, c'est-à-dire une méthode qui intègre les méthodes déductive et inductive en éthique, un va-et-vient entre la réflexion sur les valeurs, les principes, etc. et l'analyse des situations concrètes qui se présentent dans le champ de l'action. Pour lui, cela permet d'éviter de réduire l'éthique à une application rigide de principes, démarche propre au déductivisme, de même que d'éviter de succomber au relativisme et à la tentation du compromis, risques inhérents à l'inductivisme[210].

Il possède une excellente capacité de synthèse. À ce titre, son ouvrage *Introduction générale à la bioéthique. Histoire, concepts et outils*, apparaît comme l'une des synthèses les plus imposantes de la bioéthique à avoir été écrites à ce jour.

Bien que théologien, Durand développe davantage une réflexion philosophique et se réclame lui-même de l'approche personnaliste. En ce sens, la dimension religieuse est certes partie

---

[210]Guy Durand, « Coordonnées de base de l'éthique », *Laval théologique et philosophique*, 50/3, 1994, p. 467-480. Voir aussi Guy Durand, « Liberté et société : le champ de la recherche biomédicale », dans *Questions de liberté*, Montréal, Fides, 1991, p. 177-196.

intégrante de ses analyses, mais jamais en un sens d'autorité du sacré, toujours plutôt dans le cadre du respect de la personne humaine, constitué à travers l'évolution de l'humanité appuyée par la tradition chrétienne. « Personnellement, écrit-il, je me situe plutôt dans le courant personnaliste. À tout le moins, je refuse énergiquement l'école utilitariste »[211]. Il définit ainsi le courant personnaliste :

Plusieurs courants de pensée (...) se rencontrent, mettant la personne humaine au cœur même de leur recherche morale. L'objectif de l'éthique, c'est le respect, la protection, la promotion de la personne humaine : non seulement des personnes concrètes, existantes, mais encore de la personne, de ce qui en constitue la nature, les éléments, la valeur, la dignité. Certains s'expriment un peu différemment en parlant du respect de l'homme, de tout l'homme (corps, cœur et esprit) et de tous les hommes (indépendamment de leur contrée, race, sexe, religion). Toute la sensibilité contemporaine en faveur des droits fondamentaux de la personne s'inscrit dans cette ligne, prolongeant les intuitions et les recherches de grands philosophes et théologiens comme Emmanuel Mounier, Gabriel Marcel, Martin Buber, et même, d'une certaine façon, Emmanuel Lévinas[212].

Bien que s'affichant de confession catholique, Durand admet de plus volontiers que l'éthique, particulièrement si on l'envisage du point de vue du respect de la personne humaine, ne se fonde pas directement sur la croyance en Dieu. Certes, comme il l'écrit, « (...) toutes les grandes religions enseignent une morale. Et il est normal que le croyant s'efforce de faire l'unité dans sa vie entre sa foi et sa pratique. D'un autre côté, les incroyants ont une morale et plusieurs se donnent un idéal moral très exigeant. Le contenu (valeurs, principes, règles) de ces morales est souvent convergent »[213]. En ce sens, ajoute-t-il, « la recherche morale se fait de plus en plus en interdisciplinarité, sans évocation idéologique ou religieuse, à partir de la même démarche inductive. C'est dire qu'il y a une autonomie de la morale ou de l'éthique :

---

[211] Guy Durand, «Coordonnées de base de l'éthique », *op. cit.*, p. 471.
[212] *Ibid.*
[213] *Ibid.*, p. 472.

une recherche à dimension rationnelle, humaine, à partir de la raison, fondée sur la personne, la société, les valeurs, etc.»[214]

Certes, la perspective personnaliste de Durand se fonde sur une vision philosophique de la dignité humaine (ancrée chez lui dans une conception humaniste du christianisme), mais également sur une dimension anthropologique liée à une constance de la nature humaine : les interdits du meurtre et de l'inceste, que nombres d'anthropologues ont retracé comme « (...) des éléments très généraux de la morale, que l'on retrouve, éventuellement, chez tous les peuples et dans tous les temps»[215].

Pour Durand, « (...) la tâche de la morale [est] de tenir compte à la fois de l'universel, du particulier et du singulier. L'œuvre morale est le fait d'une conscience qui, tout en étant attentive à sa singularité, tient compte de la communauté (la culture) et de l'humanité dans son ensemble»[216]. Si l'éthique relève, en définitive, de la singularité de chaque conscience, c'est dire que l'éthique n'appartient pas à quelques experts, mais qu'elle « appartient à chacun»[217]. C'est sur cette base que Durand affirme que « le meilleur régulateur est évidemment la conscience individuelle ; et le plus utile service public, l'éducation des consciences»[218].

Cela dit, Durand reconnaît l'importance des comités d'éthique et des instances régulatrices. Ainsi, ajoute-t-il, « malgré l'importance de la responsabilité individuelle, il y aura toujours place, par la régulation sociale, pour des mécanismes de régulation. À mon avis, dans une institution, le rôle des comités

---

[214] *Ibid.*
[215] *Ibid.*, p. 474. Voir aussi Guy Durand, «Existe-t-il une éthique de l'environnement ? », dans *L'avenir d'un monde fini. Jalons pour une éthique du développement durable*, Montréal, Fides, coll. «Cahiers de recherche éthique », no. 15, 1991, p. 47-64.
[216] Guy Durand, «Coordonnées de base de l'éthique », *op. cit.*, p. 475.
[217] Guy Durand, «Un comité de déontologie en milieu universitaire », dans *L'éthique en recherche sociale*, Actes du Colloque du Conseil Québécois de la Recherche Sociale, 1994, p. 114.
[218] Guy Durand, «Éthique, droit et régulation alternative », dans M.-H. Parizeau (dir.), *Les fondements de la bioéthique*, Montréal, Renouveau Pédagogique, 1992, p. 63.

est essentiel et le restera. Ceux-ci constituent un gage de démocratie et, disons le mot, un gage d'excellence»[219].

Il y a un certain optimisme qui apparaît chez Durand. A ses yeux, il y a « (...) une évolution de l'éthique. (...). On pourrait multiplier les exemples d'évolution au cours des derniers siècles : esclavage, torture, colonialisme, subordination des sexes, peine de mort, prêt à intérêt, contraception. L'histoire de l'humanité – c'est du moins ma conviction – est celle du développement de la conscience morale»[220]. Cela implique évidemment que « l'éthique est (...) une construction, un acquis, un projet, et non un donné. Elle n'est pas un ensemble de tabous venus on ne sait d'où. Elle a été construite lentement, progressivement, tout au long de l'histoire de l'humanité»[221].

Du point de vue de l'analyse juridico-éthique, l'analyse de Durand se veut critique à l'égard d'une certaine conception réductionniste du droit, qui fait de celui-ci l'instrument ultime de régulation sociale, permettant, à la limite, de percevoir le droit comme l'instance fondamentale de la morale ou comme le fondement de la morale. Il écrit : « Une observation, même superficielle, de la scène politique, permet de constater que très souvent, le motif dernier du législateur face à l'adoption d'une loi est d'ordre politique et électoraliste et non d'ordre éthique et scientifique»[222]. Pour Durand, le droit et la morale remplissent des fonctions régulatrices très différentes (voir les définitions de morale [ou d'éthique] et de droit, dans l'annexe), et qu'à ce titre, elles entretiennent un « rapport dialectique»[223]. Il propose également des formes de régulation alternative (par exemple, code de déontologie, règles de comités d'éthique), qui ne sont certes pas sans poser un certain nombre de problèmes, mais qui sont en mesure d'adopter des règles plus précises et plus près des situations concrètes, à la fois plus souples et « (...) ajustables à

---

[219] Guy Durand, «Un comité de déontologie en milieu universitaire », op. cit., p. 115.
[220] Guy Durand, «Existe-t-il une éthique de l'environnement », op. cit., p. 50.
[221] Ibid.
[222] Guy Durand, «Éthique, droit et régulation sociale », op. cit., p. 63.
[223] Ibid., p. 67.

l'évolution des connaissances et au changement des mentalités»[224].

La théorie d'intervention en éthique de Durand

Son approche de l'intervention s'appuie principalement sur deux aspects :

a) l'analyse juridique et éthique des principes et enjeux soulevés par le problème, la question étudiée ;

b) la mise en application d'une éthique de la discussion. En s'inspirant des réflexions de Malherbe et de Bégin (et, donc, de Habermas également), Durand formule neuf règles nécessaires à une discussion éthique :

    1. Refuser d'intimider ;
    2. Refuser la manipulation ;
    3. Exclure le mensonge ;
    4. Écouter (ouverture d'esprit) ;
    5. S'exprimer (dire son opinion) ;
    6. Chercher à considérer tous les facteurs (faits, principes, valeurs) ;
    7. Interpeller les exclus ;
    8. Mettre en relief les divergences et les analyser ;
    9. Aider le groupe à progresser[225].

Durand propose aussi une grille d'analyse pour la prise de décision[226]. Il est à noter que cette grille se compare en beaucoup d'éléments à la grille d'analyse de Racine, Legault et Bégin. En fait, les grandes *étapes* des deux grilles sont, à toute fin pratique, identiques (voir le texte sur *Legault* dans ce livre). Certes, certains éléments diffèrent légèrement, d'autant plus que l'approche de Racine, Legault et Bégin s'ancre dans une démarche d'éducation à la délibération éthique, beaucoup plus vaste. Néanmoins, les démarches des deux grilles d'analyse sont, dans l'ensemble, extrêmement proches l'une de l'autre.

---

[224] *Ibid.*, p. 73.
[225] Guy Durand, *Introduction générale à la bioéthique. Histoire, concepts et outils*, Montréal, Fides, 1999, p. 429-431.
[226] *Ibid.*, p. 444.

Voici les grandes lignes de la grille d'analyse de Durand :

1. Faits ;
2. Option spontanée ;
3. Identification des valeurs ;
4. Identification du problème ou du dilemme moral (conflit de valeurs) ;
5. Alternatives ;
6. Retour sur son option spontanée ;
7. Décision.

Enfin, signalons que l'auteur a fait récemment une incursion dans le domaine de la politique[227]. Durand ne prétend pas développer dans son ouvrage une théorie politique ; son propos est plus modeste, il propose plutôt une « sorte de vision politique d'un citoyen ordinaire ». Ainsi, il aborde tout à tour les questions du « projet démocratique » québécois, de la social-démocratie, du système politique et des relations intercommunautaires. Pour reprendre les mots même de l'auteur, « Le rêve sous-jacent à ces titres, on le devine, est celui d'une société plus démocratique et plus participative, une société plus juste et plus solidaire, une société aux institutions et aux rapports interculturels plus harmonieux. Bref, une société où il ferait meilleur vivre »[228].

---

[227] Guy Durand, *Le pays dont je rêve. Regard d'un éthicien sur la politique*, Montréal, Fides, 2003.
[144] *Ibid.*, p. 11.

ANNEXE

LEXIQUE

Pour Durand, « l'éthique ou la morale désignent la recherche et l'explicitation des exigences du respect et de la promotion de la personne humaine ainsi que de la construction d'une cité fraternelle ; la systématisation de ces exigences ; leur mise en œuvre dans le concret de la vie »[229]. Durand relève trois types ou trois formes de définition de l'éthique :

> L'éthique désigne d'abord une *recherche*. Elle évoque une réflexion sur l'agir humain. Elle inclut alors une réflexion sur les valeurs, sur les principes de l'agir, sur les fondements de ces principes, sur les finalités de l'action, sur les exigences de la dignité humaine, etc.
> L'éthique peut aussi être définie par son *contenu*. Elle se présente alors comme une doctrine, un code, un système de valeurs, un ensemble de principes et de règles destiné à orienter l'action, etc.
> L'éthique désigne enfin une *pratique*. Elle renvoie alors à la décision, au choix concret de l'action à entreprendre. Elle se comprend comme processus de décision, comme application de principes, comme mise en œuvre de valeurs[230].

Ces trois types de définition sont complémentaires. Durand utilise les termes éthique et morale comme synonymes. Toutefois, Durand pense qu'il « (...) y aurait lieu de distinguer l'éthique (au singulier) des éthiques (au pluriel) ». En ce sens, « l'éthique désigne l'effort constant de recherche et d'adéquation à la culture des exigences de la promotion des êtres humains. Les éthiques (ou les morales) désignent les diverses systématisations, plus ou moins élaborées, construites par un individu ou vécues par une collectivité (*ethos*) »[231].

Il analyse également la morale ou l'éthique dans son rapport aux mœurs. Pour Durand, « les mœurs renvoient au comportement concret des gens. Ce sont des faits : ce qui est. On dit spontanément que certaines mœurs sont morales, d'autres non. La

---

[229] Guy Durand, «Coordonnées de base de l'éthique », *op. cit.*, p. 469.
[230] *Ibid.*
[231] Guy Durand, «Existe-t-il une éthique de l'environnement ? », *op. cit.*, p. 50.

morale [ou l'éthique] critique donc les mœurs – même si, à la longue, elle est influencée par elles ; elle concerne « *ce qui devrait être* par opposition à *ce qui est* ou *à ce qui se fait*»[232].

Sans définir explicitement ce qu'il entend par éthique appliquée (sinon en signalant les différents sens qu'ont pu lui donner plusieurs auteurs), on devine qu'il fait référence à ce concept lorsqu'il traite de ce qu'il appelle une méthode dialectique, telle que mentionnée plus haut (c'est-à-dire un va-et-vient constant entre les démarches déductive et inductive).

En ce qui a trait au droit (Durand traite particulièrement du droit positif), il le distingue de la morale (ou de l'éthique). Ainsi, écrit-il, « la loi positive, au contraire de la morale, a un objectif limité et circonstancié. Elle s'adresse à une collectivité déterminée. Elle vise d'abord et avant tout à aménager les conduites de chacun, à harmoniser les libertés et donc, à favoriser l'exercice de la liberté de chaque citoyen – pour autant que la liberté de l'un ne nuise pas à celle des autres. Le droit a comme première finalité d'assurer la coexistence pacifique»[233].

Comme pour le droit, « la déontologie, y compris le code de déontologie, comporte (...) des exigences morales ou éthiques, parfois non négligeables»[234], bien que le code relève souvent « d'une mentalité légaliste ». Il est perçu, poursuit-il, « de manière vraiment éthique, il peut s'avérer un outil important, quoique perfectible, au service de la créativité éthique et de la responsabilité morale des professionnels»[235]. Le terme est souvent identifié aux notions de règle et de devoir à respecter. De cela, Durand tire la conclusion suivante : « La conséquence de cet usage dans l'exercice professionnel et dans la pratique philosophique, l'adjectif *déontologique* a pris dans l'éthique sociale et dans le langage courant en sciences humaines (y compris en droit et souvent en bioéthique), le sens faible de perspective normative, réglementaire, et forcément, un peu minimaliste…»[236].

---

[232] Guy Durand, «Éthique, droit et régulation alternative », *op. cit.*, p. 65.
[233] *Ibid.*, p. 66.
[234] Guy Durand, *Introduction générale à la bioéthique, op. cit.*, p. 100.
[235] *Ibid.*
[236] *Ibid.*, p. 101.

BIBLIOGRAPHIE

DURAND, G. *Le pays dont je rêve. Regard d'un éthicien sur la politique*, Montréal, Fides, 2003.

DURAND, G., Andrée DUPLANTIE, Yvon LAROCHE et Danielle LAUDY, *Histoire de l'éthique médicale et infirmière*, Montréal, Les Presses de l'Université de Montréal, 2000.

DURAND, G. *Introduction générale à la bioéthique. Histoire, concepts et outils*, Montréal, Fides, 1999.

DURAND, G. *La bioéthique. Nature, principes et enjeux*, Paris/Montréal, Cerf/Fides, 1997.

DURAND, G. et J.-F. MALHERBE. *Vivre avec la souffrance : repères théologiques*, Montréal, Fides, 1992.

DURAND, G. et C. PERROTIN. *Contribution à la réflexion bioéthique : dialogue France-Québec*, Montréal, Fides, 1991.

DURAND, G. et J. ST-ARNAUD. *La réanimation cardio-respiratoire au Québec : statistiques, protocoles et repères éthiques*, Montréal, Fides, 1990.

DURAND, G. *Sexualité et foi : synthèse de théologie morale*, Paris/Montréal, Cerf/Fides, 1989.

DURAND, G. et M. LEMIEUX. *L'éducation sexuelle : un livre de référence pour les parents, les enseignants et les autres...* Montréal, Fides, 1985.

DURAND, G. et V. BOULANGER, (dir.). *L'euthanasie : problème de société*, Montréal, Fides, 1985.

DURAND, G., COUTURIER, G. et A. CHARRON, (dir.). *Essais sur la mort : travaux d'un séminaire de recherche sur la mort*, Montréal, Fides, 1985.

DURAND, G. et J. FORTIN, (dir.). *Euthanasie et projet de société*, Actes d'un colloque tenu à la Faculté de théologie de l'Université de Montréal, les 27-28 mai 1983, Cahier du Groupe de recherche en bioéthique, n° 2, 1983.

DURAND, G. et V. BOULANGER. *Quelle vie ? Perspectives de bioéthique,* Montréal, Leméac, Coll. « Quelle ? », 1978.

DURAND, G. et V. BOULANGER. *Quel avenir ? Les enjeux de la manipulation de l'homme,* Montréal, Leméac, coll. « Quelle ? », 1978.

Articles :

DURAND, G. « Coordonnées de base de l'éthique », *Laval théologique et philosophique, 50(*3), 1994, p. 467-480.

DURAND, G. « Un comité de déontologie en milieu universitaire », dans *L'éthique en recherche sociale,* Actes du colloque du Conseil Québécois de la Recherche Sociale, 1994, p. 111-115.

DURAND, G. « Éthique, droit et régulation alternative », dans M.-H. PARIZEAU (dir.), *Les fondements de la bioéthique,* Montréal, Renouveau Pédagogique, 1992, p. 63-75.

DURAND, G. « Histoire de la philosophie du droit. Lignes de crête », dans *Vers de nouveaux rapports entre l'éthique et le droit,* Montréal, Fides, coll. « Cahiers de recherche éthique », n°16, 1991, p. 29-45.

DURAND, G. « Liberté et société : le champ de la recherche biomédicale », dans *Questions de liberté,* Montréal, Fides, 1991, p. 177-196.

DURAND, G. « Existe-t-il une éthique de l'environnement ? », dans *L'avenir d'un monde fini. Jalons pour une éthique du développement durable,* Montréal, Fides, coll. « Cahiers de recherche éthique », n° 15, 1991, p. 47-64.

DURAND, G. « Éthique et hôpitaux catholiques dans un monde pluraliste », *Le Supplément,* n°174, 1990, p. 109-122.

DURAND, G. « Droit et régulation alternative », dans M.-H. PARIZEAU (dir.), *La bioéthique : méthodes et fondements,*

Montréal, ACFAS, coll. « Les cahiers scientifiques », 1989, p. 87-96.

DURAND, G. « Les comités de bioéthique », (écrit avec Jacqueline Fortin), dans *L'éthique, la pratique professionnelle et le droit des aînés,* Ste-Foy, Université Laval, coll. « Les cahiers des journées de formation annuelle du Sanatorium Bégin », 1989, p. 81-86.

DURAND, G. et J. ST-ARNAUD. « L'alimentation et l'hydratation artificielles chez les patients qui sont en phase terminale et chez les comateux », *Laval théologique et philosophique, 44,* 1988, p. 293-303.

DURAND, G. « Morale, éthique, bioéthique, déontologie, question de vocabulaire », dans *Comités d'éthique à travers le monde,* Paris, Tierce/INSERM, 1987, p. 47-53.

DURAND, G. « Du rapport entre le droit et l'éthique », *Revue juridique Thémis, 20*(2), 1986, p. 281-290.

DURAND, G. « Insémination artificielle », *Laval théologique et philosophique, 33,* 1977, p. 151-163.

DURAND, G. « Progrès scientifique et évolution de la morale sexuelle », dans *Une nouvelle morale sexuelle ?,* Montréal, Fides, coll. « Cahiers de recherche éthique », n° 3, 1976, p. 31-46.

DURAND, G. « L'indissolubilité du mariage en regard de la réflexion morale », dans *Le divorce,* Montréal, Fides, 1973, p. 107-127.

ENTREVUE AVEC GUY DURAND

Quelles sont les raisons pour lesquelles vous avez étudié l'éthique ?

Quand je faisais mon cours à la faculté de Droit au début des années 1960, il se donnait des cours d'éthique professionnelle, de déontologie professionnelle et de théologie appliquée aux avocats, qui relevaient d'un professeur de théologie. Mais c'était tellement ennuyeux que je me suis dit : « Je pourrais faire mieux, j'aimerais donner ces cours », qui correspondaient à la double formation que je prenais en droit et en théologie. Cela a été l'événement déclencheur. Mais quand je suis revenu d'Europe en 1967, ces cours n'existaient plus et je me suis vu enseigner l'éthique à l'Institut supérieur de sciences religieuses (faculté de Théologie).

Par ailleurs, en théologie, notamment en théologie morale, j'avais reçu une formation en grande partie classique. Les professeurs exposaient la pensée de Saint-Thomas d'Aquin, mais il s'agissait d'un thomisme dévitalisé. Je ne trouvais pas dans cet enseignement mes émotions, mes sensibilités, la valorisation de l'intelligence et de la conscience. Du point de vue chrétien on parlait beaucoup, à ce moment de réflexion conciliaire, d'un christianisme adulte. Or force était de constater la faiblesse de la réflexion à ce propos en théologie morale et de questionner l'usage que l'on faisait de Dieu : « Dieu veut que... », « La volonté de Dieu est que... ». Je me demandais où les maîtres prenaient-ils ça. Dans les déclarations de l'autorité ? Mais l'autorité, elle, prend ça où ? Dans la Bible ? Oui, mais un texte biblique est souvent contredit par un autre texte biblique. Les textes bibliques sont tellement situés « contextuellement » ! J'arrivais à me dire : il faut qu'il y ait autre chose pour faire de l'éthique. Cette « autre chose », c'est l'importance de la raison, de la réflexion questionneuse. Progressivement, j'en suis donc arrivé à me convaincre de l'autonomie de l'éthique ou de la morale face à la religion, face à Dieu. Et c'est là que j'ai redécouvert, d'une certaine façon, Thomas d'Aquin. – Je me rappelle une anecdote : le Père Liégé[237], qui était un théologien dominicain très connu dans les années 60, racontait qu'après une conférence quelqu'un lui avait demandé : « Êtes-vous le Père Liégé, spécialiste du

---

[237] Père Pierre-André Liégé (1921-1979).

Moyen-Âge et de Saint-Thomas d'Aquin, ou bien le Père Liégé qui s'occupe des prêtres ouvriers en France ? » Et lui, de répondre : « Je suis les deux. Ce que j'ai appris de plus important chez Saint-Thomas d'Aquin, c'est qu'il faut être de son temps ». – Pour moi, ce fut une révélation. Et un défi : comprendre la sensibilité de notre temps ; revoir les choses à partir de la culture contemporaine. Selon moi, la morale, l'éthique, c'est d'abord une question de réflexion, de questionnement, de recherche sur « ce qu'il faut faire aujourd'hui », quitte à profiter de l'apport de l'humanité, depuis les grands interdits de départ (interdit du meurtre, de l'inceste, du mensonge) jusqu'aux théories morales les plus sophistiquées.

En morale, comme dans la vie, il y a en effet toujours un donné qui nous précède. Le philosophe Paul Ricoeur insiste beaucoup là-dessus. Il y a toujours, dit-il, quelque chose de déjà-là, qui correspond à l'accumulation de la sagesse de l'humanité au cours des âges. Chaque individu est marqué par ce donné, par le biais de sa famille, de son éducation ; mais il doit le reprendre pour lui-même. L'individu devient vraiment un sujet éthique quand il s'approprie le donné (du moins en partie) et le fait sien.

Autonomie de la morale ? Dieu n'est qu'une sorte de fondement de la morale. Je trouve qu'il n'y a rien, aucune *règle*, qui vienne directement de lui, Dieu constitue le fondement ultime de l'éthique, la motivation et le dynamisme que donne le fait de croire en lui. Ce n'est pas rien. Quand je dis : « Dieu amour », je ne peux pas avoir la même attitude face aux humains que si je dis Dieu n'est pas un être personnel ou qu'il est un Dieu justicier ou un Dieu national. Malgré ma négation de départ, il y a quand même des choses qui viennent de ma foi : celle-ci constitue vraiment une base générale à ma vision de l'éthique. Quand je crois au Dieu unique, au Dieu père, à la fraternité humaine, j'ai un certain souci d'universalisme et de solidarité humaine. Il y a donc là des bases, mais c'est loin de la vie concrète, des règles concrètes de comportement. C'est pour ça que j'insiste beaucoup sur l'autonomie de la morale tout en sachant quand même ce que je dois à ma foi, à la richesse de ma tradition de foi. Car, il y a des richesses dans la tradition chrétienne : cela aussi fait partie du « donné » qui nous précède. Mais ce donné doit être revisité, critiqué tout le temps, exactement comme le donné culturel et philosophique. Voilà, c'est un peu ça ma démarche. J'avoue avoir été surpris de lire dans la synthèse[238] que j'avais une approche plus philosophique que théologique de l'éthique, mais en même temps, je suis tout à fait d'accord avec cette affirmation.

Quand vous dites « l'éthique désigne l'effort constant de recherche et d'adéquation à la culture des exigences de la promotion des êtres humains »[239], est-ce à dire que l'éthique tend concrètement vers ce but ou est-elle davantage encore un projet ?

Votre distinction m'embarrasse un peu! J'ai quand même le goût de dire que l'éthique est toujours de l'ordre du projet, mais d'un projet en cours de réalisation. On ne fait pas que *tendre*, on marque aussi des points. L'éthique est un questionnement, mais en même temps elle contient (!) des repères de réflexion, des pistes de réponse. L'éthique est la recherche de l'idéal, le souci d'excellence en humanité – pour reprendre une expression de Ricoeur –, elle est donc exigeante. Mais en même temps, je ne fais que mon possible, je suis en cheminement. Peut-être demain, ferai-je plus ? L'éthique est toujours une interpellation à aller de l'avant, à faire plus. Elle est vraiment de l'ordre du projet. Mais c'est comme la recherche de la vérité, on n'est jamais sûr de l'avoir trouvée. La vérité éthique est toujours au devant de nous. On a besoin de cette interpellation pour nous forcer à ne pas arrêter, à ne pas nous asseoir. Et en même temps, je l'ai dit, – et cela m'a pris beaucoup de temps à le comprendre – l'éthique ne doit jamais « écraser » les personnes. La décision éthique doit tenir compte de nos forces. Face à une décision personnelle, je puis me dire : « Je devrais aller jusque-là mais je ne suis pas capable de le faire maintenant sans me détruire ». Si je réfléchis avec un autre ou dans un groupe, je me demande : « Que puis-je réaliser avec eux ? Jusqu'où la personne ou le groupe peut-il aller ? » L'éthique ne doit jamais écraser ou condamner les personnes humaines, elle est au service de la promotion des êtres humains. Il y a là une espèce de défi constant entre l'idéal et le possible – même si je n'aime pas beaucoup le mot « idéal ».

---

[238] Voir le texte précédent sur Durand.
[239] Guy Durand, «Existe-t-il une éthique de l'environnement ? », dans *L'avenir d'un monde fini. Jalons pour une éthique du développement durable*, Montréal, Fides, coll. «Cahiers de recherche éthique », no. 15, 1991, p. 50.

Vous défendez par ailleurs une approche personnaliste de l'éthique. L'approche personnaliste a été très populaire à partir de Mounier dans les années 30, mais il semble que maintenant, on a fait un peu le tour de cette approche.

J'ai fait rire de moi quand j'ai dit que je me situais dans ce courant.

Alors qu'est-ce qui vous fait persister toujours dans cette approche alors que pour plusieurs philosophes, elle apparaît désuète ? De plus, quelles sont les limites pour vous de cette approche ? Et qu'est-ce qui fait que vous ne vous retrouvez pas dans les autres approches (phénoménologique, utilitariste, etc.) ?

Je voudrais d'abord dire que le courant personnaliste est un courant très large, qui comprend beaucoup d'auteurs et de tendances. J'y inclus Mounier, Marcel, Nédoncelle, Sartre d'une certaine manière. D'une certaine façon, je ne me reconnais aucun maître particulier. Il y a des éthiciens qui s'inscrivent dans une école précise. Moi, non. Je me rattache au courant personnaliste en général. Je trouve qu'il y a des choses très intéressantes chez Sartre, mais en même temps, j'en rejette beaucoup. Au fond, j'ai puisé un peu dans tous les personnalismes. J'ai puisé aussi dans la phénoménologie, le kantisme. Je trouve que, d'une certaine façon, ces écoles se rencontrent dans le souci de la personne.

Mais me rattacher à une école ? Descartes, qui veut commencer à reconstruire à partir de zéro ! Kant, qui a des principes extraordinaires que j'adopte explicitement en bioéthique mais qui a une théorie tellement abstraite ! Par ailleurs, je refuse globalement l'utilitarisme : je trouve qu'il n'est pas respectueux de l'être humain. Quant à l'approche éthicologique, qui veut se placer au-dessus des choix concrets, puis des options personnelles des gens ? Je trouve qu'elle manque d'enracinement. Pour ma part, je privilégie une approche concrète de l'éthique, centrée sur l'être humain, sur les personnes humaines concrètes. J'apprécie le « courant personnaliste » parce qu'il est concret, parce qu'il rejoint la sensibilité actuelle, parce qu'on peut faire un bon bout de chemin avec la notion de « droits de la personne ».

Vous avez là les deux volets de ma méthode. Elle consiste à s'intéresser à la personne humaine concrète, moi ou l'autre, qui a une décision à prendre dans telle situation. Mais je ne peux juste chercher mon épanouissement ou l'épanouissement d'un tiers en écrasant les autres. Je dois tenir compte « des autres », ce qui veut dire tenir compte de l'universel, c'est-à-dire des principes, des valeurs dans lequel il se coule. Donc, je dois réfléchir aux faits singuliers et à l'universel ; je dois tenir compte des principes, des valeurs et des situations singulières. Ces valeurs et ces principes s'inscrivent d'ailleurs toujours dans une culture. C'est pour ça qu'il faut intégrer trois niveaux : le singulier, le culturel et l'universel. C'est à cela que nous sommes confrontés quand nous avons une décision à prendre.

Si j'ai une décision à prendre individuellement ou au sein d'un comité d'éthique, je vais d'abord partir des faits et des personnes impliquées. Mais si j'écris un livre, je pars de l'explicitation des principes. Un collègue a toujours critiqué ma façon de faire. Il dit que je suis abstrait, que je m'occupe seulement des principes. Ce n'est pas exact. Je ne m'occupe pas seulement des principes, mais il y a un moment pour ce faire, un moment où il faut réfléchir sur les principes, pour aller voir ce que la sagesse de l'humanité a accumulé au cours des âges. Sinon, on analyse des cas singuliers en faisant tout à coup intervenir des principes, comme ça, comme par magie. Oui, mais c'est quoi ton principe ? Quels sont ses tenants et aboutissants ? On prend alors deux, trois minutes pour l'expliquer. Mais les principes sont tous compliqués ; ils sont pleins de détails, de nuances, ils sont critiquables, contextuels. Cela mérite un temps de réflexion prolongé, distancié. Alors si je fais un cours ou si j'écris un livre, je vais essayer d'analyser ces principes. Mais ma méthode n'est pas déductive pour autant. A cet égard, j'ai beaucoup aimé la synthèse qui a été faite de mes écrits (voir p. précédentes). J'essaie de tenir compte des principes et du concret, au sein de ce que je pourrais appeler une méthode circulaire ou dialectique, à la fois descendante et ascendante, déductive et inductive. Il faut passer de l'un à l'autre. Et tenir compte des deux.

Mais alors qu'est-ce qui vous distingue d'une pensée libérale dans le sens du respect des droits, le rapport entre l'universel et le singulier ?

J'aime partir concrètement des droits de l'homme, des droits de la personne. Pour moi, la reconnaissance des « droits de la personne » est une avancée de l'humanité, un progrès de la conscience morale. Au point de vue national et international, il y a des hauts et des bas, selon les pays et les moments, mais il existe incontestablement un progrès du sens moral. Tenir compte des « droits de la personne » : mon personnalisme s'inspire de ce principe-là. Malheureusement, on a chosifié les droits de la personne, on les a légalisés. Je vois des philosophes, comme Gilbert Hottois en bioéthique, pour qui les droits de la personne sont ceux que les Chartes reconnaissent. Ils sont alors dépendants des consensus sociaux et de la reconnaissance des autorités politiques. Ils s'avèrent alors forcément partiels, sujets à interprétation juridique, soumis à l'appréciation judiciaire. On est finalement loin de l'éthique. L'éthique n'est pas seulement ce qui est écrit dans une charte. Bien sûr, je suis content de l'existence de ces « monuments », mais ceux-ci restent limités. Cela pose toute la question des rapports entre éthique et droit.

À mon avis, au-delà de leur codification, les « droits de la personne » constituent un idéal éthique, un point de référence idéal, essentiel, quoique toujours fuyant, voire un *corpus* provisoire à toujours mieux comprendre, compléter, ajuster. On doit, par ailleurs, l'interpréter, non pas légalement mais en terme d'humanité. De toute manière, il y a des lacunes dans les chartes. Il y manque très souvent des droits collectifs et le souci de l'universel tend à réduire la dimension culturelle. Peut-être que cette dimension culturelle n'a pas besoin d'être trop présente. Mais les droits collectifs, sûrement. J'ai déjà critiqué les juges de la Cour suprême du Canada parce qu'ils ne tiennent pas suffisamment compte des droits collectifs. J'ai posé une question, un jour, à la juge Claire L'Heureux-Dubé lors d'une conférence à la Chaire d'éthique appliquée de l'Université de Sherbrooke, il y a quelques années : « Pourquoi, ai-je demandé, les juges de la Cour suprême ignorent-ils les droits collectifs ? » Elle m'a répondu qu'elle en avait elle-même souvent tenu compte dans ses jugements, et que les juges originaires du Québec avaient tendance à en tenir compte davantage que ceux qui provenaient des autres provinces.

Vous êtes alors un peu communautarien ?

Oui, pour une part. Même si ce terme me paraît ambigu. Quand je lis certaines études sur la laïcité scolaire, comme celle du rapport Proulx, je me sens plus communautarien que républicain. Je me méfie de la conception de l'*individu* comme être isolé, fort et capable de se fixer démocratiquement. Il me semble que l'on est une *personne* que par nos liens avec d'autres. Même sur le plan démocratique, on n'est pas seul dans l'isoloir. On emporte avec soi ses liens et sa culture particulière. La démocratie n'est pas vraiment faite d'individus, mais de groupes et de sous-groupes plus ou moins fermés. Sinon, on privilégie les plus forts.

Mais, pour revenir au personnalisme, je juge qu'il est de mon temps de s'y rattacher. Mais je dois trouver des auteurs qui s'expriment autrement que Mounier, Marcel, Sartre, parce qu'on ne parle plus exactement comme eux aujourd'hui. Cette pensée-là se retrouve quelque part quand même. D'ailleurs Mounier disait « personnalisme communautaire ». La personne n'est pas isolée, la personne est liée à une multitude d'autres.

D'autre part, quand vous parlez de méthode dialectique, pouvez-vous préciser votre pensée ?

Voyons un exemple. Je siège dans un comité d'éthique où une personne vient consulter. La première chose que je me demande, c'est : qu'est-ce qui se passe ? Qu'est-ce qu'il y a là ? Quels sont les faits physiques, biologiques, médicaux ? Quelles sont les émotions vécues ? Quel est le point de vue des gens, l'histoire contextuelle, géographique, culturelle ? Il faut vraiment partir des faits. Puis dégager le problème éthique, discerner les conflits de valeurs qui existent. Je fais un effort ensuite pour faire appel à ma mémoire, à tout ce que je sais sur les valeurs, les principes et les fins pour voir comment ils peuvent intervenir. Si je vois qu'un membre ne participe pas à la discussion, j'essaie de demander son avis, même si cette initiative est plutôt de la responsabilité du président. Quand il y a des conflits de valeurs, il y a toutes sortes de façon de les régler : en essayant d'imposer subtilement son point de vue (mauvaise façon), en cherchant un consensus, fusse sur un compromis, ou bien en faisant appel à ce qu'on nomme un métalangage. Je me rappelle une question posée par un administrateur d'hôpital impliquant l'allocation de ressources. Celle-ci entraînait dans un cul de sac. Après échange et discussion, on lui a répondu : « Il n'y a pas de réponse à votre question parce que vous nous posez une mauvaise question ». Dans un premier temps donc, je pars vraiment des faits mais, dans un deuxième temps, j'essaie d'aller chercher en moi tout ce que j'ai comme bagage de réflexion éthique accumulé. Et puis je reviens aux faits, et je pose des questions : « Que fait-on ? Comment peut-on aider la personne ? Comment peut-on aider le groupe à donner un avis ? » Ainsi, il y a les deux piliers : les faits et les principes. Dans les deux exemples, j'ai mis en œuvre une méthode globalement inductive, mais j'ai fait appel aux principes et à tout ce qu'ils connotent. Cela suppose qu'à d'autres moments, j'ai une approche plutôt déductive où je réfléchis avec d'autres personnes sur les principes et les valeurs parce que ceux-ci doivent toujours être analysés. Les principes ne sont pas apparus tout d'un coup, ni sortis directement de la cuisse de Jupiter ou de la bouche de Dieu. Ils sont le fruit de l'évolution, de la sagesse de l'humanité. On a besoin de les revoir à l'intérieur de l'héritage, à l'aune de l'actualité, à l'aide des contemporains, c'est-à-dire de ceux qui écrivent ou qui s'expliquent publiquement.

Certains philosophes parlent d'une éthique de la discussion. L'expression a deux sens. Le premier réfère à la nature de l'éthique. On restreint la vérité au respect des procédures de discussion, il n'y a d'éthique que *procédurale* – ce avec quoi je ne suis pas d'accord. L'autre sens de l'expression renvoie simplement à l'ordre des moyens : Dans toute discussion saine, il y a des règles éthiques à respecter. Par exemple, en réfléchissant sur l'euthanasie, le clonage humain, il ne faut pas seulement voir à ce que tous les acteurs interviennent ; il faut aussi se demander quelles sont les valeurs et les principes en jeu, quel est le sens de l'humain impliqué.

Justement par rapport à ces principes-là. Je regarde vos principes, vous les reprenez en partie chez Malherbe : refus d'intimider, refus de la manipulation, exclure le mensonge, écouter, s'exprimer, chercher à considérer tous les

acteurs, etc. Mais quand l'éthicien est appelé dans une situation à régler un cas, c'est justement parce que ces principes-là n'ont pas été respectés ou du moins certains principes n'ont pas été respectés. Ne vaudrait-il pas mieux travailler davantage sur le mal ?

Votre question peut avoir un sens très large. Je la restreins à mon propos antérieur. C'est vrai que les règles d'une saine discussion ne sont pas toujours respectées. Parfois, parce que certaines émotions ou certains jeux de pouvoir interviennent, d'autres fois parce que les membres du groupe ne les connaissent pas. C'est le rôle de l'éthicien d'attirer l'attention sur ces règles. Éventuellement de dire : méfiez-vous de ça.

Méfiez-vous de ça… ?

Méfiez-vous de ceci ou cela. Par exemple, un directeur général d'hôpital membre d'un groupe de discussion éthique doit se méfier de son pouvoir parce qu'il peut avoir tendance à imposer sa solution ou à manipuler. Si on veut arriver à une décision, non seulement administrative, mais éthique, il faut être attentif à ces jeux, à ces interdits. Il est curieux de constater qu'au niveau de la morale populaire, on a peur des interdits comme de la peste. Pourtant, les philosophes, les psychologues affirment que l'être humain a besoin d'interdits. Ceux-ci entrent dans le processus de construction de la personne. La morale a donc une dimension négative. C'est une façon de dire, de marquer des pas vers du positif. C'est pour cela que ça ne me gêne pas d'utiliser ces interdits. C'est un signe de réalisme.

Votre grille comprend plusieurs étapes. Il faut d'abord identifier les faits, puis choisir l'option spontanée, établir quelles sont les valeurs, identifier le problème, les alternatives, faire un retour sur l'option spontanée et finalement, prendre une décision. Ce sont des étapes pour trouver une solution à un problème. Mais comment faire le lien entre ces étapes ?

Quand on discute d'un cas, il faut avoir en tête l'ensemble des étapes. Je pense en particulier au président du comité et à l'éthicien qui peut le seconder à cet égard ou le suppléer. Mais cela ne veut pas dire qu'il faut nécessairement suivre ces étapes dans l'ordre l'une après l'autre. Plus le président est habile, plus sa direction peut être souple et « suivre » l'évolution du groupe.

Revenons au problème du mal. Les cas qu'on lit, ce sont malheureusement des cas où une forme de mal a été faite, des conflits où les gens sont insatisfaits.

Je vous suis. Quand vous avez commencé à me poser cette question du mal, j'ai d'abord pensé à la grille de discussion. Si le médecin, par exemple, était formé en éthique, il n'aurait pas besoin de consulter le comité, en tout cas cette demande serait rare. Parce que très souvent, l'intervenant ne regarde pas tous les faits ou bien il ne connaît pas la volonté des malades. Souvent, les médecins viennent au comité et on leur demande ce que le malade pense. Ils ne le savent pas. Alors on dit poliment : il faudrait le savoir. C'est à la fois un fait qu'on veut connaître et un principe qu'on veut éventuellement appliquer : respecter le consentement de la personne. Les étapes constituent donc la grille d'analyse, mais en même temps, c'est un outil de formation pour chacun.

L'exemple que vous donnez, le patient qui n'est pas écouté par son médecin, laisse perplexe. Justement, comment se fait-il qu'un médecin d'expérience en arrive encore à négliger ou à nier la parole du patient ?

D'abord, il ne s'agit pas toujours d'un médecin d'expérience. Mais surtout, c'est peut-être l'effet du monde moderne. Les médecins ont tellement de choses à penser qu'ils oublient des éléments importants. Ou bien, ils sont tellement pris par la technique qu'ils oublient l'humain. Ils ont été formés pendant six, dix ans à faire des interventions. Alors pour eux, la décision est presque évidente : si une femme a un cancer du sein, il faut intervenir chirurgicalement. Les médecins savent ce qu'il faut faire techniquement, alors ils ont tendance à évacuer les autres dimensions de la situation. Ils ont souvent l'impression que ce sont eux qui savent. Alors, ce que les infirmières pensent est peu important. Le malade ? Oui, mais il est dans un état de fragilité, il ne sait pas trop où est son bien ! Cette attitude était très typique en 1950, en particulier chez les médecins français. Je connais plusieurs textes affirmant qu'il ne faut même pas dire au malade ce qu'il a. On décide pour lui parce qu'il est infantilisé.

Cette attitude n'a pas complètement disparue. Regardez la façon dont le médecin approche le malade alité : si le médecin reste debout, son stéthoscope au cou, en demandant « comment allez-vous ce matin ? », il n'aura jamais le vrai point de vue du malade. Autour des années 1960, un grand patron disait à ses étudiants : si vous ne voulez pas avoir de problèmes avec vos malades, rentrez dans la chambre toujours avec votre stéthoscope et une seringue et restez debout. Les patients ne vous posent alors jamais de questions. Ils perçoivent que vous êtes pressé, qu'il ne faut pas trop vous déranger. Il y a quelques années, une enquête avait essayé d'évaluer chez des malades hospitalisés la perception du temps que leur médecin leur accordait. Les malades avaient une perception différente selon que le médecin s'asseyait ou s'il restait debout, même s'il restait dans la chambre la même longueur de temps.

Il faut aussi tenir compte des cultures institutionnelles. Il est toujours surprenant de réaliser comme on est limité par notre culture. Je vous rapporte une autre anecdote. Je siégeais dans un comité d'éthique de la recherche dans un hôpital de Montréal. Un médecin me dit un jour : « Mon fils m'a demandé qui était dans le comité. J'ai répondu qu'il y avait un théologien-éthicien, etc. Il m'a aussitôt arrêté : qu'est-ce qu'il fait là, le théologien ? – Tu ne peux pas savoir, ai-je répliqué, mais c'est lui qui pose les questions les plus intéressantes auxquelles on ne pense pas. » Certaines interventions sont tellement évidentes pour les médecins, les infirmières, les chercheurs, qu'ils ne pensent plus à certaines données éthiques de base. Il faut quelqu'un de l'extérieur, qui a une certaine formation et une certaine sensibilité, pour poser des questions « impertinentes », qui sont en fait des plus pertinentes. On a toujours besoin des autres points de vue. C'est un peu ça l'éthique de la discussion : on a besoin d'échanger avec d'autres contemporains pour s'approcher de la vérité. Cela concerne le rapport sujet-objet. Dans toute rencontre de l'autre, comme dans toute analyse de cas, il y aura toujours de la subjectivité en jeu. Pour éviter le subjectivisme et le relativisme, il faut le dialogue avec les autres, l'interpellation des autres (contemporains et prédécesseurs). C'est ce que Jean-François Malherbe appelle « l'intersubjectivité critique ».

Maintenant si on regardait un peu votre bilan dans le domaine de l'intervention. Que diriez-vous ? Quelles sont les limites de votre grille ?

D'abord cette grille-là, elle est autant celle du Dr. Céline Crowe que de moi. On l'a établie à l'*Institut universitaire de gériatrie* de Montréal. Elle n'était pas comme ça au début, on l'a enrichie en cours de route. C'est sûr qu'on a lu des livres. Mais on a tenu compte de notre expérience. Ainsi avons-nous ajouté la 2e étape, l'option spontanée. C'est un élément que je ne pense pas avoir vu ailleurs. Mais pour nous, il semblait important parce qu'il permet à chacun dans le groupe de se sentir concerné par le problème dont on discute. Et puis, c'est la seule façon de prendre une distance par rapport à ses jugements préalables. Je pense que cette grille peut rendre des services. Elle rejoint d'ailleurs certaines autres. Mais elle se différencie notablement d'autres. Je pense entre autres à celle que le Dr. Voyer appliquait à Sherbrooke (Institut universitaire de gériatrie). Quand un médecin, un directeur d'hôpital ou une infirmière soumettait un cas au comité d'éthique, le comité soulevait plusieurs questions qu'il renvoyait au demandeur (Ex. avez-vous fait ceci, avez-vous fait ça ?), sans jamais donner d'avis précis. Le Dr. Voyer considérait sa méthode comme très formatrice. J'ai l'impression, et le Dr. Crowe partage aussi mon opinion, que cette façon de faire n'est pas vraiment féconde. Dire aux gens : « Vous avez mal fait votre travail, recommencez » doit plutôt être décourageant. Selon notre méthode, on dit au demandeur : « Venez nous rejoindre au comité ». On réfléchit ensemble, en cours de route le demandeur s'aperçoit lui-même de ses failles, retient quelques suggestions. On n'a pas vraiment besoin de dire quoi faire. Ainsi il apprend tout en intervenant et on arrive à la fin du processus à un avis précis.

Savez-vous si votre grille a été reprise par d'autres personnes ?

Je pense avoir influencé du monde, par mes cours, mes écrits. Hier, j'ai rencontré une infirmière qui me disait : « Ah ! M. Durand, on vous cite dans les cours que je suis ». Donc, on s'inspire de ma pensée, disons mieux, de mes outils de pensée. Une dizaine de fois, on a reçu des demandes, certaines venant d'Europe, pour polycopier et utiliser la grille. Par ailleurs, on utilise le livre *Introduction générale à la bioéthique*[240] comme manuel dans certains cours universitaires. Cela constitue donc un certain rayonnement.

Mais, de ce temps-ci, je suis un peu pessimiste. J'ai comme l'impression que mes efforts ont peu donné. Les journaux rapportent ce qui se passe dans les hôpitaux : on rencontre les mêmes problèmes, les mêmes questions éthiques sur lesquelles j'ai enseigné et écrit pendant 20 ans. C'est comme si les gens étaient tout aussi démunis qu'avant pour les résoudre. J'entends des patients dire : « Mon médecin ne m'a même pas demandé ce que je voulais ». Les journaux parlent d'euthanasie ; parfois une personne dit qu'il faut faire la distinction entre soin palliatif, contrôle de la douleur et euthanasie. Mais la plupart des gens parlent sans faire de distinction. Je trouve ça un peu décourageant. C'est comme si tous les efforts faits durant ma carrière n'avaient rien donné. Que la formation soit à reprendre tout le temps, je suis d'accord. Mais j'ai des fois l'impression que je n'ai pas beaucoup aidé l'humanité à faire un pas en avant. Oui, ce que j'ai fait a dû aider, ce n'est pas à perte, mais en même temps, c'est à reprendre autrement. Je pense que le livre *Introduction générale à la bioéthique* va commencer à dater dans 4 ou 5 ans parce que la sensibilité aura changé. Quand il est sorti, il constituait une synthèse sans pareil. J'en étais fier.

Ce que vous dites là contraste avec le ton que vous avez dans votre livre *Le pays dont je rêve. Regard d'un éthicien sur la politique*[241] qui ne semble pas vraiment pessimiste.

J'ai dit que j'étais dans une phase « pessimiste ». Dans ce dernier livre, il y a aussi des accents « pessimistes ». Prenez le vote proportionnel, ça fait 20 ans qu'on en discute. Quand on est dans l'opposition, on le demande et quand on arrive au pouvoir, on n'en parle plus. C'est un reproche que je fais aux politiciens. Et puis dans le chapitre où je parle de la justice sociale, ou de la structure politique du pays, je ne suis pas toujours optimiste.

---

[240] Montréal, Fides, 1999.
[241] Montréal, Fides, 2003.

Là-dessus, Cornellier[242] signale que vous avez une certaine confiance dans les institutions. Il dit, en conclusion, que face au projet que vous développez, vous êtes, somme toute, un centriste. Mais il ajoute que « vous enfermez la réflexion dans un réformisme petit-bourgeois trop peu mobilisateur ». Vous pourrez commenter ce terme de « petit-bourgeois », mais par rapport au terme de « centrisme », êtes-vous d'accord avec cette description ?

Je vous dirai que je me qualifie de centre-gauche. Ce terme me convient même si j'ai toujours des hésitations sur les catégories droite/gauche. Il me semble que je suis social-démocrate, très attentif aux démunis, à l'égalité sociale, à donner des chances à ceux qui en ont moins, donc très peu néo-libéral. Je suis modéré et donc plutôt réformiste que révolutionnaire. D'abord, parce que je trouve que ça a plus de chance d'aboutir et surtout je pense que c'est plus respectueux des personnes. Je crois qu'au Québec, on marche trop souvent par ruptures. C'est à la fois anti-démocratique et non respectueux de la population. On change tout, d'un coup. En éducation, par exemple, en 1965, on a tout changé. En 2000, même scénario : on a aboli les écoles confessionnelles en même temps que les commissions scolaires. Voyons comment le milieu évolue, favorisons quelques expérimentations, puis après 8-10 ans regardons les résultats. Il y a des choix que l'on dit démocratiques, alors que c'est le gouvernement qui les impose. Bien plus, c'est presque toujours sous la pression d'un petit groupe. La démocratie là-dedans ? Un vote par citoyen, c'est de la fausse représentation. Ça marche par la pression des petits groupes, des leaders d'opinion dont les journalistes. C'est comme ça d'ailleurs que toutes les révolutions sont faites. Selon certains historiens, la Révolution française s'est faite contre le peuple. La France, en dehors de Paris, n'en voulait pas. La Russie, c'est pareil, c'est le Parti communiste qui a fait la révolution. Regardez la clause « nonobstant » dans la Constitution canadienne : on la présente, dans les milieux intellectuels, comme une affaire honteuse et anti-démocratique. Pourtant, c'est ce qu'il y a de plus démocratique, cette clause-là. Ce n'est pas aux juges de faire les lois.

---

[242] Louis Cornellier, «Une éthique pour le Québec et pour la Terre », *Le Devoir*, 28-29 juin 2003, p. E7.

Dire de mon livre qu'il présente « un réformisme petit-bourgeois trop peu mobilisateur » me paraît profondément malveillant. Et méprisant. Pourquoi faudrait-il être « radical » pour avoir la reconnaissance de certains intellectuels ? Pourquoi mépriser ceux qui ne pensent pas comme soi, au lieu de signaler – même vertement – nos différences et discuter les arguments présentés plutôt que de clamer des accusations.

La démocratie semble au service des profits de quelques-uns. Que faut-il faire alors ?

J'évoque souvent un moyen dans mon livre, l'importance des groupes intermédiaires. Je pense que le salut – c'est un beau terme religieux – vient d'eux. Un citoyen tout seul, c'est pas possible. Il faut des groupes de pression, les syndicats en font partie même si je ne suis pas d'accord avec tout ce qu'ils font. Mais je pense aussi aux groupes qu'on appelle « la société civile », puis aux manifestants de toutes sortes. Ceux qui manifestent contre la mondialisation néo-libérale par exemple. Ce sont ces groupes qui font changer les choses. Ils ont forcé le ministre Petitgrew, par exemple, à rendre publics les documents discutés au Sommet des Amériques à Québec. Autre exemple : le Robin des Banques, Yves Michaud. C'est extraordinaire ce qu'il a fait tout seul. Maintenant, il y a un groupement qui l'appuie, avec des membres qui vont dans les assemblées d'actionnaires pour poser des questions, puis demander des changements. Pour moi, les vraies réformes viendront de là. Les membres des groupes sociaux sont certes corporatistes, mais pas plus que les syndicats et les patrons. Ils sont aussi naïfs, au sens où ils n'ont pas toujours étudié la complexité des problèmes. Mais d'un autre côté, il y a un tel défaut d'information partout. Et personne ne peut tout suivre. Il faut que des groupes se spécialisent, essaient de rassembler l'ensemble de l'information et se mobilisent afin de devenir des interlocuteurs valables auprès des autorités législatives.

Qu'est-ce qui a fait que vous vous êtes intéressé à la politique ?

Le désir de changer de champ de réflexion et d'action. D'abord, je ne veux plus parler de bioéthique ou d'éthique médicale. Je trouve que j'en ai parlé assez longtemps. Au surplus, pour continuer à œuvrer dans ce domaine-là, on ne peut pas être à la retraite. Il faut continuer à lire les livres récents, les revues scientifiques, à participer aux Congrès, rencontrer des chercheurs ou aller dans des laboratoires, comme j'ai fait pendant des années, pour savoir ce qui se passe, ce qui se pense. Sans ça, tu parles un peu en l'air. Tu dis « Je suis pour le clonage thérapeutique mais pas reproductif ». Oui, mais qu'est-ce que ça veut dire ? Quelle est la différence entre les deux ? Me prononcer là-dessus demanderait que je continue à être trop présent, à être trop actif. Tandis que le livre, *Le pays dont je rêve,* c'est un type de livre qui ne demande pas la même réflexion. Pour écrire ce livre, il faut lire. Mais il reste un cri du cœur, non un livre scientifique. J'aime dire ce que je pense. Mon prochain livre, si je trouve un éditeur, va s'intituler *Éthique et dissidence : l'objection de conscience et la désobéissance civile.* Je le fais par plaisir. Maintenant, j'ai plus de plaisir à écrire des essais (!) que des livres savants.

Propos recueillis par Francis Moreault

CONCLUSION

Remarques méta discursives sur trois écoles d'éthique appliquée québécoises

Nous l'avons vu, une pluralité de démarches ont été proposées au Québec pour traiter des questions d'éthique appliquée, qui se démarquent à certains égards mais se recoupent aussi sur certains points. Dans les remarques qui suivent, nous suivrons l'ordre des présentations faites au cours de l'ouvrage. Le but du présent texte est simplement de fournir quelques réflexions critiques permettant d'assurer une prise de distance minimale par rapport à ce que nous venons de voir. Notons aussi que dans la mesure où un autre ouvrage traite des travaux de la bioéthique avec plus de détails, les remarques qui concernent ce domaine seront ici assez brèves.[243]

Commençons toutefois par une remarque générale, qui vaut à mon sens pour toutes ces approches. Elles présupposent toutes de pouvoir s'exercer dans un univers ou le conflit moral radical, qui voit des acteurs radicalement déchirés et opposés sur leurs choix de valeurs, n'est pas réellement présent. Évidemment, si ces approches ne sont pas naïves au point de penser que de tels conflits ne peuvent pas exister, en tout cas elles n'en font pas état. Pensons en particulier à ce que bien des auteurs anglophones traitent sous la catégorie générale du conflit intraitable (*intractable conflicts*).[244] Dans la pratique, ce type d'approche en éthique appliquée fonctionne sur la base de la suspension de la possibilité de conflit moral radical, dont on trouve une expression classique dans l'idée du polythéisme des valeurs de Max Weber.[245] Nous pouvons d'ailleurs considérer ce genre de situation à l'extérieur de la dramatisation wébérienne. En effet les auteurs de l'éthique appliquée ne prennent pas en considération les situations dans lesquelles les valeurs seraient *relatives* au point de ne pouvoir, même en situation, être hiérarchisées pour rendre possible un choix. C'est ce que je suggère de nommer la

---

[243] Voir A. Létourneau, Y. Boisvert et A. Lacroix, *Les approches québécoises de l'éthique appliquée : perspectives bioéthiques*, Sherbrooke, GGC, 2005.
[244] Voir par exemple Roy J. Lewicki, Barbara Gray et Michael Elliott, *Making sense of Intractable Environmental conflicts*, Washington, Island Press, 2003. Cette problématique n'est pas limitée au domaine environnemental.
[245] Voir à ce sujet Philippe Raynaud, *Max Weber et les dilemmes de la raison moderne*, Paris, PUF, 1996 (1987), p. 177.

neutralisation de la conscience morale : le fait de ne plus pouvoir établir une hiérarchie claire parmi les valeurs. Ce type de situation, c'est-à-dire le conflit moral radical exposé par Weber ou la neutralisation de la conscience, n'est pas traité ou envisagé, pas plus que n'est illustré ou traité chez ces auteurs un scepticisme éventuel quant à la connaissance que nous pouvons avoir sur les questions morales. Les auteurs ne nous disent pas spontanément s'ils ont rencontré des situations telles que tout choix ou décision aurait été impossible. Au contraire, plusieurs raconteront comment il leur est souvent arrivé dans la pratique de se retrouver avec des acteurs dans des situations de discussion à portée décisionnelle, dans lesquelles les doctrines globales ou « comprehensive » au sens de Rawls s'opposaient, alors que dans les faits les gens se retrouvaient autour de valeurs rendant possible la décision, une expérience qui fonde l'optimisme de l'éthique appliquée. Cette remarque, fondamentale pour la compréhension de l'éthique appliquée, a notamment été formulée par Stephen E. Toulmin dans le contexte de ses travaux en éthique biomédicale et dans sa réflexion sur la raison pratique et la casuistique.[246] Parlant de scepticisme et de conflit de valeurs, il ne faut pas non plus négliger le fait que dans certains cas, il peut être vu comme politiquement rentable ou requis de ne pas prendre de décision.[247]

Il est facile de comprendre pourquoi si nous prenons la question *a contrario*. Il est clair que si nous postulions que le scepticisme est fondé en ce qui concerne les questions éthiques, que les conflits de valeurs, ne serait-ce que la majeure partie du temps, ne sont surmontables ni en soi ni en situation, ou que les conflits moraux sont inévitables et qu'ils dominent au fond les situations de vie, nous aurions beaucoup de difficulté à nous mettre en frais en vue d'aider les prises de décision ou d'accompagner les groupes dans de tels processus. Ce n'est au contraire que sur la base d'un certain optimisme ontologique à propos de la vie morale, très remarquable d'ailleurs chez plusieurs de ces auteurs de l'éthique appliquée, qu'il est possible de se

---

[246] Il le rappelle à nouveau dans Stephen E. Toulmin, *Return to Reason*, Londres, Harvard University Press, 2001.
[247] On peut réfléchir plus avant à cette question en considérant les conflits pratiques sur la base des désirs ou de la volonté, voir en ce sens Peter Baumann et Monika Betzler, *Practical Conflicts. New philosophical Essays*, Cambridge, Cambridge University Press, 2004.

présenter comme accompagnateur de prises de décisions, même sans être possesseur de vérité morale.

L'approche de Georges Legault. On ne saurait minimiser l'importance de cette approche dans le contexte québécois et par extension aussi dans le contexte canadien. Legault fut véritablement le porteur du projet de l'éthique appliquée au Québec pendant littéralement des décennies (depuis les années 1970), pendant que ses collègues se rabattaient sur d'autres expressions moins litigieuses (bioéthique, éthique sociale ou de société, éthicologie) et alors que bien des philosophes en faisaient des gorges chaudes. Depuis cette époque on a eu l'occasion de voir qu'il y a vraiment une méthode Legault largement reprise non seulement par les intervenants sur le terrain, mais aussi par les professeurs universitaires. Cette méthode, on l'a vu, est toute axée sur la prise de décision, qui est le cœur de la démarche enseignée et pratiquée par des professionnels en exercice, des chercheurs en biologie animale ou des étudiants en éthique appliquée, au niveau de la maîtrise ou du doctorat. Son approche dialogique et délibérative passe par une analyse approfondie de la situation, en prenant en considération les acteurs et personnes impliquées ou affectées, les sentiments et choix préalable du décideur, les valeurs ou normes qui sont en jeu dans la situation, les options pratiques possibles et leurs conséquences prévisibles pour les acteurs ou participants. Pour Legault, c'est en situation que les valeurs se concrétisent et prennent un sens et que l'analyse des conséquences prévisibles prend son sens. C'est ainsi qu'on peut aisément parler de décisionnisme et de situationnisme à son sujet. C'est la décision qui est le lieu par excellence de l'éthique ; cette décision intervient au terme d'un processus structuré de délibération dialogique. Le situationnisme de Legault, qui se révèle spécialement à l'étape 9 de son modèle (voir ci-dessus, p. 33), va de pair avec l'idée qu'il est possible de hiérarchiser les valeurs et conséquences prévisibles des actions, non pas en soi mais précisément par la vertu de la « situation » en tant que vécue et pensée dans une approche « dialogique ». La balance doit finir par pencher davantage d'un côté que de l'autre, et cela c'est le jugement délibératif qui est en mesure de l'accomplir, précisément parce qu'il a lieu en situation.. Son approche suppose, et ceci est d'une importance fondamentale, que les conflits moraux auxquels un agent ou un groupe d'agents fait face peut se réduire à la forme du dilemme (faire « a » ou « non-a », ce qui revient à « faire ou ne pas faire a »). La clé de sa méthode est d'opérer une réduction parmi les possibilités pour contraindre la délibération à se centrer sur un choix simple, qui est un choix d'action et non un choix théorique.

De plus il y a forcément alors en jeu une conception « rationnelle » des enjeux traités par l'éthique appliquée et du conflit moral, dont on peut connaître les termes et évaluer les conséquences. Toute son idée de raison *pratique* consiste précisément à dire que les questions éthiques sont susceptibles d'un traitement rationnel. Il prend en compte le travail des émotions dans la décision, une étape de la démarche en fait foi, mais il combat tout à fait une approche émotionnaliste qui réduirait les jugements de valeur à des états émotionnels. Le sentiment existe, mais il est pénétré de sens, considéré du point de vue de la raison et assumé dans et par la raison pratique.

Son approche, qui donne une certaine place à la question déontologique (c'est un des types de raisonnement moral admissible) est en fait conséquentialiste, c'est à dire que l'on juge de la valeur d'une option pratique d'abord en fonction des conséquences. Ce conséquentialisme est très évident pour les personnes qui travaillent ou ont travaillé avec lui ou qui ont utilisé la grille. Or cette approche s'avère avoir une parenté avec l'utilitarisme, sans toutefois supposer une échelle ontologique « en soi » des valeurs et conséquences et un calcul strict. Une possibilité de calcul en quelque sorte qualitatif et disons approximatif des actions se montre au plan de l'utilisation des symboles formels dans *Professionnalisme et délibération éthique*, quoique les amateurs de formalisme (et d'ailleurs aussi les vrais utilitaristes) seront déçus des résultats, qui ne donnent pas un vrai calcul. On trouve seulement chez Legault le postulat, qu'on doit en fin de compte supposer avoir été testé dans la pratique, selon lequel les acteurs sont en mesure, dans une situation donnée, de prendre la décision qu'ils jugeront adéquate, sur la base de leur jugement éclairé. Malgré leur non possession du vrai, ils seront quand même capables de donner un poids plus grand à telle valeur, à telle conséquence ; ils pourront aussi assigner des valeurs moindres à telle valeur ou telle conséquence, dans l'acte même de délibérer puis de décider. Le décideur ne disposera jamais de la

« vérité » de la situation, mais il obtiendra quand même une connaissance pragmatiquement suffisante (et convaincante auprès des partenaires de discussion) qui va permettre non seulement de sortir du dilemme, mais de justifier la décision publiquement par la suite. Il y a donc dans l'approche legaltienne de la décision délibérée un cognitivisme et aussi un primat de la raison sur les émotions, même si le tout n'est pas appuyé sur une théorie de la vérité morale.

Pour ma part, je propose, à la suite de Perelman et Toulmin, de parler du caractère *vraisemblable* du jugement moral, en expliquant que ce type de connaissance, qui ne peut sans doute pas être affirmée comme un fait avéré, n'en est pas moins suffisamment crédible dans bien des cas. Pensons aussi aux énoncés à modalité comme les énoncés probables, et aussi aux énoncés presque certains que Toulmin a longuement commentés : de n'être pas déclarés « vrais, certains et complets », n'empêche pas qu'ils aient une certaine valeur. Je ne sais si Legault se reconnaîtrait dans cette expression du vraisemblable, que je ne trouve pas exprimée chez lui, mais elle me semble correspondre à son travail (d'autant que le rapport entre Legault et Perelman est plus important qu'on ne le dit habituellement).

La force du modèle est évidemment aussi sa faiblesse. En mettant tout l'accent sur les dilemmes et la décision, l'approche laisse de côté des choix moraux et politiques à portée plus vaste, qui ne se livrent pas dans l'instant de la décision mais qui peuvent affecter aussi bien une vie personnelle qu'une vie organisationnelle ou sociale. On néglige aussi le phénomène de la décision apparente, ou le rôle indirect des choix de valeurs ou de mission pour orienter l'action de manière plus vaste que dans la seule décision. De plus, il n'est pas évident que tous les choix peuvent se réduire à une alternative en termes de « a » et « non a ». Il se peut bien que dans certains cas, nous ayons en fait une pluralité de choix, du type a, b, c ou d...n, et que les critères permettant de décider ne soient pas tous à caractère moral, bien que la dimension éthico-morale est sans doute présente par hypothèse dans toute décision. On allègue aussi que la prévision des conséquences est toujours possible, or le degré de validité des assertions à cet effet peut être très variable.

L'approche de Jean-François Malherbe. On a chez Malherbe, philosophe, théologien et par intermittence, professeur en faculté de Médecine, une réflexion philosophique exigeante mais on trouve dans ses écrits sur l'éthique surtout des éléments qui ont une portée pratique très immédiate. Bien que riche au point de vue conceptuel, l'approche ne vaut pas tant par sa grande complexité qu'au contraire par son aspect global qui peut servir de cadre théorique et/ou de cadre permettant d'intervenir sans trop de difficultés. Son approche est transversale au sens où elle a été d'abord élaborée au contact des sciences médicales (questions de bioéthique) puis au contact de divers types de pratiques et de recherches (sécurité publique, question des taux usuraires, etc). Elle s'est beaucoup enrichie de ses rapports avec la philosophie empirique et le criticisme poppérien, susceptible d'ouvrir les énoncés à la possibilité de leur falsification.

Elle est moins centrée sur le processus de décision que ne peut l'être l'approche de Legault, quoi que la décision y joue un rôle. Elle a une portée bien plus largement herméneutique, dans la mesure où s'y livre un essai de réactualisation et de réinterprétation d'éléments sélectionnés de la tradition qui est explicitement affirmé. La synthèse présentée plus haut, axée sur la méthode, ne prend pas en compte la grande affinité de Malherbe avec deux auteurs : Spinoza d'une part, et Machiavel d'autre part, auteurs qui donnent assez bien la mentalité du penseur. Entre le continuum du naturel spinoziste et l'effort d'intelligence politique du penseur italien, il n'y a pas pour lui à choisir. Malherbe est un penseur de la continuité jusque dans ses explications de la transcendance personnelle, évocable à partir d'une métaphorique mathématique (celle du nombre transcendant précisément, voir l'entrevue plus haut). Revenons aussi sur le diptyque violence symbolique et violence diabolique qu'on trouve dans ses écrits plus récents ; la violence symbolique est légitime et souvent appuyée par un état de droit, elle peut être unifiante comme le symbole. L'autre au contraire divise et disperse, rendant impossible tout dialogue. Son approche va donc de pair avec une approche politique laissant toute la place requise à un Etat de droit, dans un contexte qui semble en fait redonner au sens moral classique une nouvelle expression. Il ne faut pas prendre le diabolique au sens habituel, comme l'auteur s'en explique, toutefois l'expression ne se prive pas de jouer sur un terme qui, chez la plupart de ses auditeurs, est sans doute à connotation directement religieuse.

C'est une approche qui semble forte dans la mesure où elle se situe à un niveau assez élevé de généralité ; les questions de détail toutefois sont parfois laissées un peu de côté. Ainsi, notons du moins quelques points qui mériteraient une discussion plus approfondie avec l'auteur : la notion de jeu de langage chez Wittgenstein est quelque chose de beaucoup plus restreint dans sa portée que ce qu'en fait Malherbe. Celui-ci en est certainement avisé, mais il ne s'explique pas sur cet élargissement. De même, le tiers jeu, notion assez centrale dans son approche puisqu'elle consiste à créer quelque chose de neuf à la rencontre de deux jeux de langage par hypothèse opposés, est une notion qui jouit en général d'un bon capital de sympathie, mais la question qu'on peut poser est celle de savoir si plusieurs jeux tiers ne seraient pas possibles entre un premier et un second jeu par hypothèse opposés, la question étant alors de savoir par quels critères nous pouvons décider de la valeur du tiers jeu choisi.

On pourrait faire le même genre de remarque sur les éléments qui lui permettent d'établir ce qui pour lui va constituer les conditions de possibilité du dialogue. Souvenons-nous que les trois normes formelles du dialogue peuvent s'exprimer par trois interdits qui, s'ils sont transgressés, rendent impossible le dialogue : a) Ne pas empêcher l'allocutaire de parler (interdit de l'homicide) ; b) Ne pas manipuler l'allocutaire (interdit de l'inceste) ; c) Ne pas mentir à l'allocutaire (interdit du mensonge). Certains interlocuteurs de Malherbe ont déjà une difficulté avec le fait de remettre en circulation le discours des interdits : il n'est pas certain que cette stratégie soit très heureuse, en tout cas pour Malherbe l'approche se justifie, selon une herméneutique particulière (étymologique) du mot interdit.

Malherbe ne nous dit pas jusqu'à quel point il parle métaphoriquement quand il appelle interdit de l'inceste l'interdit de la manipulation de l'autre. On peut sans doute être d'accord pour penser que l'inceste (au sens propre) repose sans doute sur des manipulations, quoi qu'on doive supposer possible un inceste fondé sur le viol brut, mais la manipulation est-elle toujours comparable à un inceste ? La « manipulation » est un concept éminemment flou, qu'on ne clarifie pas en l'associant à une métaphore. Le rapprochement se déploie-t-il au point de vue métaphorique, ou au point de vue de quelque chose de commun, comme la négation des limites ? Le même genre de remarque peut être proposé pour le fait d'appeler interdit de l'homicide l'interdiction de parler. On peut imaginer quelques cas où l'interdiction de parler serait justifiée, même avec des adultes ! Certes pas dans une situation de dialogue, on l'admettra. N'est-ce pas aussi banaliser quelque peu l'homicide que de s'en servir pour parler d'un acte qui est parfois autoritaire et abusif, et qui est sans doute une négation du droit de parole, mais qui n'enlève pas la vie ? La chose ne peut avoir de sens que métaphoriquement, c'est un rapprochement qui mériterait clarification sur son propre statut. De plus, sur la question du mensonge, une discussion pourrait avoir lieu qui énoncerait quelques nuances ; il y a des choses comme le pieux mensonge, qui devraient échapper à ce genre de règle qui tend à mettre sur le même plan des choses d'ordre très différent, sans parler de ces situations où, certains l'ont fait valoir contre Kant, un mensonge peut être moralement justifié, par exemple pour sauver la vie de quelqu'un. Les formules en triptyque ici semblent prévenir une réflexion plus fine.

L'approche de Pierre Fortin. La méthode de Fortin a fait largement école autour de Rimouski ainsi qu'au Québec plus généralement. Elle a permis l'écriture de nombreux essais, travaux et mémoires en éthique, dans le cadre de ce qui était (et est toujours à la date d'aujourd'hui) la seule « maîtrise en éthique » au Québec (l'éthique faisant partie, ailleurs, de la maîtrise de philosophie, de celle de théologie ainsi que, à un degré moindre, de celle d'autres disciplines). On l'aura noté, cette méthode est très centrée sur les discours tenus ; c'est une approche qui s'est voulue descriptive, consistant à démêler (ou à tenter de démêler) les éléments de ce que l'on peut appeler le langage moral, ou bien la dimension éthico-morale du langage.[248] Le terme d'éthicologie a été repris dans la sphère des chercheurs et étudiants de l'UQAR, mais il n'a guère été repris ailleurs. Il véhiculait pour une part, sans doute par le jeu de la terminaison en – logie, l'idée d'une sorte de science du discours moral ou même de l'éthique,

---

[248] J'ai fourni quelques réflexions sur cette question dans A. Létourneau, « Un vocabulaire pour l'éthique, applicable à l'analyse des contenus médias », *Ethica*, 9/2 , (t. II), 1997, p. 343-360.

ceci en admettant que les outils mis en jeu dans cette approche ont pu et peuvent encore effectivement permettre d'analyser les discours et d'en décomposer les éléments de base. Une chose qui a largement été discutée et qui a fait l'objet de nombreuses critiques adressées à l'auteur est la question de savoir à partir de quelle posture « morale » une analyse de la morale est possible, avec la question de savoir si une description éthiquement neutre est envisageable d'une éthique ou d'une morale quelconque. Éthique, morale : pour ma part j'ai tendance à désigner toute cette sphère du discours comme étant celle du discours éthico-moral, puisque de plus en plus les auteurs, notamment Fortin mais aussi les autres, remarquent qu'avec la distinction vient forcément la complémentarité, et que le démarcage entre les deux types de discours n'est jamais total.

Des auteurs comme Legault et autres ont pu rétorquer à Fortin qu'une éthique sans engagement affiché est impossible, et on a pu également souligner les limites d'une approche qui semblait à l'époque trop uniquement descriptive. D'où les développements plus récents chez l'auteur en termes d'approche de construction de code de déontologie en milieu communautaire, et plus récemment encore en termes d'aide à la décision avec les professionnels. De ce côté, l'approche de Pierre Fortin a le mérite de donner des outils pour rendre possible une construction collective de code, en fournissant au fond une sorte d'agenda des points qu'il est intéressant de traiter, avec un cadre assez systématique.

L'approche de Guy Giroux. L'approche autorégulation – hétérorégulation est une manière d'expliquer la dynamique qui anime le partage de la régulation sociale dans les démocraties, en tenant compte des rapports entre les individus, l'État et la société. Cette approche offre à l'auteur la possibilité d'être critique puisqu'elle lui permet de souligner les effets désirables et indésirables de la demande sociale d'éthique. C'est ainsi qu'il met les lecteurs en garde contre les effets pervers qui pourraient découler de la demande sociale d'éthique. Un des effets pervers serait la récupération de l'éthique par le droit.
Malgré tout :

À la lumière de cette définition opératoire de l'éthique et du droit, on peut distinguer les effets pervers de la pratique sociale de l'éthique au sein des regroupements de personnes ou des organisations, et ses effets nettement désirables, qui se présentent en termes de responsabilisation (des individus, des collectifs et des organisations d'appartenance[249]).

On peut se demander dans quelle mesure l'approche descriptive présentée par Guy Giroux pourrait correspondre à de l'éthique appliquée. Comme nous l'avons écrit ailleurs :

> [...] une éthique appliquée peut avoir une dimension descriptive, au demeurant indispensable, mais l'éthique appliquée ne s'arrête pas là, dans la mesure où elle conduit à une pratique de transformation sociale, à une pratique décisionnelle ou résolutoire. [...] Par ailleurs, la recherche d'une éthique appliquée ou d'une éthique sociale semble parfaitement compatible avec le nouveau discours concernant le citoyen[250].

En prenant cette approche descriptive, ce sociologue se situe, malgré les différences avouées, dans la continuité des travaux de Fortin. Du point de vue d'une philosophie politique, ou d'une philosophie du droit, on peut lui reprocher de considérer la régulation par l'État uniquement en termes d'hétérorégulation. Les lois et normes qui s'appliquent dans les diverses législations ne sont-elles pas le fruit du travail d'élus mandatés par la population pour ce faire ? Y a t il, derrière l'idée d'autorégulation, quelque chose comme un rêve de démocratie directe, de gouvernement au niveau local ? En y réfléchissant plus avant, on s'aperçoit que l'approche qui met l'accent sur l'autorégulation doit être comprise comme s'exprimant à partir d'un point de vue des groupes et organisations de la société civile. Ce n'est que par rapport à ce type d'organisations, qu'on estime au fond capables de se donner à elles-mêmes des règles et qu'on suppose assez « responsables » pour ce faire, que cela peut avoir un sens de parler d'autorégulation. Son travail va de pair avec une revalorisation de

---

[249] G. Giroux, « Les besoins auxquels obéit la demande d'éthique dans la société », *op. cit.*, p. 92.
[250] A. Létourneau, « Synthèse : pour la suite du questionnement méthodologique » *op. cit.*, p. 246.

la société civile comme lieu décentré de régulation menée à bien par des acteurs proches du terrain. Encore que cette dotation de règles du groupe concerné au groupe concerné demeure suspendue à la reconnaissance de l'État (il n'y a certes pas d'autorégulation pure, pensons notamment aux codes de déontologie, qui certes se font en tenant compte de l'avis des membres et de l'organisation des professionnels concernés, mais qui doivent passer aussi par toute une série d'instances, notamment le Conseil des professions du Québec).

Sur le fond, il est certes assez normal et même souhaitable que des acteurs regroupés sous une mission ou un mandat qui a un sens pour la vie sociale et pour la prise en compte responsable et « soignante » d'un groupe de personnes, désirent s'autoréguler. Plusieurs arguments peuvent jouer en faveur de cette approche, notamment le fait que les personnes impliquées dans les milieux les connaissent mieux que les fonctionnaires de Québec ou d'Ottawa. Cette approche a toutefois ses limites, puisque sans vouloir poser comme axiome que les acteurs locaux sont orientés uniquement vers leur intérêt corporatif ou l'intérêt individuel de leurs membres, on ne peut cependant nier la possibilité de certains conflits d'intérêt. L'apparence d'indépendance et sans doute aussi la réalité de l'exercice responsable des tâches qui sont confiées par la société à des personnes et à des groupes passent aussi par le contrôle (au moins par les vérifications) de tiers qui ne sont pas directement impliqués dans le travail des groupes concernés. Que ce soit l'État ou ses représentants est une possibilité, mais il peut aussi s'agir d'autre chose. C'est particulièrement évident dans certains domaines d'opération professionnelle et non professionnelle, où de fait l'autorégulation ne va bien qu'en étant aussi accompagnée d'un regard extérieur ayant force normative et pouvoir de compensation ou de correction (sans oublier les moyens de réagir assez promptement à cet effet). Giroux d'ailleurs souligne amplement cette complémentarité, même si sans les moyens de l'État, on peut estimer qu'elle serait difficile à réaliser. A contrario, il n'est pas sûr qu'à elle toute seule, l'autorégulation, par exemple de l'industrie pétrolière par ses acteurs, soit le meilleur moyen d'atteindre une réduction sérieuse des taux d'émission de gaz à effet de serre de type CO_2 dans l'atmosphère.

L'approche de Hubert Doucet. Le cheminement de Hubert Doucet manifeste l'évolution de quelqu'un qui prend son point de départ dans une certaine théologie (et une certaine philosophie) pour développer une approche rigoureuse des questions de bioéthique, ce qui en retour le conduit à travailler sur les problématiques de la délibération et du consensus. Il témoigne assez clairement des limites de ce qui fit longtemps et encore aujourd'hui, école en bioéthique : le principisme, en ayant recours d'une part au récit et à la narration, d'autre part à l'étude de la délibération en comités d'éthique, mais aussi au développement de forums citoyens (ce qu'il fait notamment sur les questions de génétique dans le cadre de Génome Québec, travaux qui ont donné lieu à plusieurs activités et présentations publiques, et qui sont sans doute en voie de publication). Ses excellents travaux dans le domaine de la bioéthique ont permis de consolider les travaux de l'école montréalaise qui, depuis plusieurs décennies, était plutôt axée sur la bioéthique, entre David Roy et Guy Durand, dont le travail est en quelque sorte continué par Hubert Doucet (il y a aussi Margaret Somerville qui y contribue grandement, mais dont le travail considérable n'est pas traité ici).

L'approche de Guy Durand. Juriste, théologien et bioéthicien, Guy Durand est l'un de ces chercheurs qui ont intégré une pluralité de compétences en cours de formation, puis dans l'enseignement et la recherche universitaire, ne négligeant pas le travail interdisciplinaire et la confrontation à des questions de vie et de mort, comme celles qui sont posées par la bioéthique. Comme nous l'avons mentionné plus haut, son approche est très synthétique, au prix de parfois négliger les tensions et les désaccords entre les approches. Ainsi, si ses travaux plus récents manifestent largement l'intérêt d'une « éthique de la discussion » comprise comme série de règles permettant de faciliter le travail dans les comités d'éthique, nous conservons quand même la dialectique du fait et de la règle, chose qu'un Doucet a tendance à vouloir dépasser dans plusieurs de ses travaux. Chez Durand, nous pouvons maintenir ensemble ces éléments, tout comme nous pouvons synthétiser Malherbe et Legault. Est-ce la vertu du juriste ou celle du théologien ? Bien difficile de trancher. Il reste que ses travaux, comme d'ailleurs ceux des quelques collègues que nous avons présentés ici parmi beaucoup d'autres, auront contribué et contribuent encore à former le jugement et l'agir professionnel de nombre d'intervenants du domaine de la santé.

Si les approches de Legault et Malherbe tournent davantage autour du dialogue et décloisonnent l'éthique en la libérant du seul rapport au domaine des questions biomédicales, les éthiciens de provenance plus directement théologique (Durand et Doucet) reprennent cette question du dialogue dans un contexte plus varié au point de vue épistémologique (incluant le principisme notamment). Il est évident que l'école de la bioéthique, au-delà de ces deux auteurs, a des devanciers et de nombreux successeurs ou collègues. C'est sans doute un secret de polichinelle de remarquer que l'école de Sherbrooke a ses continuateurs (parmi lesquels A. Lacroix, R. Roy notamment). Les approches de Fortin et Giroux, en prise sans doute plus directe sur le champ de l'interdisciplinarité et sur les sciences sociales, conduisent à des stratégies d'accompagnement de groupes fondées sur autre chose que le seul dialogue ou les seuls principes. On passe soit par l'analyse du discours moral, par la construction de codes ou par les processus autorégulatoires, veine qui connaît un développement dans les générations ultérieures de chercheurs appliqués (notamment Y. Boisvert pour ce qui est de Giroux). Le signataire croit pour sa part avoir repris des choses aussi bien de Legault, de Malherbe que de Fortin, mais aussi par ailleurs chez Pradès et chez les collègues de communications Saint-Jean et Bernier.[251]

Alain Létourneau

---

[251] Voir A. Létourneau, avec Y. Boisvert et A. Lacaroix, *Les approches québécoises en éthique appliquées*. Approches sectorielles. Sherbrooke, GGC, 2005.